Die Griechen und wir

Paul Cartledge

Die Griechen und wir

Aus dem Englischen
von Reinhard Brenneke und
Barbara von Reibnitz

Verlag J. B. Metzler
Stuttgart · Weimar

Den *St. Paul's Schools*, London
und der *Faculty of Classics*, Universität Cambridge

Abbildung auf dem Einband: Theseus und Minotauros. Schale des Aison
aus der klassischen Zeit (Madrid)

Das Buch ist in der Serie OPUS der Oxford University Press 1993 unter dem Titel
»The Greeks. A Portrait of Self and Other« erschienen.
Die Übersetzung folgt der zweiten, revidierten Auflage von 1997.
© Paul Cartledge 1993
This translation of The Greeks *originally published in English in 1993*
is published by arrangement with Oxford University Press.

Die Deutsche Bibliothek – CIP-Einheitsaufnahme

Cartledge, Paul:
Die Griechen und wir / Paul Cartledge. Aus dem Engl. von Reinhard Brenneke
und Barbara von Reibnitz. – Stuttgart ; Weimar : Metzler, 1998
Einheitssacht.: The Greeks <dt.>
ISBN 3-476-01591-2

Gedruckt auf chlorfrei gebleichtem, säurefreiem und alterungsbeständigem Papier

ISBN 3-476-01591-2

© 1998 J. B. Metzlersche Verlagsbuchhandlung
und Carl Ernst Poeschel Verlag GmbH
Stuttgart

Einbandgestaltung: Willy Löffelhardt
Satz: Satzstudio Fischer, Weimar
Druck und Bindung: Franz Spiegel Buch GmbH, Ulm
Printed in Germany
Verlag J. B. Metzler Stuttgart · Weimar

Danksagung

Mein Dank gilt zuallererst *Oxford University Press*, besonders den Herausgebern der OPUS-Reihe und der Cheflektorin Catherine Clark, denn sie haben mich vor die Herausforderung gestellt, dieses Buch zu schreiben. David Konstan (Brown University) und Lene Rubinstein (Churchill College, Cambridge) bin ich verpflichtet für die sorgfältige und kritische Lektüre der vorletzten und der letzten Manuskriptfassung – eine Hilfe, die weit über den Rahmen gewohnter Unterstützung hinausging. Ich habe, hoffentlich, aus den Anmerkungen der ungewöhnlich genauen und strengen Lektoren des Oxford-Verlags den richtigen Nutzen gezogen. Vor allem aber verdankt sich dieses Buch den vielen *undergraduates*, die an der Universität von Cambridge zwischen 1989/90 und 1992/93 meine Vorlesungen über »Die Griechen und ›das Andere‹« durchgestanden haben, ebenso wie den Freunden und Kollegen, die mich bei der Arbeit an diesen Vorlesungen unterstützt haben: Peter Garnsey, Penny Glare, Simon Goldhill, Edith Hall, Jonathan Hall, John Henderson, Geoffrey Lloyd, Paul Millett, Neville Morley, Sitta von Reden, Dorothy Thompson und, nicht zuletzt, Jonathan Walters. Der Fakultät, die sie repräsentieren oder repräsentiert haben, ist dies Buch gewidmet, im Geist der *homonoia*, der gleichgesinnten Identifikation mit der Sache; so auch den *St. Paul's Schools*, an denen ich ebenfalls als Lehrer tätig bin.

Inhalt

Prolog   1

1 Signifikant Andere – Wir versus sie   9
2 Die Vergangenheit erfinden – Geschichte versus Mythos   19
3 Barbarische Weisheit – Griechen versus Barbaren   36
4 Geschlecht und Geschichte – Männer versus Frauen   61
5 Im Club – Bürger versus Fremde   86
6 Von unmenschlicher Unterjochung – Freier versus Sklave   111
7 Wissen, wohin man gehört – Götter versus Menschen   142

Epilog   163

Nachwort zur deutschen Ausgabe   171
Karte 1: Hellas: Die griechische Welt um 400 v. Chr.   176
Karte 2: Das ägäische Kernland   177
Zeittafel   178
Hinweise zur weiteren Lektüre   180
Abkürzungen   196
Bibliographie   197
Register der Namen und Begriffe   223

Prolog

Menschen, denen man jahrelang ihre Vergangenheit vorenthalten hatte, haben begonnen, nach ihrer Identität zu suchen ...
Diese Wiederkehr der Geschichte kündigt
eine neue Ära an ...

(Präsident Bush, *Ansprache vor der
UN-Vollversammlung am 23. September
1991*)

Die Entstehung dieses Buches

Wenn Präsident Bush sich nicht geirrt hat, besteht einer der entscheidenden
Antriebe des gegenwärtigen kulturellen wie politischen Wandels in der
Suche nach Identität – und zwar Identität sowohl der Gruppe als auch des
Einzelnen.

Was der vor einiger Zeit verstorbene Soziologe Norbert Elias den »Kult
des Selbstbewußtseins« genannt hat, von anderen auch als »Politik der
Differenz« bezeichnet, scheint seinen Siedepunkt erreicht zu haben, in der
Öffentlichkeit ebenso wie im akademischen Raum.

Während ich dies schreibe, tobt in der ex-jugoslawischen Provinz Bosnien-
Herzegowina ein Bürgerkrieg, in dem sich die Bevölkerungsmehrheit ethnisch radikal verschieden von den politisch dominierenden Serben fühlt. Was
die Überreste der früheren Sowjetunion angeht, so haben sich diese in eine
nicht gerade herzliche Gemeinschaft konkurrierender Republiken und verfeindeter ethnischer Gruppen verwandelt; das ›gemeinsame Team‹, das (in
einem anders gearteten Wettbewerb) bei den Olympischen Spielen in Barce-
lona antrat, tat dies zum ersten und sehr wahrscheinlich auch letzten Mal. In
den Vereinigten Staaten kämpfen Hispanos, Schwarze und Frauen auf unterschiedliche, zum Teil auch gewaltsame Weise um eine Position in der Arena
der öffentlichen Kultur – einer Kultur, die die euphemistische Etikettierung

1

als »Schmelztiegel« nicht länger akzeptiert. Hierzulande schließlich, auf den schäbigen Straßen eines verfallenden, postindustriellen Britanniens, randalieren arbeitslose Jugendliche, nicht zuletzt um zu beweisen, daß auch sie über eine soziale Identität verfügen und ein Leben zu leben haben, die nicht schon darum weniger wert sind, weil sie vom ›freien Markt‹ marginalisiert worden sind. Es besteht kein Anlaß, zu glauben, daß diese speziellen Beispiele, die nur eine kleine Auswahl der vorhandenen darstellen, in der näheren Zukunft nicht durch weitere gleicher Art ersetzt oder ergänzt würden.

Akademiker neigen dazu, ihre Ansichten in weniger körperlicher, wenn auch nicht immer weniger gewaltsamer Weise auszudrücken. In letzter Zeit hat die Frage der Gruppenidentität, beruhe sie nun auf Geschlecht, Klasse, ethnischer Zugehörigkeit, Rasse, Religion oder sexueller Orientierung, weite Bereiche der Sozialwissenschaft, der historischen und der literatur- und kulturwissenschaflichen Disziplinen in Beschlag genommen, was wiederum zu mancherlei theoretischen und praktischen Uneinigkeiten geführt hat. Breite Zustimmung hat jedoch ungeachtet dieser Meinungsverschiedenheiten das Konzept der Alterität (*alterity*) gefunden. Zwar ist der Begriff im Englischen keineswegs neu (obgleich *otherness*, Andersheit, ein Neologismus zu sein scheint), seine gegenwärtige Popularität verdankt er jedoch vor allem der spezifischen Prägung durch Emmanuel Levinas, einen aus Litauen stammenden Juden, der wie so viele andere jüdische Intellektuelle Europas zwischen den beiden Weltkriegen« nach Paris (das »Wilna an der Seine«) emigrierte.

›Alterität‹, so wie Levinas es neu definiert und in die Debatte eingeführt hat, meint zunächst einmal vor allem den Zustand der Differenz und des Ausgeschlossenseins, den eine außenstehende Gruppe erleiden muß, von der sich eine dominierende Gruppe und deren einzelne Mitglieder in idealtypisch polarisierten Oppositionen negativ abgrenzen. Es kann kaum überraschen, daß diese Neubestimmung des Begriffs von einem jüdischen Denker stammt, d. h. von einem Vertreter der ältesten Außenseitergruppe Europas. Tatsächlich impliziert die Bezeichnung »Jude« Alterität im umfassendsten Sinn, insofern sie gemeinsam mit ihrem Gegenbegriff »Nicht-Jude« eine logische Polarität ausdrückt; d. h. daß diese polaren Begriffe sich nicht nur wechselseitig ausschließen, sondern auch gemeinsam erschöpfend sind, da alle menschlichen Wesen – von diesem Gesichtspunkt aus – *per definitionem* entweder Juden oder Nicht-Juden (*gentiles*) sind (auch wenn der Begriff *gentile* nicht länger seine ursprüngliche, etymologische Bedeutung von »einer Nation zugehörig« besitzt). Solche binären Polaritäten innerhalb des griechischen Denkens und der griechischen Kultur sind es, mit denen sich die vorliegende Untersuchung hauptsächlich befassen wird.

Es war Simone de Beauvoir, die kurz nach dem letzten Krieg mit ihrem heute als Klassiker geltenden Werk *Le deuxième sexe* (1949) für eine größere Verbreitung von Levinas' Begriff der *alterité* sorgte. Gleichwohl blieb er, zumindest im Englischen, so fremdartig, daß Beauvoirs englischer Übersetzer es noch für nötig erachtete, sich für den Gebrauch des absonderlichen Wortes *alterity* zu entschuldigen. Auf diese Weise also gelangte die Konzeption und Konstruktion der Frau als des »Anderen« – und zwar anders nicht bloß im Sinn des biologischen Geschlechterunterschieds, sondern kategorial verschieden, als das minderwertige Geschlecht im Sinne der kulturell bedingten Geschlechterdifferenz – in den *mainstream* der englischsprachigen Sozialwissenschaft. Auf demselben Wege gelangte diese Konzeption von »Alterität« schließlich auch in mein eigenes Bewußtsein – und ruhte dort viele Jahre ungenutzt, bis man mich bat, für die OPUS-Reihe des Oxford-Verlags einen Band über das antike Griechenland beizusteuern.

Zu diesem Zeitpunkt hatte sich – parallel zum Paradigmenwechsel, dem ein Großteil meiner Generation folgte, und unter dem Einfluß der strukturalistischen Sozialanthropologie und Kulturgeschichte – der Schwerpunkt meiner Forschungsinteressen von empirischen (d.h. sozialen und ökonomischen) und (im weitesten Sinn) politischen Fragestellungen weg und zu solchen geistesgeschichtlicher und sozialpsychologischer Natur hin verlagert. Ich begann mich besonders mit dem geistigen Koordinatensystem bzw. der Mentalität der Griechen zu beschäftigen, mit den tieferliegenden, oftmals unbewußten, geistigen und kulturellen Mechanismen, nach denen sie ›funktionierten‹.

›Die Griechen‹, das ist freilich eine Abstraktion und gelegentlich eine unbequeme. Herodot mag es für nützlich gehalten haben, *to hellenikon*, wörtlich also »die Sache der Griechen« oder »das Griechische« in Kategorien wie denen der Blutsverwandtschaft, der gemeinsamen Sprache, Religion und Moral zu definieren (8, 144, 2; vgl. Kap. 3). Politische Einrichtungen und Strukturen allerdings hatte er in seine Definition nicht integrieren können, denn unter den Griechen gab es weit über tausend gesonderte politische Gemeinschaften, zwischen denen immer nur lokale, kurzlebige und zumeist erzwungene Verbindungen zustande kamen. Außerdem mußte er die Fiktion einer genetischen Homogenität aufstellen und dabei die beträchtlichen Unterschiede des Dialektes sowie der religiösen und moralischen Vorstellungen innerhalb der (im weitesten Sinne) »hellenischen« Welt überspielen. Anders gesagt, *to hellenikon*, »das Griechische«, stellte nicht weniger ein ideologisches Konstrukt vor als beispielsweise »das Christentum« im Mittelalter oder heute »die arabische Welt«.

Als Konstrukt aber war es auch nicht ideologischer als diese. Die Rede von »dem Griechischen« besaß doch so viel Realitätsanbindung, daß der Versuch einer Definition nicht reinem Wunschdenken entsprang. Auch wenn er in der Sphäre praktischer Politik kaum konkrete Bedeutung gewann, war der Begriff doch enorm einflußreich im Bereich der Kultur, insbesondere in der Historiographie, in die Herodot ihn selbst eingeführt hatte.

Die Geschichtsschreibung gilt als charakteristische Form des griechischen Denkens, wenn nicht gar als griechische Erfindung (Kap. 2). Was auch immer sie sonst noch als ihre Zielsetzung formuliert hat – von Herodot an bestand ihre Wirkung nicht zuletzt darin, unter Hörern und Lesern ein spezifisch griechisches Selbstbewußtsein zu schaffen und zu stärken. Eben diese sozialpsychologische Funktion der Historiographie war es, die mir den Leitgedanken für das vorliegende Buch eingab. Konnte man nicht herausfinden, wer und wie die Griechen waren, indem man untersuchte, wie sie sich selbst und die Anderen darstellten – und zwar in ihren Geschichtswerken, die doch sogenannt objektives Tatsachenwissen enthielten?

Weiteres Nachdenken ergab jedoch, daß diese Herangehensweise mich nicht wesentlich weiter brachte. »Geschichte« selbst war ja bereits im antiken Kontext ein problematischer Begriff – etwa im Verhältnis zu »Mythos« (vgl. Kap. 2). Und dann: wessen Geschichte sollte eigentlich untersucht werden? Geschichte für wen und von wem? Dieser Zugang schien mir vielversprechender. Denn der idealtypische antike Leser Herodots und der griechischen Historiker in seiner Nachfolge, derjenige, dessen Wertvorstellungen sie durchgängig voraussetzten oder ansprachen, war klar zu bestimmen. Es war der griechische Bürger, das vollwertige Mitglied des ›Vereins‹ oder ›Clubs‹, den die Griechen *polis* nannten. In der klassischen Zeit, also im 5. und 4. Jahrhundert v. Chr., beschränkte sich diese Mitgliedschaft praktisch auf die freien, erwachsenen, griechischen Männer, die sich ethnisch auf Hunderte von einzelnen *poleis* verteilten (Kap. 5). Das brachte mich wieder zurück zu den Fragen von Alterität, Anders-Sein (*othering*) und Polarität. Denn die typisch ›griechische‹ Art den Bürger zu definieren, bestand eben genau darin, ihn in negativ ausschließenden Gegensatz zu einer Reihe ›Anderer‹ zu stellen: den Unfreien, Minderjährigen, Frauen und Nicht-Griechen, ganz zu schweigen von jenen allmächtigen, allgegenwärtigen Überwesen, den Göttern.

So entstand in Cambridge (1989-1993) die Vorlesungsreihe über »Die Griechen und das ›Andere‹ im Spiegel der Historiographie«, auf der, in stark verkürzter Form, der Text dieses Buches fußt.

Die Griechen und ›wir‹

Meine Vorlesungsreihe begann und endete mit Überlegungen zu Tradition und Erbe der Griechen – die Griechen und ›wir‹. Sie waren hervorgerufen durch Bemerkungen, wie die folgende, die sich in einem Essay »Die Freiheit

des Oedipus« fand und aus der Feder eines führenden Altertumswissen-
schaftlers stammt: »Beide Extreme (scil. Unterdrückung der Freiheit und
Anarchie) widerstreben dem menschlichen Geist, zumal dem des Westens,
der eben der der Griechen ist« (Knox 1990a: 55). Ähnliche Auffassungen
zum Thema Freiheit finden sich in zwei neueren Überblicksdarstellungen,
die eine von Jacqueline de Romilly (1989), die andere von Orlando Patterson (1991). In allen drei Veröffentlichungen wird entweder stillschweigend
vorausgesetzt oder ausdrücklich behauptet, daß die Freiheit – eines der vom
Westen am meisten hochgehaltenen Ideale –, von den Griechen ›erfunden‹
oder ›entdeckt‹ worden sei – und zwar in eben jener Gestalt, in der sie von
›uns heute‹ geschätzt wird. Zugegeben, Knox und Patterson verschweigen
oder beschönigen nicht die Tatsache der antiken Sklaverei. Ebensowenig
aber bezweifeln sie das Vorhandensein einer Kontinuität oder doch einer
evolutionären Fortentwicklung in der gemeinsamen Wertschätzung der
Freiheit, die von den Griechen bis zu uns reicht. Meine eigene Lektüre der
griechischen Historiker und anderer Texte der klassischen griechischen
Hochkultur, wie etwa der erhaltenen attischen Tragödien und Komödien,
hat mich eines Besseren belehrt, ja geradezu vom Gegenteil überzeugt (Kap.
6). Mir selbst erscheinen die antiken Griechen in entscheidenden kulturellen Aspekten, ideologisch nicht weniger als institutionell, als »hoffnungslos
fremd«, wie es ein moderner Fachmann für die griechische Tragödie einmal
formuliert hat (Jones 1962; vgl. auch den Epilog).

Die griechischen ›Wilden‹

Verweilen wir noch einen Moment bei den Freiheitsvorstellungen. Es war
Benjamin Constant, der 1819 äußerst heftig jene Vertreter der französischen Revolution attackierte, die die alten Griechen für sich reklamieren
wollten. Er unterschied scharf – vielleicht zu scharf, aber m. E. dennoch berechtigt – zwischen dem Freiheitsbegriff der Alten und dem seiner Zeitgenossen (Constant 1988: 307-28); die Begründung lag für ihn in der grundlegend verschiedenen Auffassung und Wertung der Rolle des Individuums
im Verhältnis zur Gemeinschaft, bzw. zum Staat. Von Constant über Fustel
de Coulanges, Emile Durkheim bis hin zu Louis Gernet und von diesem zu
Jean-Pierre Vernant und seiner Pariser Schule gibt es in der französischen
Altertumswissenschaft eine ungebrochene Denktradition, die die wesentliche Fremdheit, ja Andersheit der Griechen im Hinblick auf zentrale Aspekte
ihrer Selbstwahrnehmung und Selbstrepräsentation herausstellt.

Diese Denkrichtung verbindet sich meines Erachtens fruchtbar mit dem
anthropologisierenden Ansatz, den der jesuitische Missionar Joseph-

François Lafitau 1724, mithin hundert Jahre vor Constant, entwickelte. Die Vertreter der anthropologisierenden Richtung gingen, kurz gesagt, davon aus, daß man die Griechen, wollte man sie nicht einfach als technisch weit unterlegene Vorgänger der eigenen Kultur auffassen, besser mit jenen ›primitiven‹ Völkern verglicke, die sich als die sogenannten ›Wilden‹ der europäischen Kolonisation ausgesetzt sahen. Der griechische Polytheismus und die zentrale Rolle, die in ihrer Religion das Tieropfer einnahm, waren wichtige Argumentationsstützen dieses relativistischen, anthropologisierenden Modells. Gleiches gilt für die neuere strukturale Anthropologie von Claude Lévi-Strauss. Die Schemata binärer Oppositionsbildungen, die er in den Mythen zeitgenössischer Indianer der Amazonasregion und der nordwestlichen Pazifikküste entdeckte und als Interpretationsschlüssel benutzte, weisen eine eigentümliche Ähnlichkeit mit jenen Polaritäten auf, die das politische und soziale Denken der klassischen Griechen steuerten (vgl. Kap. 1).

Andererseits gibt es klare Grenzen – oder sollte es doch zumindest geben – für die Auffassung der Griechen als der ›Anderen‹. Sie zeigen sich deutlich in der Institution der attischen Tragödie und Komödie (vgl. Epilog). Zweifellos sollten die DWEMs (*Dead White European Males*) wie Aischylos & Co., von denen der Hauptteil unserer Überlieferung über die klassische griechische Kultur stammt, unsere Perspektive nicht ausschließlich bestimmen. Aber man kann sie wohl kaum ignorieren oder auch nur bewußt ausgrenzen. Eine alternative Strategie besteht darin, die ethnisch unterschiedlichen Impulse herauszuarbeiten, die an der Entstehung der griechischen Kultur Anteil hatten, vor allem die Einflüsse aus dem semitischen Osten und aus dem afrikanischen Süden. Mag dies auch auf den ersten Blick ›politisch‹ reizvoll scheinen, so stößt es doch auf der Ebene empirischer Forschung auf unüberwindliche Hindernisse (vgl. Kap. 3 und 7). Mein Ziel wird es daher sein, »die Waagschalen mit fester und ruhiger Hand zu halten« (Edward Gibbon).

Wessen Erbe?

Ruhig soll die Hand sein, aber nicht leblos. Die Griechen mögen anders sein als wir – dennoch, oder gerade deshalb, ist ihr Vermächtnis, bzw. das, was wir davon in Anspruch nehmen oder doch glauben, von ihnen übernommen zu haben, ein lebendiger Prozeß und bedarf als solcher ständiger Überprüfung und Neubewertung. Die Nicht-Fachleute, für die dieses Buch in erster Linie geschrieben wurde, mögen sich vielleicht fragen, was den beträchtlichen Aufwand an Zeit, geistiger Energie und Geld, der in die Beschäftigung mit den alten Griechen investiert wird, eigentlich rechtfertigt. Ihnen würde ich folgendermaßen antworten.

Man nehme unser aktuelles politisches Vokabular. Es ist offenkundig, daß es sich fast vollständig, einschließlich des Begriffs »Politik« selbst, von den Griechen herleitet. Aber was kann und soll es bedeuten, daß »Demokratie« eine griechische Erfindung ist (die 1993/94 ihren 2500. Geburtstag feierte), wenn doch unsere neuzeitliche Demokratie sich, institutionell wie ideologisch, so grundlegend von jener unterscheidet? Oder, um die Frage noch direkter und gegenwartsbezogener zu formulieren: wie konnten bei den Griechen Theorie und Praxis der Demokratie einhergehen nicht nur mit politischer Rechtlosigkeit der Frauen (Kap. 4) – was ja im übrigen auch für alle neueren Demokratien bis in unser Jahrhundert hinein gilt –, sondern ebenso mit der offenen Versklavung vieler Tausender, Griechen nicht ausgenommen (Kap. 6), während uns dies prinzipiell unvereinbar erscheint?

Oder, um ein letztes Beispiel, diesmal aus der Historiographie, zu bemühen: Im zweiten Kapitel werde ich zu zeigen versuchen, daß Herodot und Thukydides Kinder ihrer Zeit waren und mitnichten unsere Kollegen. Dennoch sind sie beide die Gründerväter der Geschichtsschreibung im weitesten und herkömmlichen Sinne.

Die Griechen waren, um es zusammenzufassen, ›anders‹, aber zugleich haben sie Anteil, und zwar keinen geringen, an unserer Identität. Mag auch ihre Sprache tot sein, ihr Erbe ist lebendig, und es ist eine lebenswichtige Angelegenheit. Im Horizont der Themen, in dem das vorliegende Buch konzipiert und geschrieben wurde, steht unsere Identität nicht weniger zur Debatte als die ihre.

1

Signifikant Andere

Wir versus sie

And how can one imagine oneself among them
I do not know;
It was all so unimaginably different
And all so long ago

(Louis MacNeice, *Autumn Journal*, sec. 9)

Die Figur, die schwarz und überlebensgroß vor
einem stand, hielt eine Hand, die linke, hinterm
Rücken verborgen.

(Canetti, *Das Augenspiel*)

Eine vergleichende Perspektive

Mein Zugang zu den Griechen ist durch die ›komparatistische Perspektive‹ geprägt. Fehlt diese aber, so »verwechseln diejenigen, die sich mit der griechischen Antike befassen, leicht, ja geradezu unvermeidlicherweise das Typische mit dem keineswegs Ungewöhnlichen, handele es sich nun um geistige Hervorbringungen der untersuchten Gesellschaft oder um die Umstände und die Art ihrer Entstehung«. Dieser Appell zum Komparatismus findet sich im Vorwort einer Essaysammlung zur Wissenschaft der Griechen (G. E. R. Lloyd 1991a: S. XII), d.h. zu dem, was die Griechen »Untersuchung der Natur« (*he peri physeos historia*) nannten. Die Erforschung der Natur ist auch bei unserem Projekt zur Geschichte und Historiographie der klassischen griechischen Kultur von ausschlaggebender Bedeutung. Lloyds Anweisung gilt dabei ebenso für das Studium der griechischen Kultur im allgemeinen wie für das der griechischen Wissenschaft im besonderen, denn »das Studium dessen, was eine Gesellschaft für Wissenschaft hält, erfordert zugleich die Erkundung ihres Wertesystems« (353). Und unser Wort »historisch« leitet sich in letzter Instanz von dem griechischen Wort für »Untersuchung« ab (vgl. Kap. 2).

Griechenland: Probleme der Verallgemeinerung

Der Begriff »Gesellschaft« ist für uns nicht unproblematisch, denn »Griechenland«, d. h. das klassische Griechenland zwischen ca. 500 und 300 v. Chr., bildete keine einheitliche Gesellschaft. Es läßt sich jedoch durchaus die Meinung vertreten, daß es eine einheitliche Kultur besaß. Als Stütze dieser Auffassung könnte man auf die Gestalt des Aristoteles (384-322) verweisen: aus dem Norden stammend, war er an den Rändern des griechischen Kerngebietes geboren und aufgewachsen. Sein Vater war Leibarzt des Königs der – weder ganz griechischen noch ganz ›barbarischen‹ – Makedonen. Den größten Teil seines Erwachsenenlebens verbrachte Aristoteles jedoch im griechischen Süden. Er lebte als ortsansässiger Fremder in der Stadt Athen, die sein Mentor Platon das »Rathaus der Weisheit« genannt hatte (Protagoras 337d). Aristoteles war in erster Linie Wissenschaftler, vor allem Zoologe und Biologe. Die teleologische Methode, die er bei seinen empirischen Untersuchungen der Natur nicht-menschlicher Lebewesen anwandte, prägte auch seine Klassifizierung und Analyse dessen, was er für die menschliche Gemeinschaft *par excellence* hielt, nämlich die griechische Polis (Kap. 4). Für uns ist jedoch entscheidend, daß Aristoteles es für legitim und angemessen hielt, im allgemeinen und in verallgemeinernden Begriffen über ›die Griechen‹ und ›das Griechische‹ zu sprechen. Da er selbst sowohl Insider als auch Outsider war, verdienen seine eigenen Ansichten wie auch die anderer, von denen er berichtet, besondere Aufmerksamkeit.

Aber nicht nur wegen seines ›Hellenismus‹ ist Aristoteles für unsere Zwecke wichtig. Wichtig ist, abgesehen vom Umfang und der Reichhaltigkeit seiner erhaltenen Schriften, die Methode seiner ›politischen‹ Theorie (die Ethik, Soziales und Kulturelles ebenso einbegriff wie die Fragen der politischen Verfassung): Er nahm seinen Ausgangspunkt bei dem, was er für die gewöhnlichen kulturellen Wahrnehmungsweisen hielt – überlieferte und allgemein anerkannte Meinungen über das, was der Fall war und sein sollte. Und gerade diese allgemeinen griechischen Einstellungen und Glaubenssätze, diese griechische Geisteshaltung oder »Mentalität« (wenn dieser Begriff gestattet ist), versuche ich hier zu eruieren und in ihrer, oft widersprüchlichen, Komplexität zu erklären. Die *Politik* des Aristoteles basierte auf ausgedehnter empirischer Forschung, die von seinen Schülern am Lykeion am Beispiel von mehr als 150 verschiedenen politischen Gemeinwesen der Griechen durchgeführt wurde. Sie verbindet, was man vielleicht wertfreie politische Wissenschaft nennen könnte, mit einer bewußt ethischen und politisch-erzieherischen Theorie. Deshalb ist sie für mich ein zentraler Text, der allerdings mit besonderer Sensibilität und Genauigkeit immer wieder neu gelesen werden muß. Aristoteles war, bei aller methodischen und ostentativen Treue zu den überkommenen und allgemein anerkannten Vorstellungen, keineswegs ein ›typischer‹ Grieche, geschweige denn ein repräsentativer Vertreter jenes chimärischen – weil in Wirklichkeit so heterogen zusammengesetzten – ›griechischen Geistes‹.

Ich habe deshalb eine Reihe anderer Quellen hinzugezogen – schriftliche wie nicht-schriftliche, Texte mit und ohne künstlerischen Anspruch, dramatische, philosophische und historiographische Texte –, um zu korrigieren oder auszugleichen, was möglicherweise rein aristotelische Vorurteile sind. Besonderes Gewicht habe ich dabei Herodot, Thukydides und Xenophon gegeben, deren historische Schriften den späteren Gelehrten als kanonisch galten – was sie für uns aber keineswegs sein sollten. Im Sinne einer textorientierten Auseinandersetzung ist die Historiographie von der Altertumswissenschaft bislang eher stiefmütterlich behandelt. Wenige Gelehrte stellen das Studium der Historiographie ins Zentrum ihrer Lehre oder Forschung. Nur wenige haben sich deshalb auch mit dem Aufkommen der Historiographie als einer genuin neuen intellektuellen und literarischen Praxis im ausgehenden 5. Jahrhundert v. Chr. beschäftigt. Um den Fortschritt dieser neuen Praxis, ebenso wie ihre immanenten Beschränkungen, historisch zu verorten, will ich sie in der – teils antiken, teils modernen – Gegensatzkonstellation »Geschichte vs. Mythos« behandeln (Kap. 2).

Bei den bedeutenderen Geschichtsschreibern der klassischen Griechen haben wir es mit begabten Geschichtenerzählern zu tun, die sich auf einer eigentümlichen Mittelebene zwischen reiner Unterhaltung und hoch philosophischem Theoretisieren bewegten. Dabei wendeten sie sich an ein lebendiges, körperlich anwesendes Publikum, dessen Aufmerksamkeit es zu sichern galt. In den wesentlich von Mündlichkeit geprägten griechischen Gesellschaften wurde ja ›Literatur‹ üblicherweise gehört und nicht gelesen. Für die Historiker aber war es ein wesentlicher Teil ihrer Selbstwahrnehmung und Selbstdarstellung als Erzähler und Kommentatoren, daß sie nicht einfach Geschichtenerzähler waren, die ihren Vortrag aus dem Stand improvisierten. Sie wollten vielmehr erzählen, »wie es wirklich gewesen war« in der Vergangenheit der Griechen und der Nicht-Griechen (von ca. 550 bis 350 v. Chr., von Italien bis zum Irak), und sie wollten dabei den Gewohnheiten und Erwartungen ihrer Zuhörer bzw. ihrer Leserschaft entsprechen. Stellt man die rhetorischen Kunstgriffe in Rechnung, mit denen sie ihre keineswegs einfachen Geschichten schmückten, ebenso die

Vielfalt von Anspielungen und schließlich die Beschränkungen sowohl der Gattung als auch des intellektuellen Kontextes, so besteht aller Grund zu der Erwartung, daß diese Schriftsteller besonders ergiebige Informationen über die grundlegenden Belange der griechischen Kultur liefern.

Wer waren die Griechen?

Vielleicht gab (und gibt) es keine Angelegenheit von grundlegenderer Bedeutung als die Frage der Identität, sei diese nun kollektiv oder individuell, ethnisch, stammesmäßig, politisch oder wie auch immer bestimmt. Um auf der obersten Ebene der Verallgemeinerung anzusetzen: Die klassischen Griechen teilten die gesamte Menschheit in zwei sich wechselseitig ausschließende, antithetische Kategorien: Wir und sie, oder, wie sie selbst sagten: Griechen und Barbaren (Kap. 3). Die Antithese Griechen-Barbaren ist in der Tat eine strikt polare Dichotomie; sie bezeichnet nicht nur einen Gegensatz, sondern ist auch gemeinsam erschöpfend und wechselseitig ausschließend: Griechen + Barbaren = die Menschheit. Mit dieser Art, sich von anderen abzugrenzen, stehen die Griechen keineswegs allein: man vergleiche beispielsweise Trennung und Gegensatz zwischen Juden und *Gojim* (Nicht-Juden) oder Europäern und Orientalen. Bei den klassischen Griechen war das Polarisieren jedoch ein so durchgängig vorfindbares Denkmuster, daß man es als kennzeichnendes Merkmal ihrer Mentalität und Kultur bezeichnen kann; die Polarität Griechen-Barbaren stellt nur eine besondere Spielart dieses generellen Denkmusters dar. Damit nicht genug, trieben sie die Polarisierung bis an ihre (ideo) logischen Grenzen: Während Griechen idealtypisch als Nicht-Barbaren angesehen wurden, betrachtete man die Barbaren umgekehrt als exakten Gegensatz der Griechen, als Verkörperung dessen, was die Griechen nicht waren.

Stärker noch zeigt sich der ideologische Charakter dieser polarisierten Logik in ihrer Repräsentation der sexuellen Differenz oder vielmehr der Geschlechterdifferenz – wenn man mit »sexuell« Biologie und Anatomie bezeichnet und unter »Geschlecht« die vielfältig motivierte und begründete Konstruktion einer männlichen Natur versteht, die von der weiblichen nicht nur verschieden, sondern dieser gänzlich entgegengesetzt und hierarchisch überlegen ist. Mochte das Wort »Barbar« sich der sogenannten negativen Polarisierung, d.h. der Abwertung der als gegensätzlich definierten Kategorie, geradezu angeboten haben, so lag es doch keineswegs auf der Hand, die Dichotomie Männlich-Weiblich *per se* hierarchisierend und herabsetzend zu konstruieren. Immerhin war annähernd die Hälfte aller Barbaren männlich, so daß Männlichkeit nichts war, was männliche Griechen besonders ausgezeichnet oder gar einzigartig gemacht hätte. Genausowenig gab es – angesichts der Tatsache, daß die Hälfte aller Griechen Frauen waren – einen strikt logischen Grund dafür, weshalb gebildete griechische Männer das Weibliche nicht nur als gegensätzlich, sondern als dem Männlichen kategorial unterlegen hätten definieren sollen. Aber die Griechen waren – wie wir noch sehen werden – radikale Konstruktionisten in eben diesem Sinne; und einer der radikalsten unter ihnen war Aristoteles. Das »Weibliche« wurde also als dem »Männlichen« kategorial unterlegen betrachtet, und es war dementsprechend ein wesentliches Element der griechischen Heterologie, daß die männlichen Barbaren als ›von Natur aus‹ weibisch gedacht wurden (Kap. 3 u. 4).

In der griechischen Konstruktion der Dichotomie Mann-Frau hatte die Kultur den Vorrang über die Natur. Immerhin basierte ihre Geschlechterpolarisierung letztlich auf objektiven und unvereinbaren empirischen Unterschieden – bei den drei anderen Gegensatzkonstellationen, anhand derer ich die klassische griechische Mentalität untersuchen werde, war dies jedoch nicht Fall. Es war nicht aus der Natur ableitbar, ob ein Einwohner des klassischen Griechenland ein Bürger (Kap. 5) oder eine gesetzlich freie Person (Kap. 6) war, ja ob er es überhaupt werden konnte – Bürger hier im Gegensatz zum Nicht-Bürger oder Sklaven gedacht. Noch weniger hatte die Natur Einfluß auf die Dichotomie zwischen den Menschen einerseits (als sterbliche Wesen, unabhängig von Geschlecht, ethnischer Zugehörigkeit, politischem oder gesetzlichem Status) und den Göttern, an die sie glaubten, andererseits (Kap. 7).

Mit anderen Worten: es gab eine Skala gleitender Übergänge zwischen dem, was als vollständig oder weitgehend ›natürlich‹ galt – auch wenn es kulturell überdeterminiert war – und dem, was hauptsächlich oder gänzlich ›kulturell‹ bestimmt war. Für die Griechen jedoch – und das ist mein Hauptpunkt – waren die genannten Paarkonstellationen (Grieche-Barbar, Mann-Frau, Bürger-Fremder, Freier-Sklave, Götter-Sterbliche) alle gleichermaßen polar konstruiert. Niemals konnten die Träger dieser disjunktiven Polaritäten einander treffen. Die Griechen konstruierten also auf verschiedenen Ebenen ihre Identität durch Negation, d.h., indem sie sich durch eine Reihe polarisierter Oppositionen von dem abgrenzten, was sie nicht waren.

Polarität in der Geschichte

Nun wäre es aber irreführend, so zu tun, als hätten diese Polaritäten nicht ihrerseits eine Geschichte, und zwar eine kulturell bedingte, diskursive Geschichte. Das ist natürlich schon in der umstrittenen Unterscheidung zwischen Mythos und Geschichte impliziert: was dem einen als ›Geschichte‹, galt dem anderen als ›Mythos‹. Doch auch die scheinbar so evidente Polarität zwischen ›Griechen‹ und ›Barbaren‹ findet sich nicht vor dem 5. Jahrhundert und wurde erst nach dem Sieg der (oder vielmehr: einiger) Griechen in den Perserkriegen (480-479) fest verankert (Kap. 3). In den vielen tausend Versen Homers, die den Grundtext der klassischen griechischen Kultur bildeten, erscheint das Substantiv »Barbar« oder das davon abgeleitete Adjektiv kein einziges Mal, obwohl doch die Handlung der *Ilias* auf der Konfrontation der mehr oder minder vereinten griechischen Welt mit einer Koalition nicht-griechischer Ausländer basiert. Und als der Begriff »Barbar« dann zum ersten Mal in der erhaltenen griechischen Literatur auftauchte, verbanden sich damit so gut wie keine pejorativen oder gar ›orientalistischen‹ Konnotationen, mit denen der Begriff in der klassischen Ära aufgeladen werden sollte. Es gibt also Polaritäten sehr unterschiedlicher Art; dieses Buch widmet sich dem Typus der pejorativ gebrauchten, verächtlichmachenden, moralisch aufgeladenen Polaritäten; für diesen Typus ist es kennzeichnend, daß die beiden in Korrelation stehenden Gegensatzbegriffe als asymmetrisch, hierarchisch geordnet und antagonistisch aufgefaßt werden.

Eine der nur selten gewürdigten, gleichwohl wesentlichen ›Leistungen der griechischen Kultur‹ bestand darin, den Prozeß der negativen Polarisierung ins Extrem getrieben zu haben. Dieser Extremismus war wohl nicht zuletzt eine Folge des agonalen, öffentlichen, unmittelbaren Stils, in dem die Griechen sich in offener Debatte argumentativ profilierten. Ebenso typisch ›hellenisch‹ war aber die Fähigkeit zumindest einiger Griechen, fundamentale, tief eingewurzelte Denkgewohnheiten und Kategorien sozialer Klassifikation als solche zu reflektieren. Aristoteles zumal hat als erster die Logik des Gegensatzes als solche (von der die Polarisation nur eine Unterart vorstellt) analysiert. In diesem Zusammenhang zitierte er eine Tafel entgegengesetzter Prinzipien (*systoichia*) , die innerhalb eines Zweiges der Pythagoreischen Schule für normativ erachtet wurde (*Metaphysik* 986a; vgl. Abb. 1).

Abb. 1: Pythagoreische Prinzipien

Oppositionen:

unbegrenzt	begrenzt
gerade	ungerade
Vielheit	Einheit
links	rechts
weiblich	männlich
bewegt	unbewegt
krumm	gerade
Dunkelheit	Licht
böse	gut
rechteckig	quadratisch

Diese Tabelle, das muß betont werden, war nicht einfach ein theoretisches Konstrukt, denn der Pythagoreismus war eine verbindliche Form der Lebensführung, nicht bloß eine akademische Bewegung bzw. Übung. Uns bietet sie ein anschauliches Beispiel für den variablen, ja willkürlichen Charakter des binären Klassifikationsmodells im allgemeinen und in der griechischen Kultur im besonderen (vgl. unten). Nur eine kleine Minderheit der Griechen waren echte Pythagoreer (oder Mitglieder irgendeiner anderen exklusiven, reglementierten Sekte), so daß es genug Raum für den Disput darüber gab, was wem gegenübergestellt und auf welcher Seite eine der als polarisiert gedachten Eigenschaften plaziert werden sollte.

Beispielsweise stimmten die Griechen mit vielen anderen, sonst eher andersgearteten Kulturen darin überein, daß rechts gut und links schlecht war. Es gab sogar zwei griechische Worte für »links«, die zugleich offenkundig euphemistisch gebraucht wurden (*aristeros*, »besser«; *euonymos*, »von gutem Namen«). Es herrschte jedoch keinerlei Übereinstimmung darüber, welche Werte und Eigenschaften genau mit »rechts« zu verbinden seien; und ebenso umstritten war, ob Eigenschaften und Werte, wie man sie auf der rechten Seite irgendeiner Tabelle von Oppositionen aufgelistet fand, auch untereinander homolog oder lediglich analog zu denken waren. Man betrachte beispielsweise die beiden Polaritäten (die Aristoteles im ersten Buch der *Politik* entfaltet): Männlich-Weiblich, Herr-Sklave. Folgt daraus, daß »Männlich« und »Herr« in einer Reihe stehen, daß der Mann von Natur aus herrschte und die Frau von Natur aus servil war, oder handelte es sich nur um eine kulturell bedingte Analogie(bildung), derzufolge sich das Männliche zum Weiblichen verhielt wie der Herr zum Sklaven? Aristoteles selbst hatte eine eindeutig positive Antwort, die er aus den Voraussetzungen seines philosophischen Systems ableitete (Kap. 6). Weder seine Voraussetzungen noch seine Schlußfolgerungen wurden jedoch universell geteilt – glücklicherweise, so will uns heute scheinen.

All diese kulturellen Probleme theoretisch-praktischer Natur erfuhren in der zweiten Hälfte des fünften Jahrhunderts eine Zuspitzung durch die sophistische Bewegung. Der spezifische Beitrag der sogenannten Sophisten zur griechischen Kulturdebatte insgesamt lag in der Offenlegung des hypothetischen Gegensatzes zwischen Sitte bzw. Konvention (*nomos*) und Natur (*physis*). War es nicht lediglich eine Frage willkürlicher Konvention, daß die Barbaren von den Griechen generell als unterlegen betrachtet wurden – als nicht nur kulturell (d. h. durch Zufall und Sitte diktiert) minderwertig, sondern auch als *per se* (auf Grund unveränderbarer Naturanlage) unterwürfig? War nicht die Natur der Frauen, obgleich biologisch verschieden, moralisch und psychologisch der der Männer gleichgestellt? Entsprang der Glaube an die Existenz und Wirksamkeit der Götter vielleicht eher einer auf Konvention beruhenden, gesellschaftlich nützlichen Fiktion als der gebotenen Hinnahme eines natürlichen Sachverhaltes? In der allgemeinen Denkbewegung, die mit diesen scharfsinnigen, professionellen Lehrmeistern assoziiert wird, fanden sich von der gängigen Meinung abweichende Verfechter positiver Antworten auf diese und andere Fragen, die für das kulturelle Selbstverständnis von fundamentaler Bedeutung waren. Tatsächlich hatten die Sophisten eine so große Wirkung in Athen, daß Aristophanes sie in seinen *Wolken* (423 v. Chr.) attackierte und Sokrates als einen ihrer typischen Vertreter auftreten ließ – ein öffentliches Image, das diesem fortan anhaftete und mitverantwortlich dafür war, daß er in der Gerichtsverhandlung, die man ein Vierteljahrhundert später (399) wegen Unfrömmigkeit (Asebie) gegen ihn anstrengte, zum Tode verurteilt wurde. Es waren vor allem die sophistischen Lesarten der Kultur-Natur-Polarität, gegen die Aristoteles seine eigenen Konstruktionen, als auf bester *communis opinio* beruhend, ins Feld führte.

Das Problem dualer symbolischer Klassifikation hat jedoch nicht nur in der Antike eine Geschichte. Es sorgt innerhalb der kulturellen oder kognitiven Anthropologie der Gegenwart für nicht weniger Zündstoff. (Ein Insider-Witz besagt, daß es zweierlei Arten von Anthropologen gibt: diejenigen, welche an die heuristische und erklärende Kraft binärer Klassifikation glauben, und diejenigen, die es nicht tun.) Worum es aber tatsächlich geht, ist die Frage, ob – wie es einige Spielarten des Strukturalismus in der Nachfolge von Lévi-Strauss nahelegen – Kultur immer und generell dualistisch funktioniert. Das Erzählen von Mythen ist nach Lévi-Strauss bekanntlich ein Verfahren, mit dessen Hilfe Widersprüche zwischen tiefsitzenden binären Polaritäten, wie z. B. Männer gegen Frauen, Götter gegen Sterbliche, vermittelt werden. Andere sind hingegen der Ansicht, daß die angeblich dualistischen Glaubenssysteme besser als triadisch oder noch komplexer organisierte Denkstrukturen interpretiert werden sollten.

Ich selbst bin, etwas zurückhaltender, der Meinung, daß – einmal abgesehen vom universellen Gültigkeitsanspruch, den dogmatische Lévi-Strauss-Anhänger vertreten – die Hypothese eines strukturellen Dualismus jedenfalls für die antike griechische Kultur (die ja vermutlich in letzter Instanz die eigentliche Quelle der Theorie von Lévi-Strauss darstellt) einen gewinnbringenden Zugriff ermöglicht. Wir haben es hier allerdings – wie in Anlehnung an die grundlegenden Arbeiten des französischen Strukturalisten J.-P. Vernant zu Recht betont worden ist – nicht mit einem »statischen System von Polaritäten« zu tun, sondern mit »sich wechselseitig überschneidenden, dynamischen Relationen, mit komplexen Transformationen und sich wandelnden Spannungsfeldern, die im Kontext der Geschichte, der sozialen Institutionen, des rituellen und politischen Lebens betrachtet werden müssen« (Segal 1982: 232).

Interpretatorische Milde

Schließlich sollte man fairerweise noch auf einen prinzipiellen Einwand eingehen, der für jedes Interpretationsmodell, das man auf die antike griechische Kultur anwendet, gelten kann. Es läßt sich argumentieren, daß es schlichtweg unmöglich ist, sich in das Denken (irgend)einer anderen Gesellschaft als der eigenen einzufühlen, sozusagen in ihre Haut zu schlüpfen – und das gilt um so mehr im Falle einer Gesellschaft, die man von vornherein als entgegengesetzt, ›anders‹ begreift. Die antiken Griechen, so lautet die ›anthropologisierende‹ Argumentationslinie (vgl. Prolog), sind uns kulturell so hoffnungslos und unüberwindlich fremd wie die sogenannten ›primitiven‹ Völker unserer Zeit. Zudem ist ihre Sprache jetzt tot, und das visuelle Repertoire ihrer Bilder ist für uns unergründlich oder doch jedenfalls nicht mit letzter Sicherheit auf unsere Vorstellungen übertragbar.

Das tieferliegende Motiv dieses Interpretationsansatzes ist mir sehr sympathisch. Es zielt darauf, die scheinbare Vertrautheit mit den Griechen aufzulösen und den Sockel wegzustoßen, auf den sie bereits in römischer Zeit und dann wieder während der Renaissance, der Aufklärung und Romantik, gestellt worden sind. Auf diesem Piedestal mußten sie der Legitimation unserer Kultur dienen, die sie in ihren grundlegenden Aspekten angeblich bereits vorweggenommen hatten; sie galten als uns wesensverwandt und zwar im Gegensatz zu anderen antiken Völkern, wie etwa den Phöniziern oder Ägyptern. Der auf der Fremdheit der Griechen insistierende Ansatz hat demgegenüber den Vorteil, daß er uns für tieferliegende Voraussetzungen der griechischen Kultur und Mentalität sensibilisiert, die uns sonst abstoßend erscheinen müßten: Wie etwa war es möglich, daß ein Meisterdenker wie Aristoteles, Begründer der abendländischen Logik und der politischen Soziologie, auch nur für einen Moment jene Ansichten über die Natur der Frauen (Kap. 4) und die der Sklaven (Kap. 6) aufrechterhielt, die er tatsächlich argumentativ vertrat? Um solche scheinbaren Paradoxien zu verstehen, muß man ein beträchtliches Maß dessen aufbringen, was Philosophen und Geisteswissenschaftlern als interpretatorische Toleranz bzw. Milde vertraut ist.

Andererseits scheint mir besagte Strategie, wenn sie ins logische Extrem getrieben wird, in die Irre zu gehen. Schließlich erscheinen uns beispielsweise die Viktorianischen Engländer in grundlegenden kulturellen Aspekten fremd und seltsam, ohne daß wir ihre Kultur prinzipiell als ein Buch mit sieben Siegeln betrachten. Kurz, auch wenn es nicht zutrifft – wie scheinbar allzu viele Altertumswissenschaftler gerne glauben möchten –, daß ›wir alle antike Griechen (oder Athener) sind‹, und obwohl uns die klassische griechische Kultur als Ganzes wie im Detail grundsätzlich fremd ist, sollte es

17

uns doch möglich sein, sie uns mit Hilfe einfühlender Interpretation zu erschließen (vgl. auch Epilog). Und wenn die Erforschung fremder Denkformen eine wesentliche Aufgabe des Historikers ist, so verfügen wir mit der Ausrichtung auf polare Denkstrukturen über eine nützliche Karte mitsamt Kompaß, um Kultur und Mentalität der antiken Griechen zu erforschen. Im Geiste der Herodoteischen *historia* sollten wir jedoch über die bloße Erkundung hinaus zur Erklärung zu gelangen suchen. Die Erörterung der dynamischen Spannung zwischen Mythos und Geschichte bei Herodot und Thukydides sollte ein geeigneter Einstieg sein.

2
Die Vergangenheit erfinden

Geschichte versus Mythos

> Gesegnet der Mann, dessen Gelehrsamkeit auf Nachforschung (*historia*) beruht.
>
> (Euripides, Fragment 910 Nauck)

> The ancient historians gave us delightful fiction in the form of fact; the modern novelist presents us with dull facts under the guise of fiction.
>
> (Oscar Wilde, *The Decay of Lying*)

Geschichte versus Fiktion

Unter den vielen Leistungen, für die man die klassischen Griechen als die wichtigsten Ahnen unserer Kultur preist, nimmt die Erfindung der Geschichte einen Ehrenplatz ein. In Anlehnung an Cicero gilt Herodot als »Vater der Geschichte«, während Thukydides' Stellung als Liebling der Klio von den Historikern der Renaissance und späterer Zeiten (so unterschiedliche Forscher wie der Florentiner Guicciardini, Macaulay, Leopold von Ranke und Sir Ronald Syme) festgeschrieben wurde. Was in diesem Zusammenhang Geschichte heißt, kann sehr unterschiedlich verstanden werden, durchgängig aber wird diese mit einem nahezu sakrosankten Ideal von Wahrhaftigkeit verknüpft, dessen Umsetzung an den Kriterien der Evidenz, Beweisführung, Objektivität und Genauigkeit gemessen wird. Die Geschichtserzählungen werden dabei rigoroser Prüfung und Kritik unterworfen. Historische Wahrheit wird so per Konvention ausschließlich als polare Antithese zu Fiktion verstanden – Fiktion im Sinne bewußt falscher Behauptung.

Da ich zu denjenigen gehöre, die die Angelegenheit nicht ganz so schwarz-weiß sehen, will ich kurz meine Gründe erläutern, indem ich zum Ursprung unseres gegenwärtigen problematischen Diskurses über Wahrheit, Fiktion und Geschichte zurückkehre – d. h. nach Griechenland, genauer: in die Stadt Athen in der zweiten Hälfte des 5. Jahrhunderts v. Chr. Zwar ist, wie ich darlegen werde, die traditionelle Auffassung, die man sich von den Griechen als unseren historiographischen Vorfahren gebildet hat, nicht unberechtigt, aber der Sachverhalt ist weit komplexer, als es die einfache Antithese Wahrheit-Fiktion nahelegt. Besonders wenn wir die griechischen Historiker als Vermittler der Wahrheit in bezug auf griechische Selbstwahrnehmungen und Identifikationen lesen wollen, müssen wir zuerst mit einer Reihe von Variationen der Opposition Geschichte-Fiktion bzw. (um mit den Griechen zu sprechen) Geschichte-Mythos zurechtkommen – eine Opposition, die ihre eigene Geschichte hat.

Definitionen

Sowohl »Geschichte« als auch »Mythos« sind bestenfalls zweideutige Begriffe. Unschwer lassen sich für »Mythos« mehr als zwei überzeugende Definitionen finden. Die Mehrdeutigkeit des Begriffs »Geschichte« läßt sich reduzieren auf die Unterscheidung zwischen »Vergangenheit« einerseits und »systematischem Studium und Beschreiben der Vergangenheit« andererseits. Letzteres wird manchmal auch Geschichtsschreibung genannt, um eben diesen Unterschied zu verdeutlichen. Diese Unterscheidung, obgleich im Prinzip eindeutig genug, kann jedoch in der Praxis keine absolute Gültigkeit beanspruchen. Da eben liegt das Problem, denn was in der Vergangenheit ›wirklich geschehen‹ ist, kann *in toto* nicht wiedergegeben werden – weder in der Vorstellung noch auf dem Papier. Im übrigen wäre es ohnehin den Versuch nicht wert, da nicht alle vergangenen Fakten gleichrangig sind. Es gibt eben Fakten – wie beispielsweise die Tatsache, daß ich dieses Buch schreibe – und Fakten, die Historikern und ihrem Publikum als historisch signifikant gelten.

Kurz: teils aus rein praktischen, materialen Gründen, teils weil nicht alle vergangenen Fakten gleich sind, schreiben Historiker Geschichte nicht, um die Vergangenheit insgesamt wiederzugeben, vielmehr schaffen sie ihre eigenen selektiven, oft sehr verschiedenen Vergangenheiten. Soweit stimme ich mit Hayden Whites Konzeption »historischer Texte als literarischer Artefakte« (White 1978) überein und bin auch der Ansicht, daß historische Darstellungen wesentlich provisorisch und kontingent sind. Das muß jedoch nicht bedeuten, daß zwischen einer wahren Geschichtserzählung und

20

einer Fiktion prinzipiell keine klare Unterscheidung getroffen werden kann. Abgesehen von dem unvermeidlichen Anteil auktorialer Intervention und Subjektivität, darf eine historische Darstellung, die so kritisch (auch selbstkritisch), unvoreingenommen, genau und plausibel ist, wie ihre Entstehungsbedingungen es zulassen, durchaus wahr genannt werden. Ich ziehe es deshalb vor, »die Grenze zwischen Geschichte und Fiktion« als eine »offene« (Gearhart 1984) zu betrachten, die präzis zu beschreiben, oft schwierig und für manche Zwecke sogar entschieden nachteilig ist.

Zu definieren, was Mythos ist, zu entscheiden, welche Geschichten, Erzählungen oder Narrationen (bzw. Typen von Geschichten) mythisch sind oder nicht, ist äußerst problematisch und umstritten. Einen nützlichen Ausgangspunkt bietet Walter Burkerts Definition: »Ein Mythos ist eine traditionelle Erzählung mit einer sekundären, partiellen Bezugnahme auf etwas von kollektiver Bedeutung« (Burkert 1979: 23). ›Traditionell‹ schließt Erfindung beim Erzählen, einen konstanten Prozeß des Erfindens und Wiedererfindens nicht aus; aber der grobe Handlungsverlauf bzw. das Thema einer mythischen Erzählung muß stabil und signifikant genug sein, um zum gemeinsamen, gemeinschaftlichen Eigentum zu werden bzw. einer kollektiven Intention oder Funktion zu dienen – sei diese nun ätiologisch, rechtfertigend, mahnend, exemplarisch oder symbolisch. Fast alles (und fast jeder) kann jedoch mythisiert werden, vorausgesetzt allerdings, es besitzt eine gewisse kollektive Signifikanz und kann dauerhafte soziale Relevanz beanspruchen. Was immer Mythen sonst noch tun oder bedeuten mögen, sie »verankern die Gegenwart in der Vergangenheit« (P. S. Cohen 1969). Aufgrund ihres Repräsentationscharakters oder aber aufgrund ihres Gegenstandes, sei er nun menschlich oder göttlich, sind Mythen also traditionelle Erzählungen, an die sich eine Vielzahl anderer, oft auch widersprüchlicher Bedeutungen knüpfen kann.

Was das klassische Griechenland angeht, mag es eine rein akademische Frage sein, ob man legitimer- oder sinnvollerweise zwischen einer populären Massenkultur und einer elitären Hochkultur unterscheiden sollte: so offenkundige Mythenträger etwa wie der Parthenon und die *Orestie* des Aischylos waren sicherlich gleichermaßen Medien der Massen- wie der Elitekultur. Unser Zugang zu den Mythen der Griechen aber ist ausschließlich durch Schriftwerke vermittelt, die sich durch ein mehr oder weniger ausgeprägtes Streben nach literarischer Meisterschaft auszeichnen, oder durch visuelle Medien, die buchstäblich oder im übertragenen Sinn auf Hochglanz poliert sind. Dies muß man immer im Auge behalten, auch oder gerade im Hinblick auf Herodot. Denn seine Kunst des öffentlichen Erzählens (eine von mehreren Bedeutungen des griechischen Wortes *logos*), die im mündlichen Vortrag sozusagen ihre ›Erstveröffentlichung‹ erfuhr, war gerade eine künstlerische Form, die ihren Kunstcharakter verbirgt.

21

Mythos als Geschichte

Soweit also zu den ewig strittigen Definitionsfragen. Im folgenden werde ich einige mögliche Variationen besprechen, in denen diese mehrdeutigen Begriffe aufeinander bezogen werden können, und zwar unter drei Rubriken: Mythos als Geschichte, Mythos in der Geschichte und Mythos versus Geschichte. In dieser Reihenfolge steckt, wie ich zu zeigen hoffe, eine bestimmte Logik, wenn auch keine einfache lineare Entwicklung. Dabei werden die Schriften Herodots und des Thukydides im Mittelpunkt stehen, und den Bezugspunkt bildet Athen. Während nämlich das Athen des 5. Jahrhunderts in vieler Hinsicht eine bemerkenswert untypische griechische *polis* war, scheinen seine Mythologie und seine Mythen sehr typisch gewesen zu sein. Das freilich macht die schließliche Entstehung dessen, was vielleicht »Geschichte« heißen kann, innerhalb der Matrix des griechischen Mythos um so erstaunlicher – und problematischer. Anders gesagt: nicht daß die Griechen so lange brauchten, um die »Geschichte« zu erfinden, ist überraschend und erklärungsbedürftig, sondern daß sie sie – angesichts der überragenden Präsenz und Autorität des Mythos in der niederen wie auch in der hohen, der sakralen wie der säkularen Kultur – überhaupt erfanden.

»Die Atmosphäre, in der die Väter der Geschichte ihre Arbeit aufnahmen, war gesättigt mit Mythos. Ja, ohne den Mythos hätten sie ihre Arbeit gar nicht beginnen können« (Finley 1986c: 13). Finley dachte dabei in erster Linie an mündlich übermittelte Erzählungen wie die über Prometheus, Herakles und andere göttliche oder halbgöttliche Kulturheroen, an die Mythen des Trojanischen Krieges usw., also an jene ›historischen‹ Mythen, die die Griechen befähigten, aus den unzähligen Daten der Vergangenheit die ›Fakten‹ auszuwählen, denen sie in der Gegenwart eine brauchbare Bedeutung verleihen konnten. Finleys Argument läßt sich sogar noch erweitern, wenn man bedenkt, daß es im Grunde genommen ausschließlich Mythen – im weitesten Sinne mündlicher Überlieferung (griechisch *mythoi*) – waren, auf die Herodot sich stützen konnte, um Ursprung, Verlauf und Ergebnis des von ihm gewählten Gegenstandes der Perserkriege zu erzählen und zu erklären. Sogar Thukydides, der das mit der Entwicklung radikaler Demokratie in Athen verbundene Wachstum öffentlicher Dokumentation miterlebte, verließ sich im wesentlichen noch auf mündliche Traditionen und Zeugnisse.

Herodot beschrieb seine Methode – und vielleicht nur ein einziges Mal das Resultat seiner Methode (7, 96) – als *historie*: »Untersuchung«, »Nachforschung«, ein Begriff, der mit einem bestimmten konzeptionellen Anspruch verbunden war (vgl. unten, »Mythos versus Geschichte«). Er untersuchte verschiedene Arten mündlicher Zeugnisse, die Pluralität von

Traditionen, die ihm auf unterschiedliche Weise durch verschiedene Typen von Informanten vermittelt wurden. Die Griechen besaßen zwar spätestens seit der Mitte des achten Jahrhunderts ein Alphabet und begannen seit ca. 650 ›Dokumente‹ schriftlich aufzuzeichnen. Aber unbeschadet der These von Goody und Watt (1962/63, modifiziert 1968), daß die Leistung alphabetischer Verschriftlichung unweigerlich eine kritische Haltung gegenüber der Vergangenheit hervorbrachte sowie das Bedürfnis, sie in authentischer, unveränderlicher und unbestreitbarer dokumentarischer Form festzuhalten, blieb die griechische Welt bis zum 5. Jahrhundert und sogar darüber hinaus im wesentlichen eine Welt der mündlichen Rede.

Die orale Historiographie, d. h. das Studium mündlicher Traditionen mit dem Ziel, Geschichte zu schreiben, ist in den letzten Jahrzehnten so etwas wie eine Wachstumsindustrie geworden; nicht nur unter Afrikanisten, sondern auch unter Historikern des Londoner *East Ends*. Nach anfänglicher Aufregung über deren Möglichkeiten – als Korrektur und Ergänzung der ›offiziellen‹ Aufzeichnungen oder sogar zur Lieferung authentischer, verifizierbarer ›Fakten‹ aus der analphabetischen oder semi-alphabetischen Vergangenheit der Gemeinschaft – mußten die modernen, oral orientierten Historiker jedoch einige schmerzhafte Wahrheiten zur Kenntnis nehmen. Oder vielmehr: diese mußten abermals gelernt werden, denn bereits ein Jahrhundert zuvor hatte der Pionier unter den modernen Historikern der Antike, George Grote, völlig klar gesehen. »Mit welcher Logik«, verlangte Grote (1873: 83) mit Recht zu wissen, »kann man von einer Gemeinschaft, die weder über die Einsicht in die Notwendigkeit der Aufzeichnung von Gegenwartsphänomenen noch über die Mittel dazu verfügt, erwarten, daß sie irgendein Wissen über die Phänomene der Vergangenheit besitzt?« Sehr viel wahrscheinlicher war das Gegenteil der Fall. Sozialpsychologische Faktoren wie das Bedürfnis, ›Bescheid zu wissen‹, der Unwille, Ignoranz einzugestehen, und eine Neigung, alles zu glauben, was mit den vorherrschenden religiösen, politischen oder ästhetischen Gefühlen der Gruppe im Einklang stand, konnten schließlich dazu führen, daß reine Fiktionen leichthin akzepiert wurden. Letztere vermischten sich wiederum derart mit tatsächlichen, aber auch übertriebenen Fakten, daß selbst der gewitzteste Augenzeuge, geschweige denn ein außenstehender Kritiker, wie professionell auch immer, sie nicht wieder entwirren konnte.

Im 6. Buch Herodots finden sich einige, nicht zufällig gehäuft auftretende, Passagen, die einen Eindruck vermitteln können von dem Typus diesseitsbezogener Mythen der athenischen Vergangenheit, die in der archaischen Zeit (7. und 6. Jh.) entstanden und Herodot im 5. Jahrhundert überliefert wurden. Da ist zunächst sein berühmter Exkurs über die Alkmeoniden (6, 125-231), der freilich zu umfangreich ist, um hier zitiert zu werden. Den Anlaß dazu bot seine berühmt-berüchtigte Verteidigung dieses Adelsgeschlechts gegen den Vorwurf des Verrats in der Zeit der Schlacht von Marathon 490 v. Chr. Mich interessiert in diesem Zusammenhang weder der Wahrheitsgehalt dieser Anklage noch die Identität von Herodots Informanten, sondern Wesen und Funktion der Erzählungen, die Herodots glänzend vorgetragener Version zugrundelagen. Diese Mythen über die Alkmeoniden sind nämlich auf erhellende Weise multifunktional – teils ätiologisch, teils rechtfertigend, teils exemplarisch, teils symbolisch –, weshalb sie sich auch auch zur Manipulation und Akzentverschiebung eignen, je nach Bedürfnis des Erzählers.

Sie sind zunächst ätiologischer Natur, besteht doch die Funktion des Exkurses in seiner Gesamtheit vorgeblich darin zu erklären, wie und warum die Alkmeoniden ein so berühmtes athenisches Geschlecht wurden. Sie sind rechtfertigender Natur, weil sich unter den Alkmeoniden oder den mit ihnen eng verbundenen Männern so bedeutende Zeitgenossen oder doch Beinahe-Zeitgenossen befanden wie Kleisthenes, der Herodot zufolge in Athen (508/7) »die Demokratie etablierte«, und Perikles, dessen Mutter zu den Alkmeoniden gehörte. Sie sind weiterhin moralisch, sozial und politisch von exemplarischer Bedeutung. Um 575 wurde um Agariste, die Tochter eines Tyrannen, länger als ein Jahr ein Wettbewerb in aristokratischer Vortrefflichkeit ausgetragen. Man hielt es für richtig und angemessen, daß mächtige Männer heiratsfähige Frauen als politische Spielmarken benutzten und ebenso, daß Männer darum wetteiferten, sie zu heiraten. Den Preis gewann der Vater des Kleisthenes, u. a. deshalb, weil sich sein Hauptrivale (auch ein Athener) ein moralisches Vergehen hatte zuschulden kommen lassen: er zeigte einen bedauerlichen Mangel an öffentlichem Anstand und Selbstbeherrschung und mißbrauchte so die großzügige Gastfreundschaft seines Gastgebers (man erinnere sich an Paris und die Freier der Penelope bei Homer). Schließlich sind diese Mythen auch symbolischer Natur: die Art, in der der Namensgeber Alkmaion seinen legendären Reichtum erworben haben soll (er bedeckte noch den letzten Winkel und die letzte Öffnung seines Körpers wie auch seiner Kleidung mit dem lydischen Goldstaub des Königs Kroisos), war sinnbildlich für die griechische *metis* (»listenreiche Klugheit«) auf Kosten eines orientalischen, barbarischen Monarchen.

Hier stoßen wir auf die Polarität Griechisch-Barbarisch, der ich in meinem zweiten, dem Werk Herodots entnommenen Fallbeispiel vom Mythos als Geschichte (6, 137-40) weiter nachgehen werde. Zum einen handelt es sich dabei um ein klassisches Beispiel dessen, was der Anthropologe Bronislaw Malinowski als »Gründungsmythos« bezeichnet hat. Denn Herodot präsentiert hier eine Version der Erzählung, die den Athenern einen Freibrief bot, um ihre gewaltsame Okkupation der Insel Lemnos zu rechtfertigen. (Diese Okkupation erstreckte sich nahezu über das gesamte 5. und 4. Jahrhundert, weil man der Insel als Siedlungsraum für die überzählige Bevölkerung Athens, als selbständiger Getreidequelle, aber auch als strategischem Posten auf der Getreideroute von Südrußland nach Piräus, große Bedeutung beimaß). Die Erzählung spricht aber auch andere Belange Athens an, insbesondere die, die wir in den nächsten zwei Kapiteln behandeln werden: die Konstruktion der ethnischen bzw. der geschlechtlichen Identität.

Herodots Erzählung beginnt in einer zeitlosen Vergangenheit mit der Vertreibung einiger nicht-griechischer Pelasger aus Attika. Für diesen Vorgang bietet Herodot zwei widersprüchliche Darstellungen an – diejenige ›der Athener‹ und die des anti-athenischen Proto-Historikers Hekataios (auf den wir zurückkommen werden, und zwar im Zusammenhang mit dem Schritt vom Mythos als Geschichte zum Mythos versus Geschichte). Dann verlagert sich die Handlung nach Lemnos. Herodot beschreibt eine der sprichwörtlichen ›lemnischen Taten‹, begangen von den pelasgischen Männern, die einst in Attika gelebt hatten, aber verbannt worden waren. Diese waren von Lemnos nach Attika zurückgekehrt und hatten während des ausschließlich von Frauen gefeierten Festes der Brauronia einige Athenerinnen aus Brauron entführt und vergewaltigt. Danach hatten sie sowohl die aus dieser Verbindung hervorgegangenen Söhne als auch die athenischen Mütter selbst umgebracht. Als Folge dieses gottlosen Hinmetzelns Unschuldiger wurde Lemnos von einer Naturkatastrophe heimgesucht: Die Feldfrüchte verdorrten und das Vieh pflanzte sich nicht mehr fort. Schließlich wandten sich die Pelasger an das Orakel von Delphi, das ihnen riet, den Athenern Reparationen zu zahlen, was immer diese auch als Kompensation forderten. Die Pelasger sahen sich außerstande, diesem Rat zu folgen – was kaum verwundern kann, denn die Athener verlangten nicht weniger als die gesamte Insel Lemnos. Miltiades war deshalb vollkommen gerechtfertigt, als er in den 490ern die Insel für die Athener eroberte, so wie diese sich auch im Recht glauben konnten, wenn sie in der Folgezeit an ihrem neuen Besitz festhielten.

Hiermit sind weitere Erzählstränge verknüpft, die noch unmittelbarer darauf verweisen, wie die Athener (d.h. die männlichen Bürger Athens) ihre Stellung und sozialen Verhältnisse im heimischen Attika auffaßten – und auch in Frage stellten. In anderen Darstellungen gelten die Pelasger als die ursprünglichen Bewohner Attikas. Wie aus den Verwirrungen und Verdrehungen seiner Angaben über die ethnische und linguistische Zugehörigkeit der Pelasger in anderen Passagen seines Werkes (z.B. 1. 56) klar hervorgeht, war Herodot sich dieser weitverbreiteten Ansicht vollkommen bewußt. Aber das Selbstverständnis der Athener als politische Gemeinschaft war zu entschieden mit ihrem Anspruch auf Autochtonie verbunden, d.h. mit der

Behauptung, daß die ersten Athener dem Boden Attikas entstammten. Um also den Ansprüchen der athenischen *Mythopoiesis* zu genügen, mußten die attischen Pelasger ursprünglich nach Attika eingeladen worden sein – eine Handlungsdarstellung, die es den athenischen Mythenmachern ermöglichte, eine andere bürgerliche Tugend zu illustrieren, auf die sich die klassischen Athener viel zugute hielten: ihre großzügige Gastfreundschaft gegenüber Fremden (die sie jedoch andererseits rigoros vom Erwerb der athenischen Bürgerrechte ausschlossen: Kap. 5).

Ein dritter, ebenso wichtiger Strang des Mythos destilliert die Beziehungen zwischen den Geschlechtern heraus, und zwar sowohl im Hinblick auf die Arbeitsteilung als auch in bezug auf die Legitimität von Kindern. Der athenischen Version zufolge wurden die Pelasger nämlich aus Attika verbannt, weil sie die undankbare und barbarische Angewohnheit hatten, athenische Töchter zu vergewaltigen. Dies fiel ihnen deshalb so leicht, weil freie Frauen damals die später von Sklaven übernommene Funktion erfüllten, das Wasser vom Brunnen zu holen (und weil, das mußte gar nicht eigens ausgesprochen werden, die athenischen Frauen damals im Hause nicht so strikt bewacht wurden, wie es später idealerweise der Fall war).

Nachdem sich die vertriebenen Pelasger auf Lemnos niedergelassen hatten, kehrten sie – wie wir hörten – nach Attika zurück und verletzten die Heiligkeit eines exklusiv weiblichen, religiösen Festes (Brauronia). Die athenischen Frauen jedoch, die nach Lemnos entführt und zum Konkubinat gezwungen worden waren, nahmen leidenschaftlich Rache: mit wahrhaft athenischer *metis* erzogen sie ihre pelasgisch-athenischen Söhne dazu, sich wie Athener zu benehmen, attisches Griechisch zu sprechen und dadurch (weil selbstverständlich alle Athener, Frauen inklusive, klüger als die nichtgriechischen pelasgischen Männer waren) das Erstgeburtsrecht legitimer, rein pelasgischer Jungen zu bedrohen. Der Passus des Perikleischen Bürgerrechtsgesetzes von 451/450, der verlangte, daß ein zukünftiger Bürger Athens sowohl eine athenische Mutter als auch einen athenischen Vater nachweisen konnte, wirft meiner Meinung nach ein bezeichnendes Licht auf den griechisch-barbarischen Antagonismus und die männlich-weibliche Rollenvertauschung in dieser Erzählung. Die durchgängig positive Darstellung athenischer Frauen in einem Mythos ist in der Tat so exzeptionell, daß eine derart außergewöhnliche und politische Erklärung unausweichlich scheint (vgl. ferner Kap. 4).

Herodots lemnische Erzählung ist also ein besonders gutes Beispiel für einen Mythos, der Tradition und Innovation verbindet und dabei zweierlei versucht: einerseits durch Polarisierung den ethnischen Zusammenhalt zu stärken, andererseits vorhandene Widersprüche zwischen bürgerlichem Status und Differenzierung der Geschlechterrolle auszugleichen. Gleichzei-

tig erfüllt er die übergreifende politische Funktion, als legitimierender Freibrief für die Inbesitznahme und Einbehaltung eines wichtigen fremden Territoriums zu dienen. Die Frage nach dem Wahrheitsgehalt des Mythos im
Sinne historischer Faktizität ist dabei unerheblich.

Mythos in der Geschichte

Wenn demnach die Atmosphäre, in der Herodot sich ans Werk machte, mit
derartigen Mythen geschwängert war, standen die Zeichen für die Geburt der
»Geschichte« im heutigen fachspezifischen Sinne – d.h. kritisch, wertfrei, ob-
jektiv, genau und analytisch – nicht besonders günstig, selbst wenn man – wie
ich selbst – die prinzipielle Offenheit im Gegensatz zur angeblichen Wissen-
schaftlichkeit aller Geschichtsschreibung betonen wollte. Dennoch entstand
hier etwas, was einige von uns zumindest als ›Proto-Geschichte‹ bezeichnen
würden. Wie und warum das geschah, werde ich im letzten Abschnitt behandeln. Lassen Sie uns jedoch zunächst den Mythos in der Geschichte betrachten, und zwar anhand von drei Gelegenheiten, bei denen der Versuch
unternommen wurde, den Ablauf realer geschichtlicher Ereignisse durch den
Rückgriff auf mythische Rede zu beeinflussen. Nicht alle diese Versuche
waren erfolgreich; bedeutsam jedoch ist die Selbstverständlichkeit, mit der
Sprache und Ideologie des Mythos zu Hilfe genommen wurden, nicht deren
Erfolg. Sie bestätigt nämlich, in welchem Maß die Atmosphäre, in die Herodot und Thukydides einbezogen waren, vom Mythos gesättigt war und damit
zugleich die enorme Schwierigkeit des Durchbruchs vom Mythos als bzw. in
der Geschichte zum Mythos im Gegensatz zur Geschichte, den Thukydides
und Herodot selbst und die damalige Öffentlichkeit vollzogen.

In zwei Fällen wurde dabei auf den gleichen Mythos Bezug genommen;
er entstammte der reichen Tradition über die Alkmeoniden. Die Spartaner
beriefen sich 508 und nochmals 432 auf den »Fluch der Alkmeoniden«. Dadurch forderten sie sowohl Herodot (5, 70-71) als auch Thukydides (1,
126-27) dazu heraus, zu erzählen, was sie für die historischen Ursprünge
dieses hereditären religiösen Fluches hielten, wobei Thukydides detaillierte
Korrekturen an seinem Vorläufer vornahm. Die wahren Ursprünge des Fluches waren nach zweihundert Jahren tatsächlich gar nicht mehr aufzu-
klären. Aber die Korrekturen des Thukydides an Herodot dokumentieren
die Entwicklung einer ›wissenschaftlichen‹ Historiographie, die scharf zwischen (romantischem und fiktionalem) Mythos und (wahrer) Geschichte
unterschied. Am interessantesten ist jedoch die Tatsache, daß die Spartaner
in der historischen Wirklichkeit den Mythos zweimal als Waffe der Propaganda und der Überredung in den zwischenstaatlichen Beziehungen mit

Athen einsetzten. Für das Hauptthema dieses Buches, die klassische griechische Mentalität, ist dies natürlich einschlägig.

508 hatte diese List funktioniert, denn der »verfluchte« Kleisthenes, seine Verwandten und Anhänger wurden (wenn auch nur für kurze Zeit) verbannt. Zweifellos ermutigte dies wiederum die konservativen Spartaner, es ein Dreivierteljahrhundert später noch einmal zu versuchen. Thukydides zufolge beriefen sich die Spartaner bei ihrer Beschwörung des Fluches im Jahre 432 jedoch allein auf ihr frommes Bestreben, die Götter zu ehren. Trotz der wohlbekannten und sicherlich echten Religiösität der Spartaner wird dies von Thukydides verspottet und durch seine eigene, bezeichnenderweise säkulare und rationalistische Erklärung ersetzt: Die Spartaner wollten einfach die Popularität des Perikles untergraben. Doch selbst wenn dies das wahre Ziel der Spartaner gewesen sein sollte, so war doch die Logik ihrer Forderung an die Athener, »den Verfluchten zu verbannen«, durch die biblische Ansicht autorisiert, daß die Sünden der Väter über die Söhne kommen. Herodot selbst teilte mit Sicherheit diese Ansicht (z. B. 7, 137), wie höchstwahrscheinlich auch die Mehrzahl der gewöhnlichen Athener. Im Gegensatz zu Thukydides sollte man daher die psychologische Wirkung nicht unterschätzen, die die mythopoetische Berufung auf den Alkmeoniden-Fluch seitens der Spartaner auf die wachsende Schar der Kritiker ausübte, die den Alkmeoniden Perikles für die Entfesselung des Peloponnesischen Krieges verantwortlich machte (vgl. ferner Kap. 4).

Mein anderes Beispiel für den Mythos in der Geschichte ist der Streit zwischen Athen und Tegea um den Vorrang auf dem Schlachtfeld von Plataiai 479 (Herodot 9, 26-28). Es dient zugleich als Brücke für den Übergang vom Mythos in der Geschichte zum Mythos als Gegensatz der Geschichte. Die Erzählung, daß die Athener ebenso wie die Tegeaten mythische Präzedenzfälle als Tatsachen anführten, um ihren jeweiligen Prioritätsanspruch auf den äußersten linken Flügel der griechischen Schlachtlinie zu untermauern, ist an sich nicht unglaubwürdig; das war noch in der attischen Redekunst des vierten Jahrhunderts ein Standardverfahren. Andererseits können die von Herodot erfundenen Reden in ihren Details schwerlich als authentisch gelten. Er hat nämlich nicht nur in anachronistischer Weise rhetorische Topoi und Tropen aus den verschiedenen Genres der öffentlichen Rede, wie etwa aus dem athenischen *epitaphios* (der öffentlichen Begräbnisrede), die erst nach 479 formalisiert wurden, in diesen älteren Kontext zurückprojiziert. Er hat vielmehr auch in die wohlüberlegte Rede der Athener ein Charakteristikum eingebaut, das unverkennbar seinem eigenen historischen Bewußtsein entstammt.

Die vergangenen Heldentaten nämlich, auf die sich Herodots athenische Redner als Präzedenzfälle berufen, sind nicht gleichermaßen historisch.

Vielmehr läßt er die Athener einen scharfen Trennungsstrich ziehen zwischen der dunklen und fernen Vergangenheit (als die Athener heroisch die Invasion der Amazonen zurückschlugen und im Trojanischen Krieg kämpften) und der Gegenwart (*ex hypothesi* 479); mit der Begründung, daß schließlich ein Volk, das früher tapfer gewesen, in der Gegenwart durchaus moralisch heruntergekommen sein könnte, obgleich – wie sie natürlich eilig hinzufügten – die Athener zu diesem Zeitpunkt noch keineswegs degeneriert seien – man denke nur an ihren Sieg bei Marathon elf Jahre zuvor. Homer, Herodots Vorbild, hat augenscheinlich einen ähnlichen Kontrast zwischen den Männern von einst und den (degenerierten) Männern von heute beschrieben, aber er bewegte sich damit ausschließlich innerhalb des heroischen Zeitkontinuums. Der Kontrast, den Herodots Athener meinen, ist dagegen der zwischen der Heroenzeit (*spatium mythicum*) einerseits und der historischen Zeit (*spatium historicum*) andererseits. Herodot selbst spricht diesen Kontrast an einer früheren Stelle in *propria persona* offen aus. In 3, 122 nämlich grenzt er den legendären kretischen Herrscher Minos und alle seine die Meere beherrschenden Vorgänger von Polykrates ab, dem seiner Meinung nach mit Gewißheit historisch realen und ganz und gar menschlichen Herrscher von Samos, dem ersten jener *anthropeie legomene genee* (»die Generation der Menschen, wie sie genannt werden«), von dem er sicher weiß, daß er ein Thalassokrat (»ein Beherrscher der Meere«) war.

Mythos versus Geschichte

Aber wie konnte Herodot das ›wissen‹? Und warum war er nicht bereit, sich für die menschliche Natur oder die Thalassokratie des Minos zu verbürgen? Damit gelangen wir zur letzten Variante unseres Begriffspaares Mythos und Geschichte – und zwar als polarer Antithese. Herodot nämlich wußte dies (und vieles andere mehr) als ein Resultat der *historie*, die er stolz im Vorwort seines Werkes angekündet hatte. Es beginnt folgendermaßen: »Herodotos von Halikarnassos gibt hier eine Darlegung (*apodexis*) seiner Forschungen (*historie*).« Durch den Gebrauch des Wortes *historie* bekundete er sowohl seine Verpflichtung gegenüber einer durch und durch modernen Form intellektueller Betätigung, als auch seine Verbundenheit mit einer intellektuellen Tradition, die mit Thales von Milet und seinen Anhängern hundert Jahre vor Herodots Geburt begonnen hatte, und ihm durch Hekataios (um 500), nicht zufällig ebenfalls ein Milesier, vermittelt worden war.

Nun waren im frühen Griechenland, ja bis ins vierte Jahrhundert hinein, *mythos* und *logos* keineswegs zwei verschiedene Diskurstypen, von denen der eine sozusagen primitiv und prälogisch und der andere rational war.

Mythologie, als wissenschaftliche Kategorie, ist eine überraschend späte Erfindung, entstanden im 18. Jahrhundert. Es wäre daher anachronistisch, wenn man in der Leistung des Thales und seiner Nachfolger eine radikale intellektuelle Wende vom *mythos* zum *logos* erkennen wollte, einer Konversion vom mythologischen Denken zur wissenschaftlichen Rationalität. Außerdem kann der Mythos durchaus ein extrem rationales Denken beinhalten, wenn er sich auf Gegenstände bezieht, deren wesentliche Dunkelheit und kulturelle Resonanz es als höchst vernünftig und angemessen erscheinen lassen, sich ihnen in der symbolischen oder allegorischen Reflexionsform des Mythos zu nähern. Andererseits wandelten sich in der Zeit von Hesiod (um 700 v. Chr.) bis Herodot die geistigen Einstellungen zum Mythos tatsächlich in einer Weise, die das Erwachen des »historischen Geistes der Griechen« (Starr 1968) möglich machte. J.-P. Vernant (1983b: 351) hat diese intellektuelle Entwicklung hervorragend erfaßt, indem er »zwei bedeutende Transformationen des Denkens« benannte: »Zum einen die Entstehung eines positivistischen Denkens, das alle Formen des Übernatürlichen ausschließt und die im Mythos implizite Gleichsetzung physischer Phänomene mit göttlichen Agenten zurückweist. Zum anderen die Entwicklung eines abstrakten Denkens, das der Realität die Verwandlungsmacht abspricht, die ihr der Mythos verliehen hatte.«

In der Nachfolge des Hekataios war Herodot schließlich mehr an der Welt der Menschen interessiert als an der nicht-menschlichen Natur (*physis*). Und obgleich er nicht wie Thukydides alle Formen des Übernatürlichen aus seinem intellektuellen Repertoire verbannte, erlaubte er seinem Glauben an übernatürliche Mächte nicht, seine säkulare *historie* menschlicher Angelegenheiten durch kritische Untersuchung traditioneller Erzählungen (eine andere Bedeutung von *logoi*, die er von *mythoi* unterschied; siehe unten) zu unterminieren. Vor allem jedoch erschien ihm die Hand Gottes oder »des Göttlichen« (*to theion*) mit dem vorrangigen, grundsätzlichen Ziel seiner *historie* (vgl. ferner Kap. 7) weder unvereinbar noch schlossen sich beide von vornherein aus. Wie er am Ende seines Vorwortes verkündete, bestand dieses Ziel darin, »das Andenken an jene großen und wunderbaren Taten (*erga*) nicht erlöschen zu lassen, die die Hellenen und die Barbaren vollbracht haben; vor allem aber soll man die Ursachen (*aitie*) kennen, weshalb sie gegeneinander Krieg führten.« Die genaue Bedeutung von *aitie* ist ausführlich und heftig debattiert worden; in jüngster Zeit aber wurde wieder überzeugend argumentiert, daß Herodot sehr wohl über ein stichhaltiges Modell verfügte, das ihm zu erklären erlaubte, warum Dinge geschehen. Nicht zuletzt deshalb bringt das scheinbar tautologische Diktum, daß »es vor Herodot keinen Herodot gab« (Momigliano 1966a: 129), die historiographische Pionierleistung Herodots sehr treffend zum Ausdruck.

Um Herodots Entfaltung der Geschichte als Gegensatz des Mythos zu illustrieren, werde ich nur drei Beispiele geben. Beim ersten sehen wir, wie er zu Beginn des Werkes sein methodisches Vorgehen beschreibt. Man beachte dabei die betonte Verwendung des Personalpronomens: »Die Gebildeten (*logioi*) unter den Persern sagen, daß die Phönizier die *aitioi* des Zusammenstoßes zwischen Persern und Nicht-Persern seien.« Dann werden in vier Abschnitten die verschiedenen Mythen erzählt. »Ich selber«, fährt Herodot fort, »will nicht entscheiden, ob es so oder anders gewesen ist. Aber den Mann will ich nennen, von dem ich sicher weiß, daß er es war, der mit den Feindseligkeiten gegen die Hellenen den Anfang gemacht hat ... Kroisos« (1, 5, 3) Soviel also, läßt Herodot nicht ohne Süffisanz durchblicken, zu den Erzählungen der ›gebildeten‹ Perser. An dieser Stelle gebraucht er den Begriff *mythos* nicht, genau dies aber tut er zweimal (2, 23; 2, 45, 1) im Buch 2 (über Ägypten: siehe ferner Kap. 3). Dies sind die beiden einzigen Stellen in seinem gesamten Werk, in denen er das Wort *mythos* benutzt, und zwar im verächtlichen Sinn. Dabei ist es höchst bezeichnend, daß er an beiden Stellen ausdrücklich von Mythen »der Griechen« spricht (trotz des Plurals eine Singularanspielung auf Hekataios). Mit anderen Worten: hier haben wir den ›wissenschaftlichen‹ Historiker Herodot vor uns, der die Beherrschung seines neuen intellektuellen Territoriums markieren will.

Die zweite Textstelle bietet darüber hinaus eine sehr eindrucksvolle Parallele zu meinem nächsten Beispiel, mit der ich Herodots kritische Einstellung gegenüber dem Mythos veranschaulichen möchte. Der griechische *mythos* von Herakles, den er in 2, 45, 1 erzählt, wird nämlich als *euethes* (einfältig) verworfen; dasselbe ist es auch, was seinen Spott über eine dem athenischen Diktator des 6. Jahrhunderts, Peisistratos, zugeschriebene Kriegslist in 1, 60, 30 provoziert. Er kanzelt dies als die bei weitem einfältigste Operation (*euethes pregma*) ab, auf die er bei seinen Forschungen gestoßen sei: gemeint ist die Vorstellung, nach der Peisistratos angeblich von der Göttin Athene nach Athen eskortiert worden war; als ob die Athener Mitte des 6. Jahrhunderts (kurz vor Polykrates, vgl. oben) gedacht hätten, sie lebten im mythischen Ithaka Homers und nicht im Athen der historischen Zeit! Die Athener (vermutlich einschließlich seiner zeitgenössischen athenischen Informanten) sollten sich schämen, eine so alberne Geschichte zu glauben – ja sie ganz besonders, denn schließlich waren die Griechen angeblich klüger als sämtliche Barbaren, und die Athener wiederum klüger und listiger als alle Griechen zusammengenommen. Nicht daß Herodot sich nicht selbst gelegentlich der schlimmsten Leichtgläubigkeit schuldig gemacht hätte (z.B. 1, 214, 5) – worauf es hier aber ankommt, ist die prinzipielle Unterscheidung und die polare Opposition, die er zwischen *mythos* einerseits und einem wahren oder plausiblen *logos* vornimmt. Tatsächlich hält er sich an einer anderen Stelle sogar programmatisch den Rücken frei, indem er sagt, daß sein Aufgabe – so wie er sie verstehe – lediglich darin bestehe, »zu berichten, was ich höre« (*legein ta legomena*), gleichgültig ob er selbst die *logoi* glaube oder nicht (7, 152, 3).

Mein drittes und letztes Beispiel für den Gegensatz von Geschichte und Mythos verbindet Herodot mit seinem wichtigsten Nachfolger Thukydides – und trennt beide zugleich. Die Erzählung von den Tyrannenmördern Harmodios und Aristogeiton wurde der wichtigste Gründungsmythos der athenischen Demokratie, da die Athener ihr politisches System der Selbstbestimmung des Volkes visuell wie verbal als Gegensatz zur Tyrannis repräsentierten und begriffen. Deshalb war der Raub der originalen Statuengruppe der Tyrannenmörder durch den persischen Großkönig Xerxes 480 nicht nur eine wirkungsvolle symbolische Handlung, sondern wurde seitens der demokratischen Athener auch als so schmerzhaft empfunden, daß sie sofort einen Ersatz in Auftrag gaben. Die neue Gruppe wurde dann auch 477 ordnungsgemäß auf der Agora von Athen, dem Zentrum der Bürgerschaft, aufgestellt – die einzigen Standbilder von Sterblichen, die damals innerhalb des geheiligten Bürgerbezirks erlaubt waren. Der Grund für diese Ausnahme war jedoch, daß man Harmodios und Aristogeiton zu diesem Zeitpunkt nicht länger als gewöhnliche Sterbliche betrachtete, sondern sie längst mit Hilfe des mythischen Zauberstabes in Heroen (ehrenhalber) verwandelt hatte: Heroen im spezifisch religiösen Sinne: Objekte der Verehrung, ausgestattet mit mehr als menschlichem, aber nur halb göttlichem Status.

Herodot, der Historiker, ließ sich jedoch durch die populäre athenische *oral history* nicht täuschen. Wie er trocken bemerkte (6, 123), waren es in Wirklichkeit nicht Harmodios und Aristogeiton, sondern die Alkmeoniden unter Führung des Kleisthenes, die in Athen in erster Linie für den Sturz der Tyrannis der Peisistratiden verantwortlich waren. Thukydides, der noch ›wissenschaftlichere‹ Historiker, ging einen Schritt weiter: In einem umfangreichen retrospektiven Exkurs anläßlich der Schilderung der Ereignisse des Jahres 415 erklärte er (6, 53, 3), daß normale Athener aus der »mündlichen Überlieferung« (*akoe*) »wüßten« (*epistamenos*), daß es in Wirklichkeit weder Harmodios und Aristogeiton noch das athenische Volk, sondern die Spartaner gewesen seien, die die Tyrannis der Peisistratiden beseitigt hätten. Was sie jedoch im Gegensatz zu Thukydides nicht wußten, war die Tatsache, daß Harmodios und Aristogeiton genaugenommen nicht einmal Tyrannenmörder waren. Der Mann nämlich, den sie vier Jahre vor dem eigentlichen Sturz der Tyrannis ermordet hatten und wegen dessen Ermordung sie heroisiert worden waren, war nicht der regierende Tyrann, sondern nur dessen jüngerer Bruder. In einer *tour de force* weiterer mühseliger und exakter Nachforschung (*zetesis* – Thukydides achtet darauf, nie den durch Herodot belasteten Begriff *historie* zu benutzen), unterstützt durch den kritischen Gebrauch dokumentarischer Inschriften aus Lampsakos im Hellespont wie auch aus Athen, unternimmt Thukydides es dann zu zeigen, wie die wahre Geschichte vom Ende der Peisistratiden »rekonstruiert« (*syngraphein*) werden könnte und sollte.

Daß es nun möglich geworden war, solcherart antiquarische Forschung zu betreiben, ist aufschlußreich genug; zumindest haben wir hier ein eindeutiges Zeugnis für den Einfluß der Schriftlichkeit auf die Historiographie. Ebenso aufschlußreich ist es, daß eine solche Forschung betrieben werden mußte, um die Phantastereien populären Irrglaubens zu berichtigen. Das interessanteste an diesem brillanten Stück ›wissenschaftlicher‹ Rekonstruktion von Geschichte ist aber vielleicht, daß diese *archaiologia* bzw. »Geschichte der Altertümer« für ihren Verfasser keine wesentliche Bedeutung besaß. Denn Thukydides war der Zeitgeschichtler *par excellence*; er wollte keine altehrwürdigen *mythoi* oder *logoi* wie Herodot erzählen, wie angenehm diese auch immer für die oberflächliche Unterhaltung des Publikums sein mochten. Das Zeitalter historischer Gelehrsamkeit dämmerte herauf – auf Kosten eines Mythos, der im spezifischen wie auch im alltäglichen Sinne populär war.

Ein archäologischer Mythos

Diese Entwicklung hilft, meinen letzten Text, die sogenannte »Archäologie« des Thukydides (1, 1-19) in die richtige Perspektive zu rücken. Die erklärte Absicht des Historikers bei der Aufnahme dieses Exkurses bestand darin, unter Anwendung der eigenen strengen Beweiskriterien zu zeigen, daß der Peloponnesische Krieg »die größte *kinesis*« (»Umwälzung«) der gesamten griechischen (und teils auch der nicht-griechischen) Geschichte darstellte. Um dies zu bewerkstelligen, sah sich Thukydides jedoch paradoxerweise gezwungen, seinen eigenen, weitgehend allegorischen Mythos der Vergangenheit zu erfinden. Denn seine *tour d'horizon* durch die griechische Geschichte – beginnend mit Hellen, dem Sohn des Deukalion, »bis zum gegenwärtigen Krieg« – war streng genommen überhaupt kein historischer Durchgang, weil seine normalen Methoden zur Prüfung und Verifizierung historischer Zeugnisse auf eine prädokumentarische Vergangenheit, für die es keine Zeugen gab, nicht angewandt werden konnten. Der Exkurs der »Archäologie« stellte daher in Wirklichkeit eine theoretische Übung dar, die »dem ausgedehnten Nachdenken über die Welt, in der Thukydides lebte, entsprang« (Finley 1986c: 18). Dies erklärt zum Teil auch, warum neben und analog zu Polykrates und Kroisos auch Minos und Theseus, ganz zu schweigen von Hellen (von dem die Hellenen ihren Namen ableiten) einbezogen werden – als ob die Beweismittel für die historische Existenz dieser Gestalten gleichermaßen zuverlässig seien und ihre Lebenszeit mit der des Thukydides ein historisches Kontinuum bildeten, ja als ob Herodot niemals geschrieben hätte. Augenfälliger läßt sich das lineare Evolutions-modell intellektuellen Fortschritts kaum widerlegen.

Und andererseits gibt es kaum einen eindrücklicheren Beleg für die Macht des Mythos im klassischen Griechenland als die Tatsache, daß selbst der rationalistische Thukydides, der seine Verachtung dessen, was er *mythodes* nannte, offen zur Schau trug, der vor der trügerischen Verführungskraft öffentlicher Rezitationswettbewerbe warnte und abschätzig von den bloßen *logographoi* sprach – womit er hauptsächlich Herodot meinte (1, 20-22) –, sich gezwungen sah, entweder prinzipiell alle traditionellen Erzählungen über die Vergangenheit als ›Mythen‹ (d. h. nach unserem gewöhnlichen Sprachgebrauch: als Gegenteil von Fakten) zurückzuweisen oder seinen eigenen Mythos einer fernen Vergangenheit zu schaffen – wie in der »Archäologie« geschehen.

Während Herodot und Thukydides sich mit intellektuellen Innovationen beschäftigten, blieb die breite Masse griechischer Arbeitstiere, in denen der ›historische Geist‹ noch nicht ausreichend geweckt war, ihrer alten Zuneigung zum Mythos treu. Die unversöhnlichen Meinungsverschiedenheiten etwa zwischen Ktesias und Xenophon über das, was sich ›eigentlich‹ am Persischen Hof um 400 zugetragen hatte, oder zwischen Xenophon und dem Historiker von Oxyrhynchos über den Verlauf der Schlacht von Sardis 395, deuten schließlich darauf hin, daß es nicht sehr viele selbsternannte Historiker gab, die die erklärte Leidenschaft des Thukydides für den Primat der Genauigkeit (*akribeia*) teilten. Während der gesamten Epoche griechischer Historiographie überwog die Funktion der Geschichte als Unterhaltung die der Geschichte als Belehrung, wenn man einmal von so auffälligen Ausnahmeerscheinungen wie Polybios (2. Jh. v. Chr.), dem Historiker der römischen Herrschaft über den Mittelmeerraum, absieht.

Tatsächlich war die Macht des Mythos derart ungebrochen, daß nicht nur Platon sich darauf verlegte, neue, philosophische Mythen – wie den Mythos von Er (*Staat* 10, 614b-21b) – zu schaffen, sondern sogar der strenge alte Aristoteles, der einst Herodot verächtlich als »Geschichtenerzähler« (*mythologos*, *Über die Entstehung der Lebewesen* 756b6) bezeichnet hatte, im Alter wohl oder übel eingestehen mußte: »Je einsamer und einzelgängerischer ich werde, desto lieber mag ich die *mythoi*« (Fragment 668). Vielleicht deshalb, weil sie ihm – wie in neuerer Zeit dem strukturalistischen Anthropologen Claude Lévi-Strauss – tiefe Wahrheiten über die *conditio humana* zu enthüllen schienen. Vielleicht beugte er sich aber auch nur dem Unvermeidlichen und gestand die Anziehungskraft eines Diskurses ein, der tief in den überkommenen und allgemein anerkannten Meinungen, den *phainomena* und *endoxa*, der griechischen Kultur wurzelte. Genau in diesem Sinn aber muß das vorliegende Buch versuchen, dem griechischen Mythos gerecht zu werden. Denn wenn auch Herodot und Thukydides in gewissem Sinne einen Durchbruch vom Mythos zur Geschichte vollzogen, so war doch ihre Repräsentation der Vergangenheit zugleich unvermeidlich durch die Mentalität ihrer Kultur und die in ihr vorherrschenden Paradigmen konditioniert – nicht zuletzt durch das Paradigma des polarisierenden Denkens, das wir im folgenden unter verschiedenen Rubriken weiter untersuchen werden.

3
Barbarische Weisheit

Griechen versus Barbaren

>»Und jetzt, was soll aus uns werden ohne Barbaren?
>Diese Menschen waren eine Art Lösung«
>
>(K. P. Kavafis, » Warten auf die Barbaren«)

Die Konstruktion ethnischer Identität

Im letzten Kapitel habe ich das Aufkommen der Geschichtsschreibung als einer rationalen Praxis angesprochen, und zwar im Unterschied zum unkritischen Erzählen und Nacherzählen von Geschichten, das anderen Motiven gehorcht als dem Wunsch, die menschliche Vergangenheit zu rekonstruieren und zu erklären, »wie es wirklich gewesen ist«. Andererseits habe ich betont, daß es weder möglich noch wünschenswert ist, zwischen Geschichte und Fiktion eine strikte Grenze zu ziehen. Dieses Spannungsverhältnis wird im Hinblick auf das Thema dieses Kapitels – die ethnische Selbstdefinition in der griechischen Historiographie – noch einmal sehr deutlich, wenn wir die folgenden Aussagen von zwei führenden zeitgenössischen Historikern betrachten. Carl Degler, der renommierte amerikanische Vertreter der Sklaven- und der Frauenforschung stellt fest: »Wenn die Beschäftigung mit Geschichte irgendeinen geistigen Zweck verfolgt, dann den, daß die Menschen durch das Verständnis der Vergangenheit auch einen Zugang zu ihrer Gegenwart finden; daß sie verstehen, wer sie sind, indem sie erkennen, wer sie waren« (1983:4). Gareth Stedman Jones, Historiker der Slums im viktorianischen London, hingegen meint: »Zumindest in der westlichen Gesellschaft bestand eine der Nutzanwendungen von Geschichtsschreibung immer darin, die jeweils aktuellen Selbstbilder einer Gruppe, Klasse oder Gesellschaft durch die Bereitstellung traditionsstiftender Mythologien historisch zu sanktionieren« (Stedman-Jones 1972: 112).

Die Unterscheidung zwischen dem, was Degler »Zweck« nennt und Sted-man-Jones »Nutzanwendung«, ist heikel. Geschichte ist immer auch zu ideo-logischen Zwecken benutzt worden, die nicht den erklärten Zielvorstellun-gen der Historiker entsprachen. Solche gegenläufige Nutzanwendung findet besonders leicht statt – und sie ist vermutlich sogar gesellschaftlich notwen-dig –, wo es um Ethnizität geht, um die Definition und Selbstdefinition eth-nischer Gruppen aufgrund von Faktoren wie Sprache, Blut und Religion. Sogar die klassische Antike ist in den Sog der laufenden Diskussion über Eth-nizität geraten – durch Martin Bernals umstrittene Bücher über die *Schwarze Athene*. Bernal, der zwar Wissenschaftler, aber kein Fachmann ist, verfolgt das erklärtermaßen politische Ziel, rassistischer Überheblichkeit Einhalt zu gebieten. Er möchte, was er für authentische und bestimmende Einflüsse der ägyptischen (schwarzen) und der phönizischen (semitischen) Kultur auf die griechische hält, dem rassistisch gesteuerten Vergessen entreißen, das die letz-ten zweihundert Jahre altertumswissenschaftlicher Forschung mit sich ge-bracht haben. Dieses Projekt ist in unserem Zusammenhang besonders inter-essant, weil der Kronzeuge für Bernals (genetische) Theorie über die wahren Ursprünge und das Wesen der entwickelten griechischen Kultur auch eine un-serer Hauptquellen ist, nämlich Herodot. Aber so sehr Bernals Anliegen – zumal im Kontext unseres gegenwärtigen politischen Diskurses – zu begrüs-sen ist, es wird systematisch unterlaufen durch seine Unfähigkeit, Herodots Aussagen in ihrem historischen Zusammenhang zu verorten.

Wir werden Herodot in diesem Kapitel noch genauer betrachten und in anderem Zusammenhang auch in Kapitel 7 noch einmal auf ihn zurück-kommen. Hier ist es jedoch wichtig, darauf hinzuweisen, daß er nicht rein griechischer Herkunft war. Er wurde geboren in Halikarnassos, dem heuti-gen Bodrum, an der Westküste der heutigen Türkei, und zwar vermutlich irgendwann um 480 v. Chr. Er stammte aus der geographischen Region Ka-rien, die zur persischen Satrapie (Provinz) Lydien gehörte, d. h. er wurde ge-boren als Untertan des persischen Großreichs, das er dann zum Gegenstand lebenslanger Forschung machen sollte. Die *polis* Halikarnassos war nicht nur politisch unfrei, sie war auch keine rein griechische Stadt. Der Vater Herodots wie auch sein Onkel (oder sein Vetter) trugen karische Namen bzw. Namen mit einer karischen Wurzel: das Ergebnis von Verheiratung oder irgendeiner anderen engen Beziehung zwischen den zugewanderten Griechen und der ursprünglichen Bevölkerung – oder vielmehr: zwischen Griechen und Barbaren, denn die Karier sprachen nicht griechisch. Homer bezeichnete sie, mit einem bei ihm nur hier verwendeten Epitheton, als *bar-baro-phonoi*, als »barbar-Sprechende«.

Zudem waren die Griechen, die ungefähr 500 Jahre vor Herodots Ge-burt inmitten der karischen Bevölkerung die Stadt Halikarnassos gegründet

hatten, offensichtlich selbst keine ethnisch homogene Gruppe. Die Mehrheit gehörte der dorischen Sprachgruppe an, die im Süden des griechischen
Festlandes, den südlichen Inseln der Ägäis (einschließlich Kreta) und im
südlichen Teil Kleinasiens vorherrschte. Während der Jugendzeit Herodots
begann nun die Stadt, ihre offiziellen Urkunden im ionischen Alphabet zu
veröffentlichen, das in Athen gebraucht wurde. Das mag zugegebener-
maßen seinen Grund mit darin gehabt haben, daß Halikarnassos soeben
von der Herrschaft der Perser befreit und Mitglied des Delischen Bundes,
der antipersischen Militärallianz unter Führung Athens, geworden war. Die
Verwendung des ionischen Alphabets wurde jedoch im allgemeinen unter
den nicht-ionischsprechenden griechischen Stadtstaaten des Ostens bis weit
nach dem Tod Herodots (um 425?) vermieden. Das wiederum spricht dafür,
daß der Anteil von Ioniern in der Bevölkerung von Halikarnassos schon
vorher relativ hoch gewesen ist – auch wenn Sprachzugehörigkeit unter den
Griechen kein Kriterium der Rassenzugehörigkeit war, ebensowenig wie
heute der Gebrauch einer semitischen Sprache. Vielleicht erklärt sich so
auch der relativ starke anti-ionische Affekt Herodots, der so auffällig von
seiner Toleranz, ja seiner Bewunderung für die nichtgriechischen Barbaren
abweicht.

Die Erfindung des Barbarischen

Herodots Einstellung gegenüber Nicht-Griechen war in hohem Maße unty-
pisch. Bevor wir uns jedoch ihrer Darstellung bei ihm und anderen griechischen Historikern zuwenden, werde ich zuerst Herodots Haltung mit dem
stereotypen Bild der Barbaren im Denken der Durchschnittsgriechen vergleichen, die im 5. und 4. Jahrhundert in den Friseurbuden der Agora ein-
und ausgingen. Hier ist zunächst die Chronologie wichtig. Bei Homer finden sich so gut wie keine Spuren ethnozentrischer, abwertender Typisierung
der Barbaren; er benutzt das Wort *barbaros* lediglich deskriptiv (für die *bar-
barophonoi*, die »barbar-sprechenden« Karier). Auch im 7. und 6. Jahrhundert läßt sich noch kein *othering*, keine gezielte Ausgrenzung ›Anderer‹
nachweisen. So erwuchs Griechen, die wie der Bruder des aristokratischen
Dichters Alkaios von Lesbos als Söldner unter asiatischen Potentaten dien-
ten, daraus anscheinend keine soziale Stigmatisierung; der athenische Ari-
stokrat Alkmaion steigerte sogar, wie wir in Kap. 2 gesehen haben, sein So-
zialprestige, indem er das Vermögen seiner Familie auf der Gunst eines
orientalischen Gönners gründete. Zu dieser Zeit wurden auch Mythologie
und Philosophie des Vorderen Orients in den *mainstream* der griechischen
Kultur integriert, ebenso wie künstlerische Vorbilder des Orients von den

Griechen kopiert und adaptiert wurden, so etwa nach ägyptischem Vorbild die steinerne Kolossalstatue des nackten, jungen Mannes (*kouros*). Mit einer solchen Statue wurde ein Nachkomme des besagten Alkmaion geehrt, der, vermutlich nach dem König der Lyder, den Namen Kroisos trug. In der zweiten Hälfte des 6. Jahrhunderts wurde die Statue auf der Grabstelle der Familie repräsentativ aufgestellt. Zweifellos war der Vater des Geehrten schon von den Vorfahren her durch ein Verhältnis ritualisierter (Gast-) Freundschaft (*xenia*) in ehrenvoller Weise mit dem lydischen Königshaus verbunden.

Zu dem Zeitpunkt aber, als Aischylos' *Perser* an den Großen Dionysien in Athen aufgeführt wurden (472), war der Prozeß der Ausgrenzung, ja der Erfindung ›des Barbarischen‹ als eines uniformen Stereotyps in vollem Gang. Damals bildete sich die Frühform dessen aus, was heute als spezifische Form abwertender Typisierung unter der Bezeichnung ›Orientalismus‹ geläufig ist. Verstärkt wurde diese Entwicklung durch die fehlgeschlagene persische Invasion Griechenlands 480/79, auf deren Scheitern die Athener ihr antipersisches Imperium gründeten. Betrachtet man die Sache im kalten Licht der historischen Fakten, dann ist die Niederlage der Perser durch eine äußerst labile, dem Augenblick geschuldete Koalition weniger griechischer Staaten erreicht worden – es waren nicht mehr als 30 bis 40 von 700 allein in der Ägäis-Welt vorhandenen. Auch war die Allianz unter Führung Athens keineswegs so ›hellenisch‹, wie die attische Propaganda glauben machen wollte – um so mehr Grund, die Großtat als eine ›griechische‹, ja ›panhellenische‹, d. h. »all-griechische« zu feiern – *pour encourager les autres*. Wenn das griechische Selbstbewußtsein aber durch den Konflikt mit Persien eine im engeren Sinne politische Dimension gewonnen hatte, dann doch nur vorübergehend. Selbst wenn es so etwas wie ein griechisches Nationalbewußtsein gegeben haben sollte, ein griechischer Nationalstaat konnte daraus nicht entstehen. Herodot hat das in seiner berühmten Definition des Hellenischen stillschweigend anerkannt (8, 144, 2; vgl. Prolog). Aristoteles hingegen hat es in seiner *Politik* ausdrücklich beklagt, und durch ihn erhalten wir einen verläßlichen Zugang zu dem, was die gängige, oder doch vorherrschende griechische Ideologie war.

»Das Volk der Griechen«, schrieb Aristoteles (*Politik* 1327b29-32), ist in der Mitte zwischen beiden [Europa und Asien] angesiedelt und hat gewissermaßen an beiden Charakteren Anteil. [...] So ist es frei und besitzt die beste Staatsverfassung, und wenn es einen einzigen Staat (*politeia*) bilden könnte, wäre es fähig, über die ganze Welt zu herrschen.« Die Bewohner Europas (d. h. der ihm bekannten Gebiete im Norden und Westen der griechischen Welt) waren für Aristoteles infolge des kalten Klimas zwar durch Tapferkeit, nicht aber durch Klugheit und Kunstfertigkeit ausgezeichnet, wohingegen die Einwohner des heißen Asiens (in etwa gleichbedeutend mit dem persischen Reich ohne die griechisch besiedelten Randgebiete im Westen) eher träge, dafür aber klug und kunstfertig waren. Griechenland erfreute sich, ganz nach dem klassisch-aristotelischen Prinzip der goldenen Mitte, eines gemäßigten Klimas; seine Bevölkerung vermochte daher Tapferkeit und Klugheit in angemessenem Maß und richtiger Gewichtung zu vereinen. Aus dieser Kombination – das wird von Aristoteles eher behauptet als bewiesen – erklärt sich auch die griechische Freiheit, die er in unmittelbaren Gegensatz zur Unfreiheit der Barbaren stellt. Mehr noch, weil die Griechen »von Natur aus« frei und die Barbaren »von Natur aus« sklavisch waren (ein wesentlicher Aspekt in Aristoteles' Theorie der ›natürlichen‹ Sklaverei, vgl. Kap. 6), war es richtig und angemessen, daß die Griechen über die Barbaren herrschten – nicht zuletzt auch in deren Interesse. Das aber hieß so viel wie offene Zustimmung, wenn nicht gar Ermutigung, zum (mindestens) kulturellen Imperialismus der Griechen.

Dieser Mischmasch aus Ideologie, mangelnder Logik und Wunschdenken aus der Feder des Begründers der westlichen, philosophischen Logik verrät die emotionale und kulturelle Brisanz, die die Polarität zwischen Griechen und Barbaren für ihn besaß. Wie konventionell andererseits diese Art pseudowissenschaftlicher griechischer ›Ethnologie‹ war, wird deutlich aus einem älteren Beispiel dieser Gattung; es stammt von einem Autor des 5. Jahrhunderts, der als einer der Verfasser des Corpus medizinischer Schriften gilt, die man dem großen Hippokrates von Kos zuzuschreiben pflegt. In einer Abhandlung mit dem Titel »Schrift von der Umwelt« lesen wir (Kap. 16): »Die geringfügigen Wechsel der Jahreszeiten, denen die Asiaten ausgesetzt sind, bei denen weder Hitze noch Kälte herrscht, sind die Erklärung für ihren Mangel an Mut und Tapferkeit [...] Sie sind weniger kriegerisch als die Europäer und haben ein sanfteres Wesen, denn sie sind dem physischen Wechsel und den Erschütterungen des Denkens nicht unterworfen, die den Charakter schärfen und Wagemut ebenso wie Hitzköpfigkeit hervorrufen [...] Das scheint mir die Ursache zu sein für die Schwäche der asiatischen Rasse; und ein weiter Grund liegt in ihren Bräuchen, denn der größere Teil von ihnen lebt unter monarchischer Herrschaft [...] Selbst wenn ein Mann von Geburt tapfer und mutigen Herzens ist, wird sein Charakter durch diese Form der Herrschaft verdorben.«

Äußerungen dieser Art stellen dem griechischen Genius kein großes Zeugnis aus. Aber so gern wir sie als abseitig und schrullig übergehen würden, der methodische Grundzug der politischen Philosophie des Aristoteles, wie wir ihn in Kapitel 1 kennengelernt haben, verbietet es uns. Anders als sein Lehrer Platon zog Aristoteles es vor, bei der Bestimmung der Erscheinungen anzufangen, und zwar indem er von allgemein anerkannten Aussagen ausging, von Sätzen, die nach Meinung der Mehrheit, bzw. derer, die es

wissen mußten (der Fachleute, der »Einsichtigen«) unter den Griechen in
bezug auf eine gegebene Sache gültig oder sinnvoll waren. An diesen auf
Konvention beruhenden Urteilen nahm Aristoteles in einigen Fällen wichtige Änderungen vor – nicht so hier. Um die Barbaren zu verstehen, so darf
man unterstellen, waren weder besondere Erfahrung noch Fachwissen oder
Sachverstand vonnöten: Ein Barbar definierte sich einfach durch eine –
mißglückte – Kombination aus Temperament und Verstand.

Durch Aristoteles gewinnen wir also, in relativ unverstellter Form, Zugang zum Denken oder besser zur Vorurteilsstruktur des ›normalen‹ Griechen. Die Bestätigung dafür, daß wir es hier in der Tat mit der gängigen
Meinung zu tun haben, bietet uns in reichem Umfang die Literatur Athens,
z. B. die Stücke von Aischylos oder Euripides (wobei natürlich die auf der
Bühne geäußerten Meinungen nicht einfach als die der Verfasser aufzufas-
sen sind) oder die Reden, die vor den Geschworenenrichtern in den Volks-
gerichten Athens gehalten worden sind.

Abweichende Stimmen

Eine wichtige, vielleicht sogar die wichtigste Voraussetzung für die unre-
flektierte Akzeptanz des Barbaren-Stereotyps liegt in dem Umstand, daß die
überwiegende Mehrzahl der griechischen Sklaven barbarischer Herkunft
war. Auch Griechen, die keine Sklaven besaßen (weil sie es sich nicht leisten
konnten), wollten doch gern welche haben und identifizierten sich jedenfalls vollkommen mit der Freiheitsideologie ihrer sklavenbesitzenden Mitbürger: Griechen durften niemals Sklaven sein (man denke an die Briten
in »Rule Britannia!«[1]) – Barbaren aber waren von Natur aus sklavisch,
also bestimmt für die Sklaverei. Angst vor Versklavung, und sei sie nur
vorübergehend oder gar nur metaphorisch (wie wir in Kap. 6 sehen werden,
versahen die Griechen eine breite Palette von Verhaltensweisen, Haltungen
und Beschäftigungen mit dem Etikett »sklavisch«), war für die Mehrheit
der freien, griechischen Bürger stets ein treibendes Motiv, die Barbaren als
›die Anderen‹ auszugrenzen. Doch gab es einige wenige ›freie Geister‹, die –
mit unterschiedlichem Nachdruck und sehr unterschiedlichen Argumenten
– diesem Trend zu widersprechen wagten; darunter glücklicherweise auch
einige unserer wichtigsten literarischen Quellen.

---

1 Anspielung auf das 1740 von James Thomson komponierte Lied, das bei offiziellen An-
 lässen wie auch bei Fußballspielen begeistert gesungen wird; die erste Strophe endet:
 »Rule Britannia, rule the waves/ Britains never never never shall be slaves« (A. d. Ü.).

Ich beginne nicht mit den Historikern, sondern mit einem Philosophen, der möglicherweise zugleich ein eminent politischer Kopf gewesen ist: mit dem Athener Antiphon. Er wird meist »Antiphon der Sophist« genannt, teils weil er ein typischer Vertreter der sophistischen Bewegung war, teils um ihn von dem Politiker und Verfasser von Gerichtsreden namens Antiphon zu unterscheiden. Letzterer war ein radikaler Anti-Demokrat und wurde, nachdem er der führende Kopf einer erfolgreichen, aber kurzlebigen oligarchischen Parteiung gewesen war, 411/10 wegen Hochverrats hingerichtet. Heute geht man überwiegend davon aus, daß es sich hier nicht um verschiedene Personen, sondern um ein und denselben Antiphon handelt. Wenn das richtig ist, dann muß man allerdings auch annehmen, daß in ein und demselben Kopf (oder in derselben *psyche*, wie die Griechen glaubten, vgl. Kap. 4) die engstirnigste politische Ausgrenzungsideologie mit größter Toleranz und radikalem Humanismus koexistieren konnte. Denn Antiphon der Sophist bestritt (entsprechend der generellen Tendenz der Sophisten, soziale Normen auf ihre Gültigkeit zu befragen), daß es Barbaren ›von Natur aus‹ gebe. Da alle menschlichen Wesen von gleicher Natur, d.h. von gleicher körperlicher und geistiger Beschaffenheit waren, konnte die Andersheit, ja ›natürliche‹ Unterlegenheit der Barbaren nur als willkürliche, soziale Konvention (*nomos*), nicht aber als wesentliche und unabänderliche Gegebenheit (*physis*) erklärt werden.

Pan-Hellenismus

Wir kennen nur wenige Griechen der klassischen Zeit, die in die gleiche Richtung dachten wie Antiphon; in konkrete Politik hat die Überlegungen, die er auf dem Papyrus angestellt hat, niemand umgesetzt. Es sollte noch ein Jahrhundert vergehen, bevor die Philosophenschule der Stoa die Gemeinschaft aller Menschen als moralischen Lehrsatz aufstellte. Praktisch aber blieb es auch dort, wo Stoiker politischen Einfluß besaßen oder wo die politischen Machthaber der hellenistischen Welt selbst Stoiker waren, dabei, daß man im alltäglichen politischen Denken am Konzept des Barbaren festhielt. Tatsächlich hat der politische Aufstieg der Römer im 3. und 2. Jahrhundert die kategoriale Herabsetzung der Barbaren eher noch verstärkt, denn die neuen Herren der griechischsprachigen Welt wollten als ›zivilisiert‹ und nicht als barbarisch gelten (was sie aus griechischer Sicht dennoch unvermeidlich waren).

In der klassischen Zeit jedenfalls ging der Trend, wie wir der Passage aus der *Politik* des Aristoteles entnehmen konnten, in die entgegengesetzte Richtung. Nicht nur hielt man es in der griechischen Welt für gut, barbarische Sklaven zu besitzen, sondern im Lauf des 4. Jahrhunderts formulierten rhetorisch versierte, eher konservative Griechen auch eine Theorie der Beziehung zwischen den Griechen und ihren barbarischen Nachbarvölkern, die das negative sklavische Klischee eigentlich erst festschrieb. Diese Theorie, wenn der Begriff nicht zu anspruchsvoll ist, ist unter dem Schlagwort »Panhellenismus« bekannt. Am ausführlichsten hat sie sich in den politischen Agitationsschriften des athenischen Krypto-Oligarchen Isokrates (436-338) erhalten. Isokrates war – oder zeigte sich doch – schockiert durch die Entwicklungen, aus denen, wie er glaubte, eine drohende Revolution der Unterschichten, d. h. Enteignung der Plutokraten, zu denen auch er selbst gehörte, und Umverteilung des Grundbesitzes zugunsten der landlosen Griechen hervorgehen mußte. Er predigte deshalb mehr als ein halbes Jahrhundert lang als einziges Allheilmittel die Eroberung eines Teiles des persischen Reiches, das als Auffangbecken für den Bodensatz der verarmten griechischen Bevölkerung dienen und zugleich eine Wiedergutmachung für den Frevel und die materiellen Verluste bieten sollte, die Xerxes den Griechen 480/79 zugefügt hatte. Tatsächlich wurde dann das persischen Reich von Westen her erobert, und zwar unter demselben befreiungsrhetorischen Slogan – der Eroberer aber, Alexander der Große, war ein Makedone und konnte allenfalls formal als Grieche gelten, insofern der makedonische König als einziger seines Volks an den panhellenischen Spielen von Olympia teilnehmen durfte (Herodot 5, 22). Für manche Griechen, zu denen natürlich weder Isokrates noch Aristoteles (der der Erzieher Alexanders gewesen ist und dessen Vater dem Großvater Alexanders als Leibarzt gedient hatte) gehörten, waren die Makedonen, auch wenn ihre Sprache vermutlich griechische Wurzeln hatte, eigentlich Barbaren.

Der Panhellenismus hat sich, nicht ohne Paradoxie und Ironie, realisiert. Isokrates lebte jedenfalls lange genug (er starb erst mit 98 Jahren), um die Eroberung Griechenlands durch Philipp, den Vater Alexanders, mitzuerleben und anschließend den Beginn von dessen Angriff auf Persien, der dann nach Philipps Ermordung (336) von Alexander vollendet wurde. Der andere Kronzeuge für das panhellenische Programm aber hätte sich über diesen Ausgang der Entwicklung sicherlich weit mehr gewundert. Er starb ungefähr 20 Jahre früher, als Philipps Aufstieg zur Macht sich erst in den Anfängen befand und Persien noch ein wichtiger Faktor in Politik und Denken der Griechen war. Dieser Kronzeuge ist Xenophon (etwa 427-354).

Xenophons panhellenische Haltung war hauptsächlich von zwei Faktoren bestimmt: zum einen von der Erfahrung, die er in den Jahren 402-400 als Söldner in Kleinasien und im Vorderen Orient, von der ägäischen Küste bis nach Mesopotamien hinein, gesammelt hatte und zum anderen, immer noch als Söldner, durch die Begegnung mit König Agesilaos II. von Sparta während dessen Feldzug gegen Persien 396-394. So kam er erstens zur Überzeugung, daß die westlichen Gebiete des persischen Reiches weniger beeindruckend waren als gemeinhin angenommen, und zweitens, daß Feindschaft gegenüber den Persern für die Griechen ein unverzichtbarer Bestandteil ihrer *political correctness* war.

Die Geschichte von Xenophons Feldzug (*Anabasis*) mit Hilfstruppen für einen persischen Thronfolgekrieg und von seiner triumphalen Rückkehr an die Küste des Schwarzen Meeres (*thalassa! thalassa!* »das Meer! das Meer!«) ist, oder war, jedem Schüler eines humanistischen Gymnasiums geläufig. Weniger bekannt ist vielleicht, daß die *Anabasis* eines der frühesten Beispiele des autobiographisch reflektierten Reiseberichts ist. Ich will nur eine Stelle anführen, um zu zeigen, wie stark das Reisen den Blick verengen kann; sie ist ein Musterstück ethnozentrischer Ethnographie. Die Mossynoikoi, ein Stamm an der Südküste des Schwarzen Meeres (bereits erwähnt von Herodot, 3, 94; 7, 98), waren nach Xenophon das barbarischste, will sagen un-griechischste, unter all den barbarischen Völkern, die er und seine »Zehntausend« Söldner auf ihrem Zug angetroffen hatten. Das ausschlaggebende Kriterium für diese Auszeichnung war für ihn (anders als für Herodot, vgl. unten und das folgende Kapitel) nicht ihr Sexualverhalten, sondern ihre Eßgewohnheiten. Die Mossynoikoi aßen normalerweise kein Brot. Das Gewicht dieser kulturellen Abweichung kann man ermessen, wenn man sich klarmacht, welche Bedeutung Demeter, als Erdmutter und Göttin des Getreides, für die Griechen hatte – besonders im attischen Eleusis, wo die Initiation in die Mysterien pan-hellenisch im genauen Sinn des Wortes war, nämlich zugänglich für alle, die die griechische Sprache sprachen (unabhängig von ethnischer Herkunft oder sozialem Status).

Die *Anabasis* enthält zwar viel historisches Material, ist selbst aber kein eigentliches Geschichtswerk. Die sogenannten *Hellenika* hingegen, die »Griechische Geschichte« (der Titel stammt nicht von Xenophon), wollen genau das sein. Ja, sie prätendieren sogar die Fortsetzung des thukydideischen Geschichtswerks, der unvollständigen Geschichte des Peloponnesischen Kriegs, zu sein. Ich sage absichtlich »prätendieren«, weil das, was Xenophon für »historisch berichtenswert« (*axiologon*) hält, etwas ganz anderes ist als das, was Thukydides behandeln wollte – und weil seine moralisierende Grundhaltung sicherlich das exakte Gegenteil der von Thukydides angestrebten Haltung vorurteilsfreier, jeden subjektiven Anteil streng ausblendender Objektivität war. In den *Hellenika* erfährt der Panhellenismus jeder *couleur* daher offene Zustimmung, sei es die feierlich verkündete Maxime des Spartaners Kallikratidas, es dürfe kein Grieche vor einem Barbaren um Silber katzbuckeln (1, 6, 7), oder die Pose des Agesilaos als neuer Agamemnon (3, 4, 3; 7, 1, 34) oder die Witzelei des Arkadischen Boten, der bei seiner Rückkehr vom persischen Hof über die goldene Miniatur-Platane des sagenhaft reichen Großkönigs spottet, sie sei »nicht groß genug, um einer Zikade Schatten zu spenden« (7, 1, 38).

Einige Barbaren sind gleicher als andere

Xenophon hat in der Barbarenfrage jedoch keine ganz konsistente Haltung eingenommen, nicht einmal in der *Anabasis* und in den *Hellenika*. Er hat sogar einen Roman geschrieben, in dem der Held ein Barbar ist, und der zugleich als politische Theorie gelesen werden kann. Das ist an sich nicht so erstaunlich, weder biographisch noch als interkulturelles Phänomen. Schließlich besteht ein Grundmuster der Abgrenzung gegen ›Andere‹ darin, daß die Gruppe der ›Anderen‹ zwar kategorial und normativ als homogene, undifferenzierte Masse behandelt wird, daß jedoch einzelne Mitglieder, zu denen das Subjekt des Diskurses eine persönliche Beziehung unterhält, die dem stereotypen Bild widerspricht, als Ausnahmen behandelt werden, die *per definitionem* die Regel bestätigen. Dieses »einige meiner besten Freunde sind Perser, Juden …«-Syndrom hat jedenfalls in Xenophons Leben und Werk reichlich Früchte getragen.

Abgesehen von der negativen Konnotation des Barbarischen war ein weiteres sprachliches Nebenprodukt der Perserkriege die Neuprägung des Wortes *medismos*, was so viel heißen konnte wie passives Sympathisieren aber auch aktive Kollaboration mit den »Medern«. Die Griechen schlossen in diesen Begriff die Perser entweder ein oder meinten sogar ausschließlich sie. Es gehörte zum ethnozentrischen Schema der Homogenisierung des iranischen Feindes, daß sie sich weigerten, sprachlich zwischen den zwar verwandten, aber ethnisch verschiedenen Medern und Persern zu unterscheiden. Die »Perserkriege« waren für Herodot *ta Medika*, wörtlich »die medischen Angelegenheiten«. Schon die Prägung des Begriffs verdankt sich eher Werturteilen und Abwehrhaltungen als deskriptiven Interessen; insofern lag der Schritt zum parteipolitischen Slogan nicht fern. Themistokles aber hat faktisch und tatsächlich ›medisiert‹: nachdem er 480 an der Niederlage der Perser bei Salamis maßgeblich beteiligt war, beendete er sein Leben als hochgeschätzter Pensionär des persischen Großkönigs. Das hätte auch Xenophon passieren können, hätte sein Geldgeber beim persischen Feldzug, Kyros der Jüngere, 404 bei Kunaxa in der Nähe von Niniveh über seinen älteren Bruder, Artaxerxes II, gesiegt. Xenophon fand es in keiner Weise desavouierend, bei einem Barbaren-Prinzen in Diensten zu stehen (das war nicht das, was er als »katzbuckeln für Silber« bezeichnet hätte); ebensowenig, wie er einen Grund gesehen hätte, warum er nicht ein Porträt seines früheren Arbeitgebers hätte zeichnen sollen, das dem negativen Barbaren-Stereotyp der Griechen in keiner Weise entsprach.

In der Schlacht von Kunaxa stand, nicht als Soldat, sondern als Arzt, ein anderer Exil-Grieche mit literarischen Ambitionen auf der Gegenseite – ein Fall klarer Komplementäropposition. Ktesias von Knidos hatte seine Ausbildung im zweitwichtigsten Zentrum medizinischer Forschung erhalten, das neben Kos, wo Hippokrates wirkte, in Griechenland existierte. Die griechische Medizin stand damals am persischen Hof in höherem Ansehen als die uralten Traditionen Ägyptens, das ebenfalls Provinz des persischen Großreichs geworden war – allerdings keine leicht zu beherrschende Provinz und gerade zwischen 405 und 403 in offener Revolte gegen die persische Oberhoheit begriffen. Artaxerxes war daher ebenso froh, auf die Dienste des Ktesias zurückgreifen zu können, wie dieser gerne die Gelegenheit nutzte, die Schlüssellochperspektive auf die persische Königsherrschaft zu erweitern, über die er bisher nicht hinausgekommen war. Leider sind uns die *Persika* des Ktesias nur in einem Auszug erhalten, den sich Photios, der Patriarch von Konstantinopel, im 9. Jahrhundert angefertigt hat. Aber auch das Erhaltene zeigt deutlich, daß Ktesias, was immer er persönlich von seinem barbarischen Auftraggeber gehalten haben mag, ihn nicht entsprechend dem griechischen Stereotyp geschildert hat. Nicht daß seine Darstellung häufig über das Niveau von Schlafzimmerklatsch hinausgelangt wäre, aber die Verbindung des Ktesias zur Mutter des Großkönigs, Parysatis, verschaffte ihm und uns einen unschätzbaren, weil einigermaßen vorurteilsfreien Blick in das fremde, auf dem Harem basierende System dynastischer Herrschaft. Ktesias stimmte wohl kaum mit dem Helden des Euripides überein, der die (beklagenswerten) Sitten am persischen Hof auf alle Barbaren übertragen wollte. Im Gegenteil, seine zweifellos pseudohistorische Darstellung ruhte auf der (wie wir sehen werden, Herodoteischen) Voraussetzung, daß die persischen Barbaren einfach sehr anders und sehr viel faszinierender waren – wenn auch vielleicht in einem eher operettenhaften Vorstellungsrahmen – als die Griechen und ihnen jedenfalls keineswegs von Natur aus unterlegen.

Ähnlich ausgeglichen, und zwar offenkundig mit der Absicht, kulturvergleichend zu moralisieren, verteilt Xenophon seinen Respekt in dem brillant dramatisierten Bericht, den er in den *Hellenika* (4, 1, 29-39) von dem Gespräch gibt, das Agesilaos im Winter 395/4 mit dem persischen Satrapen Pharnabazos in dessen Heimatland geführt hat. Möglicherweise war Xenophon selbst bei diesem Gespräch anwesend, oder aber er hat durch seinen Freund Agesilaos einen Bericht aus erster Quelle erhalten; die fiktive Fassung, die er uns darbietet, gibt jedoch sehr bewußt die Perspektive der ›Anderen‹ (d. h. der Perser) wieder. Das Gespräch wurde arrangiert durch einen griechischen Mittelsmann, namens Apollophanes von Kyzikos. Xenophon nimmt eigens einen erzählerischen Umweg in Kauf, um mitzuteilen, daß dieser Mann seit langem ein *xenos* des Satrapen und nun auch des Agesilaos sei.

Xenos ist zunächst einmal einfach das griechische Wort für den Fremden oder den Außenseiter, für jemanden, der kein vollwertiges Mitglied der Gemeinschaft ist, gleichgültig ob Grieche oder Nicht-Grieche. Bezeichnenderweise wurde dennoch je nach Kontext sprachlich unterschieden zwischen griechischen und barbarischen *xenoi*. Nur die Spartaner machten hier eine Ausnahme; sie waren so xenophob, daß sie alle Nicht-Spartiaten, unabhängig von ihrer Herkunft, *xenoi* nannten (Herodot 9, 11. 55). Aber die eben angeführte Stelle zeigt, daß es solche und solche *xenoi* gab; *xenos* bedeutet hier ja nicht »Fremder«, auch nicht, wie in manchen Übersetzungen, einfach »Freund«, sondern »Gastfreund« und bezeichnet damit eine bestimmte, ritualisierte Form der Freundschaft. Die feierlich-verbindliche Beziehung der Gastfreundschaft (*xenia*) schloß bestimmte Rituale eines wechselseitigen Vertrags- und Verpflichtungsverhältnisses ein und setzte – das ist in unserem Zusammenhang vor allem wichtig – Statusgleichheit, in der Regel zwischen Aristokraten, voraus. Ein solches Verhältnis überschritt nicht nur die Grenzen der *polis*, denn ein Bürger konnte nicht *xenos* eines Mitbürgers werden, sondern auch nationale und ethnische Grenzen, so daß man auch *xenos* eines *barbaros* sein konnte. Es gab Barbaren, heißt das, die gleicher oder weniger ungleich waren als andere – und insofern waren nach Ansicht jener Elite-Griechen, die mit ihnen persönlichen, ja teils auch sehr familiärvertrauten Umgang pflegten, nicht alle Barbaren unterschiedslos sklavisch, weibisch, undiszipliniert usw.

Im Kontext unserer Überlegungen zum Verhältnis von Griechen und Barbaren sind nun auch die Details des Gesprächs zwischen Agesilaos und Pharnabazos von Interesse. Agesilaos und seine spartanischen Berater sitzen nämlich auf dem Gras – ein spartanischer König braucht keinen Thron, kein Podest oder andere Insignien, nicht einmal weiche Teppiche, die Pharnabazos als Stellvertreter des Großkönigs, entsprechend der verweichlichten, bequemen und luxuriösen Sitte des Orients ›natürlich‹ hatte herbeibringen lassen. Hier gibt nun Xenophon der Situation die erste kulturell überraschende Wende: Pharnabazos verzichtet auf seine weichen Polster und läßt sich bei Agesilaos auf dem Boden nieder, sogar mit Gefühlen der Scham, wegen seiner vornehmen, feinen Kleidung im Vergleich zu der einfachen, selbstgesponnenen des Spartaners. Nachdem das Gespräch erst einmal im Gang ist, zeigt Pharnabazos sich jedoch keineswegs in der Defensive; er weist die Übergriffe des Agesilaos mit moralischen Argumenten zurück, die auf zentrale griechische Begriffe (Ehre, Gerechtigkeit, Solidarität mit den Freunden) rekurrieren und sehr genau auf die Verpflichtungen der *xenia* zielen. Agesilaos muß sich verteidigen, indem er sich auf die angeblich höhere Geltung der patriotischen Forderungen zurückzieht – sogar *xenoi* müssen gegeneinander in den Kampf treten, wenn ihre Staaten sich im Kriegszustand befinden. Aber dann bringt er die Freiheit als politischen Trumpf ins Spiel: Wenn Pharnabazos von Artaxerxes abtrünnig würde, würde er nicht bloß einen Herren gegen einen anderen tauschen, sondern persische Knechtschaft gegen griechische Freiheit. Aber auch darauf ist Pharnabazos vorbereitet. Er ist Artaxerxes nicht nur persönlich verpflichtet, er betrachtet die Loyalität gegenüber seinem Satrapenamt auch als Ehrensache. Agesilaos muß diese Argumente anerkennen, und die beiden Potentaten trennen sich freundschaftlich – so freundschaftlich, daß Agesilaos auf der Stelle *xenos*, nicht des Pharnabazos selbst, das wäre politisch zu anstößig, aber eines seiner Söhne wird.

Wenn in Xenophons Darstellung dieses Gesprächs jemand die überzeugendere Position vertritt, dann ist es Pharnabazos. Er ist sogar dem Griechen überlegen, den Xenophon so sehr verehrt hat, daß er ihm 359 einen Nachruf voll glühender Verehrung widmete. Mit anderen Worten, es gab Barbaren, die bei Gelegenheit als würdige Griechen dargestellt werden konnten – ohne, daß dadurch das gängige und normative griechische Bild des barbarischen Anderen getrübt oder angekratzt worden wäre. Das allein ist schon erstaunlich, aber Xenophon hat noch eine größere Überraschung zu bieten.

Ein rechtschaffener Barbar

Xenophon betätigte sich in allen anerkannten Gattungen griechischer Prosaschriftstellerei und führte außerdem mindestens eine neue Gattung ein, den historischen oder »Tendenzroman«[2], der eine, oft auch mehrere Botschaften zu vermitteln hatte. Edward Gibbon hat die *Kyrupädie* (»Erziehung des Kyros«), die er für »langweilig und (historisch) ungenau« hielt, wenig geschätzt im Vergleich zur »detailgenauen und lebendig geschilderten« *Anabasis*. Die Überlegenheit der letzteren führte er zurück auf die »ewige Kluft zwischen Wahrheit und Fiktion«. Der Frage, was historische Wahrheit sei, entziehe ich mich wie einst Pontius Pilatus. Aber es scheint mir nicht überflüssig, noch einmal deutlich zu sagen, daß es sich bei der *Kyrupädie* um ein fiktives Werk handelt, denn neuerdings hat man sie ernst-

---

2 Tendenzroman: im Original deutsch

haft als authentische Quelle für Epoche und Biographie Kyros des Großen, des Begründers des persischen Achämenidenreichs (ca. 559-530), benutzen wollen. Wo Xenophon überhaupt verläßliche Realien mitteilt, sind es solche seiner eigenen Zeit, des vierten Jahrhunderts, die er aus eigener Anschauung gewonnen hat oder die ihm durch Gewährsmänner, seine griechischen und nichtgriechischen, aber doch griechisch-sprachigen *xenoi*, übermittelt wurden. Für uns, wie schon für Xenophon, ist deshalb nicht die historische Einkleidung interessant, sondern die Botschaft (oder die Botschaften), die er seinen Lesern vermitteln wollte, indem er seine scheinbar realistische Prosaerzählung im barbarischen, überwiegend persischen Milieu spielen ließ.

Eine dieser Botschaften war sicherlich die gleiche wie die des Gesprächs zwischen Pharnabazos und Agesilaos: Auch wenn die Barbaren den Griechen kategorial unterlegen sind, gibt es unter ihnen doch Individuen, die selbst den vorbildlichsten Griechen, wie etwa Agesilaos, nicht nur gleichrangig, sondern gelegentlich sogar überlegen sind. Damit soll nicht gesagt sein, daß Xenophon, wie meines Erachtens Herodot, bewußt danach strebte, die symbolische oder kulturelle Bedeutung der Polarität Griechen vs. Barbaren irgendwie zu schmälern. In der *Kyrupädie* war er vor allem an der politisch-moralischen Lehre interessiert, die man aus seiner Darstellung der Laufbahn des Kyros ziehen sollte (vgl. dazu Kap. 5). Demgegenüber hat er die Ethnizität des Kyros nahezu vollständig ausgeblendet. Dennoch war Xenophon sich vermutlich sehr wohl darüber im Klaren, daß sein Porträt des Kyros die Fronten aufweichte. Wenn auch nur ein einziger Barbar dem hellenischen Maßstab politischen und moralischen Verhaltens entsprechen konnte, dann war die Zugehörigkeit zur Gattung »Barbar« für sich genommen kein ausreichender Grund mehr, um einen Menschen als von Natur unterlegen abzuqualifizieren. Andererseits war die liberale Haltung Xenophons gegenüber den Barbaren deutlich begrenzt auf den schmalen oberen Bereich der sozialen Hierarchie – das Gleiche gilt für seine liberale Haltung gegenüber der griechischen Frau (Kap. 4).

Als fiktiver Prototyp des von W. W. Tarn so genannten »Kulturgriechen« (Tarn/Griffith 1952/1966: 190) weist Xenophons Kyros, wie auch sein historischer Zeitgenosse, der philhellenische Satrap von Karien, Maussolos (377-353), voraus auf die nachklassische, die hellenistische Epoche der griechischen Geschichte. Sie beginnt mit der Eroberung des Perserreichs, das der historische Kyros begründet hatte, durch Alexander. In dieser Epoche, die man üblicherweise zwischen 330 und 323 v. Chr. einsetzen läßt, gewann die hellenische Kultur für viele Angehörige der Oberschichten der nichtgriechischen Bevölkerung, die gewaltsam in die neu gegründeten griechisch-makedonischen Königreiche integriert worden war, große Anziehungskraft, sogar für einen Teil der Juden. Ohne daß sie ihre ethnische Identität als Barbaren aufgegeben hätten, übernahmen sie den griechischen Lebensstil und verwirklichten damit das, was einige, eher ungewöhnliche, griechische Denker der klassischen Zeit (Euripides, Isokrates, Alkidamas der Sophist, die kynischen Philosophen) als theoretisches Ideal propagiert hatten. Aber um sich klar zu machen, was der Durchschnittsgrieche des 5. und 4. Jahrhunderts über die intellektuelle Kompetenz (*dianoia*) der Barbaren dachte und über die Unmöglichkeit, ein Grieche erst zu *werden,* wenn man es nicht von Geburt war, muß man sich an die ethnozentrisch auftrumpfende Passage aus der *Politik* des Aristoteles halten, die wir eingangs angeführt haben – oder an bestimmte Passagen aus dem Werk von Xenophons großem Vorgänger unter den Historikern, dem wir uns jetzt zuwenden wollen.

Zivilisation und Wildnis

Für Isokrates und Xenophon war Panhellenismus nicht nur ein kulturelles Ideal, sondern ein politisches Programm. Die »kleinasiatischen Griechen«, die das Hellenische Bündnis und der Delisch-Attische Seebund nach und nach befreit und zwischen 479 und 404 von Persischer Herrschaft unabhängig gehalten hatte, waren 386 wieder offiziell der persischen Kontrolle unterworfen worden – das wurde festgeschrieben im Protokoll, das als der »Königsfrieden« oder als »Antalkidas-Frieden« (so benannt nach dem Spartaner, der als griechischer Unterhändler fungierte) bekannt ist. Thukydides hingegen wuchs in der glücklichen Zwischenphase der Freiheit auf, in der die Perser weder für die Griechen Kleinasiens noch für die des Mutterlandes eine ernsthafte Bedrohung darstellten. Wahrscheinlich haben die Athener und ihre Verbündeten ungefähr um 450, kurz nach Thukydides' Geburt, einen offiziellen Friedensvertrag mit dem persischen Großkönig geschlossen, der seinen symbolischen Reflex in dem enormen Bauprogramm der Akropolis von Athen gefunden hat. Neben manch anderem hat es uns den Parthenon hinterlassen, dessen Säulen ihre langen Schatten bis in unsere Gegenwart werfen. Zu dieser Zeit jedenfalls und bis etwa 412 war das Perserreich ein so unbedeutender Faktor in der politischen Geschichte der Griechen, daß erklärlich wird, weshalb Thukydides es in seiner Geschichte des Kriegs zwischen Athenern und Spartanern und ihren jeweiligen Verbündeten (431-404) kaum erwähnt.

Der Ausgang des Kriegs jedoch, das hat Thukydides sehr wohl gewußt (2, 65, 12), war mit bestimmt durch die nicht so sehr militärisch, aber finanziell entscheidende Intervention der Perser auf Seiten der Spartaner. Hätte er sein Werk vollenden können (es bricht bei der Darstellung der Ereignisse im Jahr 411 mitten im Satz ab), hätte er dem persischen Einfluß zumindest retrospektiv wohl mehr Gewicht gegeben. So aber ist schon der Kontrast zwischen seinen spärlichen Bemerkungen und der weit ausführlicheren Darstellung bei Xenophon eklatant genug, und er ist noch unbedeutend im Vergleich zu Herodot. Vermutlich hat gerade die Bedeutung, die sein Vorgänger der persischen Großmacht beimaß, das konkurrenzbewußte Schweigen des Thukydides motiviert.

Wie auch immer, man kann nicht sagen, Thukydides habe die Perser stärker vernachlässigt als andere Barbaren. Abgesehen von wenigen Ausnahmen ist er in der entschieden hellenischen Perspektive seines Geschichtswerks generell kaum interessiert an den Barbaren. Die Ausnahmen aber sind um so interessanter, zumal da, wo sie sich mit explizit auktorialen Urteilen verbinden – die im Werk des Thukydides ebenso selten sind wie bei Herodot omnipräsent (einer Zählung zufolge sind es 1086 Beispiele). Ich wähle drei von diesen Ausnahmen aus.

Die »Archäologie« zu Beginn von Buch 1 habe ich im 2. Kapitel als Beispiel für die anhaltende Kraft des Mythos im Denken der Griechen vorgestellt. Thukydides wollte beweisen, daß ›sein‹ Krieg der bedeutendste war, den die Griechen je geführt haben, bedeutender insbesondere als Herodots Perserkriege. Deshalb skizzierte er eine auf den wirtschaftlichen Fortschritt konzentrierte Entwicklungsgeschichte von den – wie er als Zeitgeschichtler *par excellence* sehr wohl wußte – dunkelsten Anfängen der Prähistorie an bis zum Ausbruch des Peloponnesischen Kriegs im Jahre 431. Anders als sein übriges Werk ist dieser Abschnitt durchsetzt mit den Denkmustern der griechisch-barbarischen Polarität. So heißt es etwa von bestimmten kulturell rückständigen Griechen (so jedenfalls erschienen sie dem verfeinerten Geist des Atheners), die nördlich des Golfs von Korinth in West-Lokris, Ätolien und Akarnanien lebten, sie trügen »nach alt-hellenischer« Sitte auch im Alltag immer noch Waffen. Dieser Brauch war für Thukydides buchstäblich barbarisch. Er führt ihn als ein Beispiel von vielen dafür an, daß »die Sitten der hellenischen Frühzeit sehr stark denen der heutigen Barbaren ähnelten« (1, 6). Ein Hauptanliegen seiner »Archäologie« bestand deshalb darin, den Handlungsort seines Geschichtswerks in Griechenland zu verankern und das Niveau des kulturellen Fortschritts zu markieren, das zumindest von einigen Griechen im Jahre 431 erreicht war – auf diese Weise konnte er den moralischen Niedergang, der die griechische Welt durch diesen Krieg traf, um so eindrücklicher veranschaulichen. »Griechenland als Ganzes, *to Hellenikon*, oder die Griechen selbst, *hoi Hellenes*, werden in seinem Werk Maßstab für (historische) Größe und Bedeutung« (Connor 1991: 65).

In Anbetracht der Haltung unparteiischer Objektivität, die Thukydides sich fast durchgängig zu eigen macht, verdienen die seltenen Gelegenheiten besondere Aufmerksamkeit, bei denen er seine eigene Person ins Spiel bringt und (nach einer Formulierung von Hobbes) »seinem Text eine politische oder moralische Lektüreanweisung beigibt«. Eine solche findet sich gegen Ende des erhaltenen Werks, in Buch 7 (29, 4-5; 30, 3). Thukydides wendet an dieser Stelle seinen Blick einmal von den Hauptschauplätzen des Krieges weg, um dem Marsch einer Söldnertruppe zu folgen (»Söldner« war eine weitere Bedeutung des Wortes *xenoi*, denn *per definitionem* warb eine griechische Polis ihre eigenen Bürger nicht für den Kriegsdienst an). Im Verlauf des Peloponnesischen Kriegs wurden auf beiden Seiten in immer größerem Umfang Söldner eingesetzt und eine überproportional große Zahl von Griechen, die als solche kämpften, kamen aus der von extremer Armut heimgesuchten Hochebene Arkadiens (das eben kein Ort der Idylle war, was immer uns Dichter und Maler der Neuzeit nahelegen mögen). Die Söldner nun, über die Thukydides an unserer Stelle spricht, waren jedoch keine Griechen, sondern Barbaren. Sie stammten aus Thrakien (das in etwa dem heutigen Bulgarien entspricht) und waren 413 von den Athenern angeworben worden. Sie sollten ursprünglich nach Sizilien geschickt werden, um den zum Scheitern verurteilten Eroberungsversuch der Athener zu unterstützen, aber sie kamen zu spät, um den letzten Verstärkungstrupp zu erreichen. Daher wurde ein athenischer Befehlshaber abkommandiert, um sie nach Hause zurückzuführen, mit der Order, auf dem Rückweg den Verbündeten der Spartaner in Böotien so viel Schaden wie möglich zuzufügen. Als sie nach Mykalessos kamen, wurden sie, so wird berichtet, wild und liefen Amok. Sie töteten nicht nur alles, was ihnen an Menschen über den Weg lief, einschließlich Frauen und Kinder, sie metzelten auch das Vieh und überhaupt jedes Lebewesen nieder.

Dieses Blutbad hat Thukydides so erschüttert, daß es ihn nicht nur zu einem, sondern gleich zu zwei persönlichen Kommentaren veranlaßte. Zuerst stellte er fest, die Thraker seien, wenn sie einmal einen Anfall von Verwegenheit (*tharsos*) hätten, so mörderisch und blutdurstig wie die barbarischste Barbarenbrut (*genos*). Wenn wir diese Beobachtung auf ihre kulturellen Implikationen befragen, will Thukydides also sagen, daß Barbaren in einem richtigen Kampf, in dem ihre Gegner erwachsene griechische Soldaten sind, solche Verwegenheit (*tharsos*) nicht an den Tag legen, geschweige denn echte griechische »Tapferkeit« (*andreia*, wörtlich: »Männlichkeit«); wenn sie es aber mit Frauen und Kindern, alten Männern, Weidevieh, Haustieren usw. zu tun haben, dann schwillt ihnen der Kamm; statt ihren erbärmlichen »Mut« auf rein militärische Ziele zu richten, reagieren sie ihn blindwütig in wahllosen Schlächtereien ab. Die zweite persönliche Bemerkung knüpft Thukydides an den Bericht von der Ermordung der Kinder in einer Schule durch selbige Thraker. Er beschreibt sie hyperbolisch als Katastrophe für die ganze Stadt, der keine andere gleichkomme und die beklagenswerter sei als alles, was überhaupt in diesem ganzen Krieg geschehen sei.

Zweifellos hat das ›Barbarische‹ dieses Blutbads Thukydides besonders stark beschäftigt. Nicht daß er zwischen- oder innergriechische Grausamkeiten milder dargestellt hätte (vgl. Kapitel 5) – bestätigten sie doch seine These von der ›Barbarisierung‹ der Griechen im Zuge des Peloponnesischen Kriegs. Aber für seinen Temperamentsausbruch ist es vielleicht nicht ganz nebensächlich, daß die hier geschilderten Barbaren Thraker waren. Denn Thrakien und die Thraker wurden in Griechenland vornehmlich mit Sklaverei assoziiert (vgl. Kap. 6). Thukydides selbst aber unterhielt Verbindungen nach Thrakien, er besaß sogar ein thrakisches Patronymikon (Oloros), das durch Heirat oder *xenia* zwischen einem seiner Vorfahren väterlicherseits und einer vornehmen, vielleicht sogar königlichen thrakischen Familie zustande gekommen war. So sehr er also zweifellos einzelne Thraker geschätzt haben mag, gerade wegen seiner Beziehungen zu Trakien mußte ihm viel daran liegen, sich als ›echter Grieche‹ zu profilieren.

Auch in einem der eher seltenen Ausflüge, die Thukydides ins Gebiet der ›Herodoteischen‹ Ethnographie unternommen hat, spielen Thraker eine zentrale Rolle, und zwar in seinem Exkurs über zwei barbarische Königreiche (Makedonien und das Odrysische Thrakien) in Buch 2 (95-101). Hier springen zwei auktoriale Einschübe ins Auge. Sie sind allerdings eher im Hinblick auf Thukydides als im Hinblick auf griechisches Denken im allgemeinen signifikant. Der erste bezieht sich auf die Bedeutung von Geschenken für die Thraker. Thukydides spielt an dieser Stelle die Barbaren gegeneinander aus. Während bei den (odrysischen) Thrakern das Beschenktwerden, ja selbst das Einfordern von Geschenken üblich war, war es bei den Persern Brauch (*nomos*) der Könige, Geschenke zu geben statt zu empfangen. Nicht daß Thukydides den persischen Brauch an sich aufwerten wollte, er wollte ihn lediglich als polemische Waffe gegen die Thraker benutzen. In ähnlicher Weise konnte Herodot die Perser ›hellenisch‹ machen im Vergleich zu den Barbarischsten aller Barbaren, den Skythen.

Auf die Skythen bezieht sich denn auch der zweite persönliche Kommentar des Thukydides, im Exkurs über die barbarischen Nachbarvölker der Griechen im Norden. Im Hinblick auf ihre militärische Stärke, führt er aus, sind die Skythen in ganz Europa ohne Konkurrenz, ja selbst in Asien könnte sich kein Volk (*ethnos*) mit ihnen messen – wären sie nur (*homognomones*), »fähig, vernünftige Einmütigkeit unter sich herzustellen«. Aber dazu sind sie von Natur aus nicht in der Lage, denn es mangelt ihnen an gutem Rat (*euboulia*) und an Situationsklugheit (*xynesis*) – in dieser Hinsicht sind sie »allen anderen« unterlegen. Es kann als so gut wie sicher gelten, daß Thukydides keine *historie*, keine Erkundungen, bei den Skythen selbst vorgenommen hat, aber die persönliche Anschauung, die ihm die skythischen Bogenschützen in Athen boten, wo sie als Staatssklaven in kleiner Truppe für bestimmte Aufgaben der Ordnungspolizei eingesetzt wurden, mag seine Geringschätzung verstärkt haben. Die Darstellung dieser Pseudo-Polizisten war ja auch auf der komischen Bühne, etwa in den *Thesmophoriazusen* des Aristophanes keineswegs schmeichelhaft. Historische Forschung aber hätte seine Abwertung der Skythen als kulturell minderwertig kaum bestätigen können. Man kann sich dem Schluß nicht entziehen, daß ungeachtet seiner sonstigen, nicht hoch genug zu schätzenden methodischen Errungenschaften seine Haltung gegenüber den Barbaren kaum weniger ethnozentrisch und vorurteilsbehaftet war als die des Durchschnittsgriechen. Und zweitens wird man, was interessanter ist, feststellen, daß seine so wenig schmeichelhafte Darstellung der Skythen im wesentlichen von Herodot übernommen ist – stillschweigend, wie immer.

Den Spiegel vorhalten

Herodots Bericht über Skythien, sein »skythischer *logos*«, erstreckt sich über die ersten drei Viertel von Buch 4 (1-144) und stellt neben Buch 2, das Ägypten behandelt, den zweiten großen ethnographischen Exkurs seines Werks dar. Da der Skythenbericht Gegenstand eines der klügsten und erhellendsten Bücher ist, die in letzter Zeit überhaupt über einen griechischen Autor geschrieben worden sind (Hartog 1988), kann ich mich hier auf Buch 2 konzentrieren. Aber vielleicht ist es doch sinnvoll, daß ich kurz zusammenfasse, was ich an Hartogs Buch so anregend fand. Seine Arbeit ist eine Übersetzungsarbeit, und Übersetzen heißt in diesem Zusammenhang nicht nur die Übertragung des Herodoteischen Griechisch in ein ungefähr entsprechendes Französisch, resp. Englisch, sondern Übersetzen meint hier eine Interpretationsleistung: die Erforschung, Exegese und Erklärung dessen, was Hartog die »Rhetorik der Andersheit« bei Herodot nennt. Darauf bezieht sich sein Untertitel: »*Essai sur la représentation de l'Autre*«.

Um in den Blick zu bringen, was das Entscheidende bei der Lektüre Herodots ist, oder wenigstens sein sollte, bedient sich Hartog der Spiegel-Metapher, und zwar hauptsächlich in drei Verwendungen. Erstens im Hinblick auf den Text Herodots selbst – und dabei meint Text nicht nur den paläographisch oder gedruckt übermittelten Wortbestand, sondern auch dessen Interpretationen: in diesen Text im erweiterten Sinn vertiefen wir uns, wie wir in einem dunklen Spiegel unser Bild zu erhaschen suchen – auf der Suche nach unserer Identität und nach dem, was unser Handeln bestimmt. Dieses Interesse generiert, so Hartog, zumeist die Frage, ob das Bild, das der Spiegel uns zeigt, ›wahr‹ sei. In dieser Frage sieht er eine unnötige Einschränkung des Blicks. Er möchte lieber zunächst (manche würden sagen: etwas zu lange) der Versuchung widerstehen, über den Text hinaus auf den politischen und kulturellen Kontext Herodots, bzw. auf die (*ex hypothesi*) faktische Basis seiner Erzählung, zurückzugreifen, und erst einmal in subtiler metahistorischer Lektüre die mehrdeutigen Subtexte der Herodoteischen Narration erschließen.

Auf einer zweiten Ebene bezieht Hartog die Spiegelmetapher auf Herodots »Adressaten«; unter diesem vereinfachenden Kollektivbegriff faßt er alle griechischen Gruppen oder Individuen, die Herodot im 5. Jahrhundert v. Chr. gehört oder gelesen haben und für die er, wie bewußt auch immer, sein Werk konzipiert hat. Spiegelbilder sind bekanntlich spiegelverkehrt – und so sahen sich die Griechen in Herodots vielteiligem Geschichtsspiegel konfrontiert mit einer Reihe sich überlagernder, aber nicht identischer Bilder des barbarischen ›Anderen‹, als den spiegelverkehrten Bildern ihrer selbst. Die Skythen – oder, bezeichnenderweise, die Mehrzahl von ihnen – repräsentierten dieses Andere in seiner reinsten, am stärksten polarisierten Form, sie waren der Idealtypus des Anti-Griechen: nicht agrarisch, nicht städtisch, nicht zivilisiert, nomadisch.

Die dritte Verwendung der Spiegelmetapher bezieht sich auf Herodots eigene Konzeptualisierung seines Blickfeldes, auf seine Leinwand sozusagen. Auf ihr malt Herodot sowohl die physische *Oikoumene*, den von Griechen und Barbaren gemeinsam bewohnten Raum, als auch die jüngste griechisch-barbarische Vergangenheit. Er benutzt dabei eine Vielzahl rhetorischer Figuren und Tropen, wie etwa die Analogie, beschäftigt sich mit Zahl und Quantität, zeigt eine Vorliebe für das Wunderbare und, nicht zuletzt wichtig für uns, verwendet Tabellen gegensätzlicher Bräuche, die durch Inversion aufeinander bezogen sind.

Herodots ägyptisches Raster

In der Gesamtkonzeption der *Historien* fällt Buch 2 über Ägypten merkwürdig aus dem Rahmen und wirft in zugespitzter Form die schwierigen Fragen nach dem Charakter von Herodots literarischem Unternehmen auf. Soll er als Vater der Geschichtsschreibung gelten – oder hat er Lügengeschichten erzählt? War er ein kritischer Erforscher und sorgfältiger Sammler mündlicher Traditionen – oder ein leichtgläubiger Tourist, der einfach andere Reiseberichte weitererzählte? Ein erst spät zur Geschichtsschreibung konvertierter Geograph – oder ein Geographiehistoriker mit besonderem Interesse an Ägypten? Vater der vergleichenden Ethnographie und der kulturvergleichenden Geschichtsschreibung – oder einfach ein Prosaliterat? Ich beginne mit einer Betrachtung des Buchs als solchem, das von der Form, in der es vorliegt, und von seiner Stellung im Gesamtwerk her einen gigantischen Exkurs vom Hauptthema, den »medischen Angelegenheiten« darstellt.

Nicht, daß das für Herodot irgendwie problematisch gewesen wäre: Abschweifungen oder Exkurse (*prosthekai*, wörtlich: »Zusätze«) waren für ihn, wie er an zentraler Stelle seines skythischen *logos* (4, 30) ausführt, integraler Bestandteil seines Gesamtplans. Die Besonderheit des ägyptischen *logos* liegt jedoch in seiner für einen Exkurs ungewöhnlichen Länge und in der akribischen Sorgfalt, mit der Herodot hier sein Wissen ausbreitet und seine Methode reflektiert. Das hat die Vermutung veranlaßt, es handle sich dabei um ein ursprünglich eigenständiges Werk, verfaßt bevor Herodot sich seinem späteren Hauptthema, der kriegerischen Auseinandersetzung zwischen Griechen und Barbaren, zugewendet habe, und noch in der ethnographischen Tradition der ionischen Aufklärung gearbeitet, wie sie Hekataios von Milet begründet hatte. Ich neige eher in die andere Richtung und gehe, u.a. aus biographischen Gründen, davon aus, daß Herodot sein Thema sehr früh gefunden hat, und ich halte Buch 2 für das Ergebnis einer planmäßig angelegten und sorgfältig vorbereiteten Forschungsreise. Aber wie dem auch sei – es kann keinen Zweifel geben, daß der ägyptische *logos* für das Verständnis Herodots ungemein aufschlußreich ist, sowohl was seine historische Methode, als auch was seine Auffassung von ethnographischer Interpretation betrifft.

In Kap. 99 blickt Herodot zurück auf den ägyptischen Raum, den er – geistig und physisch – ›durchmessen‹ hat, um mit Hartog zu sprechen, und merkt an: »Bis hierher habe ich die Dinge aus eigener Anschauung (*opsis*), eigenem Urteil (*gnome*) und eigenen Erkundigungen (*historie*) berichtet; das Folgende gebe ich wieder nach den ägyptischen *logoi*, so, wie ich sie gehört habe.« Und in Kap. 147 heißt es weiter: »Für das Folgende kann ich mich nicht nur auf die Ägypter, sondern auch auf andere Gewährsleute beziehen, die mit ihnen übereinstimmen. Manches berichte ich auch aus eigener Anschauung«. Im allgemeinen nimmt man nun zwar an, daß Herodot tatsächlich aufgrund von eigenem Urteil (*gnome*) und eigenen Forschungen (*historie*) gearbeitet hat. Aber ob er über Ägypten auch aus eigener Anschauung (*opsis*) berichtet, darüber wird seit mehr als hundert Jahren erbittert gestritten. Hat er wirklich – mithilfe von Dolmetschern, denn er war ja einsprachig – mit den *logioi*, den »*der logoi* Kundigen« unter den Ägyptern, wie etwa den Priestern des »Hephaistos« (Ptah) in Memphis, gesprochen? Oder hat er nur mit Leuten gesprochen, die in Ägypten waren und die ihm zugänglichen Reiseberichte gelesen, um dann die Authentizität seiner eigenen Forschungen zu betonen, weil das inzwischen dem griechischen Standard ›wissenschaftlicher‹ Rede entsprach? Diese Debatte erscheint mir auf weite Strecken fruchtlos und vergeblich. Sinnvoller wendet man sich, im Sinne Hartogs, der Sache selbst zu, wie sie im Text Herodots gegeben ist.

In seiner Einleitung gibt Herodot an, ein Ziel seiner Erkundungen, seiner *historie*, sei es gewesen, »die großen und wunderbaren *erga* der [...] Nicht-Griechen dem Gedächtnis zu bewahren«, Ägypten aber biete mehr »Wunder«, als irgendein anderes Land der Welt (2, 35, 1). Für Herodot »ist das Wunderbare, wenn es zu weiterem Nachdenken anregt, der Anfang der Weisheit« (Redfield 1985). Es kann keinen Zweifel geben, zu welcher Form des Denkens Herodot durch die *theoria*, die Anschauung und vermutlich auch den Anblick der ägyptischen Wunder geführt worden ist: zum Denken in binären Oppositionen und polarer Klassifikation. Oder eher noch: Herodot hat diese Denkform im Rahmen seiner intellektuellen Sozialisierung von den Griechen übernommen und hat in Ägypten den kulturellen Raum gefunden, auf den er das polarisierende Raster in idealer Weise anwenden konnte. Polare Gegensätze bilden jedenfalls die Grundstruktur von Herodots ägyptischem *logos* und machen ihn zum *locus classicus* für die Konstruktion des Anderen als der ›verkehrten Welt‹. »Nicht nur das Klima ist anders als sonstwo in der Welt, auch die Flüsse sind anders als alle anderen und die Menschen sind in den meisten ihrer *ethea* (»Sitten«) und *nomoi* (»Gesetze«) den anderen Völkern (damit meint Herodot natürlich seine griechischen Adressaten) entgegengesetzt« (2, 35-36).

Von den nicht weniger als achtzehn Gegensätzen, die er danach noch aufführt, seien stellvertretend für die ganze Liste zwei Beispiele angeführt. »In Ägypten urinieren die Frauen«, so Herodot (2, 35), »im Stehen, die Männer im Sitzen.« Wir werden im nächsten Kapitel sehen, daß die Bräuche und Verhaltensweisen der Frauen für Herodot zu den signifikantesten Merkmalen einer Kultur gehören. Zugleich ist die erwähnte Polarität ein gutes Beispiel, um zu zeigen, zu welchen Unklarheiten polare Klassifikation führen kann. Denn was das Urinieren betrifft, geraten nach diesem Schema die griechischen Männer in die gleiche Schublade wie die ägyptischen, d.h. barbarischen Frauen. Damit aber gerät nicht nur die allgemeine Gültigkeit der Polarisierung zwischen Griechen und Barbaren ins Wanken, sondern, wie wir noch sehen werden, auch die Polarisierung zwischen Männern und Frauen. Beispiel Nr. 2: »Wenn sie schreiben oder rechnen, schreiben sie die Buchstaben und Zahlen von rechts nach links, während die Griechen von links nach rechts schreiben. – Die Ägypter behaupten aber trotzdem, sie schrieben nach rechts und die Griechen nach links.« (2,36). Auf den ersten

Blick scheint hier einfach ein klassisches Beispiel gegenseitiger Fehlwahrnehmung vorzuliegen, aber wenn man genauer hinschaut, ist damit mehr über die Interessen und die Einstellung Herodots gesagt als über die tatsächliche Ausrichtung der ägyptischen Zahlen- und Buchstabenschrift. Wir sehen nicht nur, daß Herodot die ägytische Umkehrung selbst wieder umkehrt und damit relativiert – wir haben hier auch ein Beispiel für das Denkmuster vor uns, das Herodot in Buch 3 als für alle menschlichen Gesellschaften gültig vorstellt und durch folgende berühmte Ankedote veranschaulicht (Kap. 3, 38).

»Der Brauch ist König«

Der persische Großkönig Dareios I. (Regierungszeit 522-486) rief einmal in Susa, der Hauptstadt seines Reiches, ein paar Griechen zusammen und fragte sie, wieviel er ihnen zahlen müsse, damit sie die Leichen ihrer Angehörigen aufäßen. Entsetzt antworteten sie, daß keine noch so hohe Summe sie dazu bringen könnte, ihre Leichen zu verzehren, statt sie zu verbrennen. Daraufhin rief Dareios einige Inder, bei denen es ja Brauch ist, die Leichen zu verzehren, und fragte sie, wieviel er ihnen zahlen müsse, damit sie sie verbrennen würden. Ihr Entsetzen war womöglich noch größer als das der Griechen und ihre Antwort ebenso abschlägig. Herodot verzichtet nun auf jeden abfälligen Kommentar über den Kannibalismus der Inder, wie ihn griechische Auffassung sicher nahegelegt hätte und zitiert stattdessen, ohne den Zusammenhang zu nennen, das Pindarwort: »Der Brauch (*nomos*) ist König (*basileus*) in allem«. Das heißt, alle Menschen, Griechen ebenso wie Barbaren, lassen sich von Bräuchen leiten und sie alle sind gleichermaßen davon überzeugt, daß ihre eigenen Gebräuche nicht allein für sie selbst am besten, sondern auch denen aller anderen moralisch überlegen sind.

Die Art, in der er diese Geschichte erzählt, zeigt, daß Herodot in dieser Hinsicht kein typischer Grieche war. Im Gegenteil, er war sowohl ethnographischer Komparatist als auch – in letzter Konsequenz jedenfalls – ein radikaler ethischer Relativist. Insofern ist es, was auch immer man von der entsprechenden Überlieferung halten mag, nicht ganz unwahrscheinlich, daß er mit dem Sophisten Protagoras von Abdera befreundet war, der den *homo-mensura*-Satz (»Der Mensch ist das Maß aller Dinge ...«) formuliert hat; wenngleich er für dessen theologischen Agnostizismus (vgl. Kap. 7) nicht viel übrig gehabt haben wird. Protagoras verbrachte, wie alle Sophisten, viel Zeit in Athen, und wegen seiner demokratischen Überzeugungen soll er 444/43 gebeten worden sein, die Verfassung des auf athenische Initiative in Süditalien (auf dem früheren Gebiet von Sybaris) gegründeten Thurioi zu entwerfen. Herodot, aus seiner Heimatstadt Halikarnassos verbannt, nahm die seltene Gelegenheit wahr, sich wieder einen Bürgerstatus zu verschaffen und wurde Bürger der Neugründung. Eine Überlieferung schreibt ihm sogar ein Ehrenbegräbnis auf der dortigen Agora zu.

»*Herodots Gesetz*« *(des orientalischen Despotismus)*

Unter anderem war es die Toleranz gegenüber den Bräuchen der Barbaren, eine Toleranz, die selbst Kannibalismus nicht verurteilte, die für den konservativen Patrioten Plutarch unerträglich war, vor allem in einem kulturell so sensiblen Bereich wie dem der Begräbnissitten. Er hat Herodot daher in seinen *Moralia* als einen *philobarbaros*, einen »Anhänger der Barbaren« verhöhnt (857a) – irrtümlicherweise, denn Herodot hat weder generell mit allen Barbaren noch mit allem, was barbarisch war, sympathisiert. Die Bräuche der Androphagoi (wörtlich »Menschen-Esser«) etwa, eines Skythenstamms, wurden von ihm als die *agriotata* (die »unziviliertesten«) der ganzen Menschheit bezeichnet und er fügte hinzu: »Sie glauben an kein Recht (*dike*) und kennen kein Gesetz (*nomos*)« (4, 106). Herodot erachtete nun nicht etwa jedes Gesetz an sich als gut, auch im Falle der Androphagoi nicht. Im Gegenteil: was ich »Herodots Gesetz« genannt habe, das Gesetz, das er der persischen Monarchie und der persischen Großmachtpolitik unterstellte, war vermutlich das Leitmotiv seines Werks und bot ihm, als teils moralisches, teils analytisches Interpretationsschema, auch die Antwort auf seine Ausgangsfrage, »warum die Griechen und Nicht-Griechen gegeneinander Krieg geführt haben«.

In Buch 1 stellt Herodot die Perser in seiner gewohnten Weise vor: »Dies sind, wie ich in Erfahrung gebracht habe, die Bräuche (*nomoi*), die die Perser befolgen« (1, 131). Es folgt ein Katalog, ähnlich dem bei Anlaß der Ägypter aufgestellten, der die persischen *nomoi* als genaue Gegensätze der griechischen entwickelt. Das allein ist für Herodot jedoch nicht Grund genug, die Perser, jedenfalls nicht insgesamt, als typisch barbarisch erscheinen zu lassen – ebensowenig wie die Ägypter. Tatsächlich zeigt sich, daß einige von ihnen sich sehr kultiviert verhalten, ja sogar philosophieren, und zwar erstaunlich ähnlich wie die fortschrittlichsten griechischen Denker zur Zeit Herodots. So wird etwa die sogenannte »Perserdebatte« (3, 80-82), das früheste Beispiel einer durchformulierten politischen Theorie, das die westliche Kultur kennt, (und das Herodot möglicherweise ebenfalls Protagoras verdankt), vornehmen Persern in den Mund gelegt (vgl. aber Kap. 5). Xenophons Kyros hatte also sehr angesehene literarische Vorfahren.

Wo Herodot aber auf die Monarchie zu sprechen kommt – nicht die ›konstitutionelle‹ Monarchie, für die Dareios im Perserdialog plädiert, sondern die despotische Monarchie –, da ist er ganz eindeutig: sie war ohne Abstriche eine schlechte Sache, sowohl für die Untertanen als auch für alle diejenigen, gegen die sich die Eroberungslust des Despoten kehren konnte. In dieser Beurteilung macht er keinen Unterschied zwischen Griechen und Barbaren. Peisistratos von Athen etwa wird zwar zugute gehalten, daß er die vorhandenen politischen Einrichtungen während seiner ersten Tyrannis (ca. 560) unangetastet ließ, später aber wird er hart getadelt, weil er mit seiner Frau »nicht in herkömmlicher Weise« sexuell verkehrte (Herodot 1, 59. 60).

Herodot charakterisiert die persische *basileia* als barbarische, royalistische, despotische Tyrannis – von ihren relativ milden Anfängen unter Kyros an über die wahnsinnige Frevelherrschaft des Kambyses und die rachsüchtige, aber wohlkalkulierte Unbarmherzigkeit von Dareios I. bis zur vollendeten Verkörperung der Hybris in der Person des Xerxes. Immer wieder konstruiert Herodot, implizit und explizit, einen polaren Gegensatz zwischen dem, wie wir sagen würden, orientalischen Despotismus der Perser und der (staats)bürgerlichen Freiheit und Selbstbestimmung der Griechen. Sehr deutlich vermittelt er diese Botschaft in einer gleichnishaften Erzählung, bzw. einer Parabel.

Unter den Ratgebern, die Xerxes während seines Angriffs auf Griechenland im Jahre 480 um sich hatte, befand sich ein exilierter Spartaner – nicht irgendein Spartaner, sondern der ehemalige König Demaratos, der nach seiner (unrechtmäßigen) Absetzung zu den Medern übergelaufen war. Herodot kann natürlich nicht gewußt haben, was genau zwischen Xerxes und Demaratos beredet worden ist, geschweige denn den Wortlaut der Gespäche gekannt haben, und doch fingiert er munter mehr als einmal in Buch 7 solche authentischen Gespräche. An einer Stelle etwa (7, 104) läßt er, nicht ganz glaubhaft, Demaratos gleichsam als Sprecher der Griechen auftreten, wenn auch mit spartanischem Einschlag. »Du, Xerxes«, sagt er, »bist absoluter Herrscher, *despotes*, für die Perser; sie genießen als Untertanen nicht mehr Freiheit als Sklaven. Die Spartaner hingegen (hier gemeint als Stellvertreter aller Griechen) erkennen keinen anderen Herrn (*despotes*) an als das Gesetz (*nomos*)« – wobei »Gesetz« sowohl das Herkommen als auch die gesetzlichen Verfügungen der Bürgerschaft heißen kann. Es war der despotische *nomos* der persischen Monarchie, so unterstellt Herodot, der unweigerlich die Eroberungsgelüste des Xerxes reizen mußte und der also letztlich auch die Ursache der Perserkriege war. Ebenso unweigerlich fand dieser orientalisch-despotische *nomos* seinen Meister im frei gewählten *nomos*, der die Griechen ›beherrschte‹. Soweit, und das ist nicht wenig, bestätigt also auch Herodot das von fast allen Griechen unreflektiert akzeptierte Stereotyp des barbarischen Anderen.

4
Geschlecht und Geschichte

Männer versus Frauen

Der feministische Kampf muß zuallererst
die tödlichen binären Oppositionen von
Männlichkeit und Weiblichkeit außer Kraft setzen.

(Moi 1985: 13)

Die Schöpfungsgeschichte als Mythos

Daß die Geschichte von Adam und Eva ein Mythos ist, in der spezifischen
Bedeutung des Wortes, die wir in Kap. 2 diskutiert haben, ist seit langem
klar; aber erst seit 1959 hat die Genforschung gezeigt, daß sie es auch im
umgangssprachlichen Sinn ist. Wir wissen seither, daß der primäre Körper-
plan der menschlichen Spezies weiblich ist und daß Männer genetisch eine
sekundäre Entwicklung des Säugetierembryos sind. Im Mai 1991 wurde
schließlich die Entdeckung des geschlechtsbestimmenden Gens (SRY für
»Sex-determining Region of the Y chromosome«) bekanntgegeben. Aber
selbst in der wissenschaftsgläubigen Kultur unserer Tage tragen solche rein
biologischen bzw. anatomischen Tatsachen kaum dazu bei, den phallozen-
trischen Patriarchalismus als herrschendes kulturelles Paradigma außer
Kraft zu setzen oder auch nur zu erschüttern. *A fortiori* ist es kaum überraschend, wenn man erfährt, daß »die Vorstellung des Geschlechterunterschieds in der Vergangenheit (scil. von den Griechen bis zu Freud) weitgehend unabhängig von dem Erkenntnisstand war, den man im Hinblick auf
anatomische Beschaffenheiten oder physiologischen Prozesse erreicht hatte.
Sie leitete sich vielmehr aus bestimmten rhetorischen, kulturellen und politischen Erfordernissen des Augenblicks ab« (Thomas Laqueur, in: *London
Review of Books*, 6. Dezember 1991; vgl. Laqueur 1989).

Aber wenn auch »kaum überraschend«, trifft es wirklich auf »die Griechen«, insgesamt und immer, zu? Das vorliegende Kapitel wird die Stichhaltigkeit dieser Behauptung und die ideologischen Verflechtungen dieser angeblichen Erfordernisse im Kontext der griechischen Kultur prüfen. Dabei wird insbesondere Bezug genommen auf die polare Opposition zwischen »Natur« und »Kultur« in den Texten der wichtigsten Historiker. Mit anderen Worten: was ergeben unsere wichtigsten Quellen für das Problem, das wohl immer noch das zentrale Anliegen feministischer Politik innerhalb und außerhalb der akademischen Welt bildet, nämlich die Debatte über *sex* und *gender*, d.h. die Frage, ob »Weiblichkeit« eine biologische Gegebenheit oder lediglich ein soziales Konstrukt ist. Ich kann es auch polarisierend formulieren, denn meines Erachtens ist das griechische Erbe gerade in diesem Bereich besonders wirksam: entweder Macht der Männer oder Macht der Frauen, aber niemals werden beide sich in wechselseitiger Kooperation zusammenfinden.

Das »zweite« Geschlecht

Vor etwa vierzig Jahren erregte ein Buch großes Aufsehen, von dem schon die Rede war (vgl. Prolog): Simone des Beauvoirs *Le deuxieme sexe* (1949). Mag sein, daß der Titel auch als Botschaft an ihren langjährigen Geliebten Jean-Paul Sartre gemeint war, sicherlich aber spricht er aus, was in der jüdisch-christlichen religiösen Tradition und, von Hesiod und Semonides an auch in der griechisch geprägten kulturellen Tradition des Abendlands eine Grundtatsache war: die Abwertung der Frau als Nummer zwei und kategorial zweitrangig.

Es gibt allerdings einen wichtigen Unterschied, der die jüdisch-christliche Tradition radikal und unüberbrückbar vom Diskurs der klassischen Griechen über die Frauen trennt: erstere bewegt sich in einem religiös-dogmatischen Rahmen, der der klassischen griechischen Religion fremd war (Kap. 7). Nehmen wir etwa das folgende Zitat: »Die Überlegenheit des männlichen Geschlechts entspricht der Weltanschauung des Mittelalters, sie ist theologisch und sozial orthodox, deshalb ist sie, wie auch Gott, eine absolute und unbestrittene Wahrheit (Helen Cooper, in: *Times Literary Supplement*, 19. Juli 1991). Jüdische und christliche Feministinnen von heute können leicht bestätigen, daß die religiöse Sanktionierung der Diskriminierung (die Frau ist »nicht das Ebenbild Gottes« usw.) es sehr viel schwerer macht, die Argumente für Statusgleichheit und Gleichbehandlung der Frauen innerlich zu verankern. Die griechische Religion hingegen kannte das Konzept des religiösen Dogmas nicht und dementsprechend auch keine Orthodoxie. Die

Frage nach der »Natur der Frau« konnte daher nicht einfach mit Hilfe theologischer Überdeterminierung beigelegt werden, auch wenn die griechischen Männer auf dem Gebiet, auf dem ihnen vergleichbare Waffen zur Verfügung standen, ihr Bestes taten: auf dem Gebiet der Mythologie nämlich. Im klassischen Griechenland mußte die Frage jedoch ausgetragen werden, *es meson* oder: »in die Mitte der öffentlichen Arena« – offen, wie wir sagen würden. Die klassische griechische Literatur, die wie die Kultur insgesamt wesentlich agonal und kompetitiv war, bietet uns reiches Material für die Debatte über die wahre Natur und die angemessene Stellung der Frauen.

Männliche (An-)Ordnungen

Von Anfang an müssen zwei methodische Vorbehalte angemeldet werden. Zuerst einmal sind die Quellen, auf die wir uns hier beziehen werden, selbst alle männlicher Provenienz. Auch wenn in einer attischen Tragödie eine Frauenfigur mit nahezu leidenschaftlicher Authentizität spricht, muß man in Erinnerung behalten, daß ihr Text von einem Mann geschrieben und ihre Rolle von einem männlichen Schauspieler vor einem ausschließlich oder überwiegend männlichen Publikum verkörpert wurde. In einer vorherrschend durch Geschlechtertrennung bestimmten Gesellschaft wie der griechischen muß es fraglich bleiben, inwieweit ein Mann weibliche Lebensrealität erfahren oder nachempfinden kann, zumal wenn seine Adressaten ebenfalls Männer sind. *A fortiori* steht ein Fragezeichen hinter der griechischen Ethnographie der barbarischen Frauen, insbesondere hinter der Herodots.

In jüngster Zeit nährt sich dieser Zweifel verstärkt aus dem theoretischen Beitrag, den die »teilnehmende Beobachtung« der modernen Anthropologie für die primär agrarisch orientierten griechischen Gemeinschaften geleistet hat: man ist sich klar geworden über die Kluft zwischen der Außen- und der Innenansicht sozialer und symbolischer Realitäten. So kann beispielsweise die offenkundige räumliche, soziale und politische Unterordnung der Frauen selbst den sensibelsten Ethnographen dazu verleiten, den Bewegungsspielraum zu übersehen, den Frauen, trotz der nach außen auferlegten Zwänge, vor allem im privaten Bereich gehabt haben.

Der zweite methodologische Vorbehalt hängt mit der männlichen Provenienz unserer Quellen eng zusammen und betrifft die Sozialhistoriker aller Gesellschaften bis ins 19. Jahrhundert hinein. Er bezieht sich darauf, daß das, was traditionell als der angemessene historische Gegenstand galt, sehr präzise ›seine‹ Geschichte, *his-story*, ist, die Geschichte dessen, was Männer getan und einander angetan hatten. Herodot ist eine Ausnahme von dieser Regel, wie wir sehen werden, aber nur teilweise. Auch wenn er sich häufig (375 mal, um genau zu sein) auf Frauen, als Individuen oder als Gruppe, bezieht, spielen Frauen doch in seiner Haupthandlung so gut wie keine Rolle. Sie figurieren unter der Rubrik »Wunderliches«, nicht aber unter »Ursachen und Gründe, warum Griechen und Nicht-Griechen gegeneinander Krieg geführt haben«.

Dabei muß natürlich hinzugefügt werden, daß diese methodologischen Probleme für uns, die wir mit den in unseren Quellen vorfindbaren Konstruktionen von Realität und Bild der Frauen zu tun haben, weniger schwerwiegend sind, als für Historiker, die herausfinden und erklären wollen, welchen sozialen, politischen oder ökonomischen Status die Frauen im klassischen Griechenland ›wirklich‹ besaßen. Nicht, daß sie gar nicht ernst genommen werden müßten – männliche Ideologie war immerhin ein wesentlicher Bestandteil weiblicher Realität im antiken Griechenland. Auch sind die historischen Quellen keineswegs besonders aufschlußreich für die griechischen Normen der Geschlechtertrennung. Andere literarische Gattungen des 5. und 4. Jahrhunderts sind da wesentlich einschlägiger, vor allem die attische Tragödie und Komödie sowie die philosophischen Schriften des Platon und des Aristoteles. Wie schon im Hinblick auf die Polarität Griechen-Barbaren (Kap. 3) ist es auch hier sinnvoll, ja notwendig, bei letzterem anzufangen.

Die Frau bei Aristoteles

Was sein Werk und seine Haltung angeht, war Aristoteles eher Naturwissenschaftler, Naturforscher als Philosoph im heutigen Sinn. Der archaische Begriff »Naturphilosoph« faßt seine Position sehr gut. Insbesondere war er Zoologe und Biologe; seine Konzeption der Natur (*physis*, wörtlich »Wachstum«) leitet sich, wie bei vielen anderen Griechen auch, letztlich aus seiner Auffassung der Tier- und Pflanzenwelt im Gegensatz zur Welt der Menschen ab. So spricht er in seiner *Tierkunde* (*historia zoon*) von dem Kontinuum des Tier- und Menschenreichs. Er gibt dieser wissenschaftlichen Sichtweise allerdings einen quasi-metaphysischen Anstrich durch sein besonderes Markenzeichen: die Teleologie.

Jedes lebendige Wesen, so behauptete er, hat sein *telos*, sein »Ziel« oder seine »Bestimmung« – so ist beispielsweise in der Eichel der Eichbaum angelegt. Aber *teleios*, das griechische Adjektiv, das sich von *telos* ableitet, heißt nicht nur »vollendet«, im Sinne von »vollständig ausgebildet«, sondern auch »vollkommen« im wertenden, normativen wie auch im wissenschaftlich beschreibenden Sinn. So steht der Mensch im Aristotelischen Spektrum der Lebensformen zwischen Tier und Mensch am äußersten, »vollkommensten« Ende. Für die abendländische Tradition der Naturwissenschaft beginnt hier das, was Richard Ryder auf den Namen *speciesism* getauft hat. So weit, so gut, könnte man sagen. Aber dann kommt die Überraschung. Die Begriffe »Vollendung« oder »Perfektion« zielen für Aristoteles nicht auf die Form, sondern auf das Wesen. »Vollendung« bezieht sich in der Aristotelischen Teleologie, das ist wichtig für uns, auch auf die Geschlechter: so sind Männer die Perfektion männlicher Lebewesen, Frauen die der weiblichen.

Sind nun aber »männlich« und »weiblich« für Aristoteles gleichwertige Begriffe? Entschieden nicht: die Aristotelische Teleologie ist ebenso sexistisch wie normativ. Denn Frauen sind, seiner Abhandlung *Über die Entstehung der Lebewesen* zufolge, den Männern sowohl »entgegengesetzt« (*enantion*) als auch unterlegen, sie sind eine Art Laune der Natur. Wie der Eunuch ist im Vergleich zum vollkommenen Mann, so ist die Frau minderwertig im Vergleich zu einem männlichen Kind, das ja – wenn auch in anderem Sinn – ein unvollkommener Mann ist. Wie kann das sein? Aristoteles übernimmt in der typisch griechischen Verbindung polarisierender Denkmuster mit unzureichender Beachtung der empirischen Indizien die herkömmliche Lehrmeinung, die besagt, daß weibliche Nachkommenschaft im linken Testikel, männliche im rechten erzeugt wird und daß weibliche Foeten in der linken Hälfte des Mutterleibes heranwachsen, männliche hingegen in der rechten – die alte hierarchische links-rechts-Polarisierung also, die uns aus einer Vielzahl im übrigen sehr andersgearteter Gesellschaften hinreichend, man könnte fast sagen, bis zum Überdruß bekannt ist. Aristoteles und seine Schüler haben nun zwar anatomische Sektionen vorgenommen, aber kein noch so großer Aufwand wissenschaftlicher Forschung und Technik konnte solche »Naturgesetze« verifizieren: sie waren pure sexistische Ideologie.

Bevor wir Aristoteles jedoch vorschnell verurteilen, sollten wir uns klarmachen, daß seine Auffassung von der biologischen Beschaffenheit der Frau sich durchaus im Einklang befand mit der fortschrittlichsten Linie des medizinischen Denkens und Forschens seiner Zeit, wie sie im Corpus Hippocraticum zu finden war. Der hippokratische Verfasser der Schrift *Über den Samen* z. B. war überzeugt, daß Männer wie Frauen Sperma besaßen, zugleich aber, »daß männliche Lebewesen, da sie ja stärker waren als weibliche, nur aus männlichem Samen hervorgehen konnten« (Kap. 6). Immerhin dauerte es ja bis zum Beginn der Neuzeit, bis wissenschaftlich anerkannt war, daß Frauen durch die Ovulation gleichen und aktiven Anteil an der Fortpflanzung hatten, und die Bestimmung des SRY ließ noch viel länger auf sich warten. Offensichtlich waren die hippokratischen Ärzte daran interessiert, das Niveau der Behandlung von Frauenkrankheiten zu erhöhen, aber in der Diagnose und den Behandlungsempfehlungen für die *per definitionem* frauenspezifische Krankheit der Hysterie (wörtlich »das Gebärmutterhafte«, »die Gebärmutter betreffend«) »ging es ihnen nicht so sehr um physische Heilung als um Aufrechterhaltung der bestehenden gesellschaftlichen Normen« (Lefkowitz 1981: 13) – es braucht wohl kaum gesagt zu werden, daß diese Normen männliche waren.

Nach wie vor ist der Status der Wissenschaft im Hinblick auf die Geschlechterfrage problematisch. Erst kürzlich hat sich gezeigt, daß beim weiblichen Gehirn, obwohl es im Durchschnitt kleiner als das der Männer ist, doch der Isthmus des *corpus callosum*, das die beiden Gehirnhälften verbindet, breiter und daher auch leitfähiger ist als bei den Männern. Weniger klar ist, was dieses wissenschaftliche Faktum für die Frage der biologischen oder der Geschlechterdifferenz besagt. Erleichtert eine bessere Verbindung der für Verstand und Emotion zuständigen Hirnorgane die Herrschaft des Verstandes oder macht sie es schwieriger, Gefühl und Verstand zu trennen? Sind wir hier nicht in Gefahr, auf die pseudowissenschaftliche Aristotelische Annahme eines natürlichen Determinismus zu verfallen?

Diese Gefahr ist jedoch bereits dem Aristotelischen Entwurf inhärent, denn sein Verständnis der weiblichen Psychologie, seine Konstruktion der weiblichen *psyche* (»Seele«, »Denken«, »Geist«), führte ihn dazu, von der postulierten ›natürlichen‹ auf die abgeleitete ›kulturelle‹ Unterlegenheit der Frauen als weiblichen Geschlechts (*gender*) zu schließen. Eine wichtige Brücke bildete dabei die Kardinaltugend der Tapferkeit, griechisch wörtlich »Männlichkeit« (*andreia*). Indem sie Männlichkeit mit Tapferkeit, Mut und Kampfbereitschaft identifizierten, schlossen die Griechen Frauen praktisch schon etymologisch von der Möglichkeit aus, solche edlen Gefühle überhaupt zu empfinden oder gar diese Art tugendhafter Verhaltensweisen an den Tag zu legen. Eine Figur wie Brechts »Mutter Courage« wären Griechen der klassischen Zeit wie Aristoteles vorgekommen wie ein Oxymoron. (Die Tatsache, daß das Substantiv *andreia* im grammatischen Sinn weiblich ist, ist natürlich bedeutungslos.)

Betrachten wir zuerst Aristoteles' Studien des Tierreichs. In Indien gibt es weibliche Elefanten, die, soviel gesteht er zu, eine gewisse Form von Tapferkeit zeigen, aber es ist eine mindere, weibliche Art, und auch unter den Weichtieren sind die männlichen tapferer als die weiblichen. Die Spinne allerdings konfrontierte seine soziobiologische Systematik mit einem schwierigen Problem, denn bei einigen Arten gab es Weibchen, die die unglaubliche Kühnheit besaßen, ihre Männchen nach oder sogar schon während des Geschlechtsakts aufzufressen. Aristoteles konnte nichts anderes tun, als das

als Widerspruch zu der von ihm behaupteten Norm zu berichten – eine Umkehrung, die durch ihren Ausnahmecharakter die Norm wesentlich und
ausschließlich männlicher Tapferkeit jedoch bestätigte. Das Höchste, wozu
Aristoteles sich bereit fand, war, weiblichen Tieren einen Mutterinstinkt zu-
zugestehen, der sie in seinen Augen nicht nur befähigte, ihre Nachkommenschaft aufzuziehen, sondern dabei auch eine gewisse Form von Mut
und Intelligenz zu entwickeln.

Mit der Kategorie der Intelligenz (*dianoia*) befinden wir uns auf der
höchsten, der sechsten Stufe der Aristotelischen Einteilung der menschlichen *psyche*, bei dem Seelenteil, der für das Denken zuständig ist (*logismos,
to logistikon*). Und hier treffen wir auch auf die eigentlich politische Dimension seiner Vorstellung der Geschlechterpolarität. Die *polis* ist nach der
Aristotelischen Analyse bekanntlich ein Amalgam einzelner Haushalte
(*oikoi*). In jeden Haushalt gehört, damit er als solcher gelten kann, ein Ehemann (*posis*) und eine Ehefrau (*alochos* – Aristoteles gibt diesem eher literarischen Begriff den Vorzug vor dem gebräuchlicheren *gyne*). Wer von
beiden soll nun aber bestimmen und herrschen? Nach Aristoteles der Ehe-
Mann, denn Herrschaft setzt die Fähigkeit zu vernünftigem Handeln voraus, und in dieser Hinsicht sind Frauen durch Geburt den Männern unterlegen. Warum? Weil das Reflexionsvermögen (*logistikon*) ihrer *psyche* nicht
verbindlich (*akuron*) ist, keine Geltung hat.

Aber was soll das genau bedeuten? Wie konnte Aristoteles diese Auffassung beispielsweise gegen Platon vertreten, der zwar beileibe kein Feminist
in unserem Sinn gewesen ist, der aber augenscheinlich bereit war, einige,
wenn auch höchst exzeptionelle Frauen in intellektueller Hinsicht als den
Männern ebenbürtig zu erachten? Aristoteles hat sich leider nicht bemüht,
klar zu sagen, was er unter *akuron* verstanden hat. Es gibt u. a. folgende Er-
klärungsmöglichkeiten: Frauen sind nicht in der Lage, einem logischen Ge-
dankengang vollständig zu folgen; oder: sie können zwar vernünftig denken, können aber aufgrund ihres angeborenen Mangels an Selbstdisziplin
ihre Gedanken nicht wirksam in die Tat umsetzen (d. h. sie sind unzuver-
lässig, unverantwortlich, launisch, oberflächlich); oder drittens: infolge
ihres untergeordneten sozialen Status besitzen ihre Überlegungen für Männer keine autoritative Geltung.

Das Schweigen der Frauen bei Thukydides

Was immer Aristoteles selbst gedacht haben mag, die dritte Alternative entsprach sicherlich den soziopolitischen und ideologischen Gegebenheiten im
klassischen Griechenland. Aristoteles wollte also vermutlich in Hinsicht auf

die Klassifizierung der Frauen das Gleiche bieten, was er auch für die Sklaven versucht hat (vgl. Kap. 6), nämlich eine philosophische Fundierung der Situation, die *de iure* in allen griechischen Staaten gegeben war, d. h. eine Rechtfertigung ihrer formalen Ausschließung aus allen politischen Entscheidungsprozessen und eine Bestätigung der Ansicht der männlichen Staatsbürger, daß auch innerhalb des *oikos* die Befehlsgewalt beim Mann liegen sollte. Kein Wunder also, daß er die angebliche »Frauenherrschaft« (*gynaikokratia*) in Sparta so abstoßend fand, ja als verkehrte Welt betrachtete (vgl. unten).

Trotz seiner generellen Abwertung der Geschichtsschreibung in der *Poetik* (Erzählungen nach dem Typ »was Alkibiades getan und erlitten hat«, 1451b10-11), fand Aristoteles vermutlich den Historiker Thukydides (unsere Hauptquelle über Alkibiades) zumindest im Hinblick auf seine Thematisierung der Frauen sehr zufriedenstellend. Oder eher seine Nicht-Thematisierung – die zumal im Vergleich mit Herodot ins Auge springt, der mit ungefähr achtmal so vielen Erwähnungen von Frauen fast schon geschwätzig ist. Thukydides' Schweigsamkeit hat mehrere mögliche Gründe. Erstens war Krieg wie auch die ihm zugehörige Empfindung und Tugend der *andreia* eine ausschließlich männliche Domäne und Thukydides viel ausschließlicher Kriegshistoriker als Herodot. Zweitens wollte er sich, wie schon im Hinblick auf das Thema Barbaren beobachtet, auch hier bewußt von Herodot abgrenzen, indem er Frauen aus seinem Darstellungsrahmen ausschloß. Beide Erklärungen besitzen eine gewisse Plausibilität, reichen als befriedigende Antwort aber nicht aus. Wir kommen, vermute ich, einer solchen am nächsten, wenn wir uns das berühmteste Stück klassischer griechischer Prosa ansehen, die Totenrede des Perikles – d. h. Thukydides' Version des *epitaphios,* den Perikles auf die Kriegsgefallenen Athens anläßlich ihres Staatsbegräbnisses zu Beginn des Jahres 430 v. Chr. gehalten hat, als das erste Jahr des Peloponnesischen Kriegs eben zu Ende ging: »Wenn ich auch noch des Verdienstes der Frauen gedenken soll, die nun als Witwen leben müssen, dann kann der Zuspruch für sie sehr kurz gefaßt werden: für euch ist es ein großer Ruhm, wenn ihr nicht unter eure gegebene Natur herabsinkt und wenn ihr weder durch Verdienst noch durch Tadel unter Männern viel von euch reden macht« (2, 45). Als Historiker hat Thukydides also der Aufforderung des Perikles entsprochen, die im übrigen der männlich-griechischen Norm entsprach, unter Nicht-Verwandten nicht über ihre Frauen zu sprechen.

Allerdings war das Schweigen des Thukydides kein totales, und in mancher Hinsicht spricht es beredter, als Worte es vermocht hätten. Ich will zuerst eine Stelle betrachten, an der er sich entschließt, die aktive Rolle zu erwähnen, die Frauen im an sich ausschließlich männlichen Bereich des Krieges übernommen haben (3, 74, 2): »Auch ihre Frauen nahmen mit großer Kühnheit am Kampf teil, indem sie Ziegel von den Dächern schleuderten und sich dem Aufstand mit einem Wagemut entgegenstellten, der weit über die Möglichkeiten ihres Geschlechts hinausging.« Dieser letzte Halbsatz übersetzt bzw. interpretiert zwei Wörter bei Thukydides: *para physin*, d. h. wörtlich »entgegen ihrer Natur«. d. h. wirkliche Tapferkeit, wie sie der offene Kampf erforderte, war in der herkömmlichen Redeweise, derer sich Thukydides hier bediente, jenseits des natürlichen Vermögens einer Frau. Allenfalls konnten sie eine Kombination von Kühnheit und innerer Stärke an den Tag legen, Voraussetzungen wahrer Tapferkeit, aber nicht diese selbst, und wenn überhaupt, dann konnten sie in Situationen wie der geschilderten (Bürgerkrieg in den Straßen von Kerkyra) so agieren, nicht aber auf offenem Schlachtfeld im Kampf zwischen den Heeren verschiedener Städte. Wie um die Anormalität dieser ›Verkehrte-Welt-Situation‹ während des Bürgerkriegs in Kerkyra zu unterstreichen, hebt Thukydides hervor, nicht nur Frauen, sondern auch Sklaven hätten an der Seite der Demokraten gekämpft. Eine solche Verbindung von Frauen und Sklaven, in offener Aktion im öffentlichen, städtischen Raum, war ein Verstoß gegen alle Normen.

Besonders beredt aber ist das Schweigen des Thukydides über die Frau, über die in Athen im Jahre 430 so viel wie über keine andere geredet worden ist, über Aspasia, die Lebensgefährtin des Perikles. In diesem Jahr brachte vermutlich der Komödiendichter Kratinos seinen *Dionysalexandros* zur Aufführung, in dem Paris und Helena als Masken für Perikles und Aspasia herhalten mußten. Fünf Jahre später, als Perikles bereits tot war, behauptet der Dikaiopolis des Aristophanes (der Protagonist der *Acharner*), Perikles habe den Peloponnesischen Krieg 432/31 nur angezettelt, weil er zwei prostituierte Sklavinnen wiederbekommen wollte, die aus dem Bordell der Aspasia gestohlen worden waren! Natürlich hat Thukydides mit gutem Recht an diesen Schlammschlachten des *cherchez la femme* nicht teilnehmen wollen. Aber für uns könnte es sich doch lohnen, kurz zu fragen, wodurch Aspasia denn diesen ganzen Männerklatsch provoziert hat. Die Antwort lautet kurz und knapp: weil sie, obwohl von Geburt eine freie Bürgerin, aus Milet stammte und deshalb kein Anrecht auf bürgerliche Rechte in Athen besaß, vor allem also auch nicht das Recht einer legalen Eheschließung mit Perikles. Es war eine Ironie des Schicksals, daß gerade das Bürgerrechtsgesetz, das Perikles 451/50 zur Abstimmung gebracht hatte, Aspasia so diskriminierte. Diese Ironie verschärfte sich noch, als Perikles 430, kurz nachdem er seinen *epitaphios* gehalten hatte, die beiden Söhne aus der Ehe mit seiner geschiedenen Frau durch die große Pest verlor und so ohne Erben war. Um zu verhindern, daß sein *oikos* ausstarb, stimmte das Volk von Athen einer Ausnahmeregelung zur Legitimierung des Sohnes zu, den Aspasia ihm geboren hatte.

Bis 451/50 brauchten attische Bürger – d. h. freigeborene, erwachsene Männer, die in einem Demos ordentlich registriert und dadurch ins *politeuma* eingeschrieben waren (vgl. Kap. 5) – nur den Abstammungsnachweis väterlicherseits, um sich zu legitimieren: ›natürlicherweise‹, wenn man der Theorie der Fortpflanzung folgt, die Apollon in Aischylos' *Eumeniden* (458) formuliert hat. Sie besagte, daß allein der Mann der wahre und aktive Erzeuger sei, die Mutter hingegen nur sozusagen das Samenbeet, in dem das männliche Sperma (das griechische Wort *sperma* bedeutet »Same«) keimte. Apollons Auffassung wurde ausdrücklich bekräftigt durch Athene, die Stadtgöttin von Athen, die als jungfräuliche, kriegerische Göttin des Handwerks und der Weisheit weit entfernt von typischer Weiblichkeit war, und auch der attische Autochthonie-Mythos (Kap. 2) konnte gute Dienste leisten, wenn es darum ging, den gleichen Anteil der Frauen an der Fortpflanzung zu leugnen. Seit 451/50 aber benötigte ein Bürger von Athen den doppelten Abstammungsnachweis: eine attische Mutter und einen attischen Vater.

Über die möglichen Gründe, die Perikles zu seiner Gesetzesinitiative bewogen haben, und die Gründe, warum das Volk von Athen dieser Initiative zustimmte (es müssen nicht notwenig die gleichen gewesen sein), ist endlos geforscht worden. Voreingenommenheit gegen Aristokraten, die wie Kimon dank persönlicher Auslandsbeziehungen nicht-attische Mütter hatten; der politische motivierte Wunsch, die wertvollen Privilegien attischer Staatsbürgerschaft einer überschaubaren Gruppe vorzubehalten; das ethnozentrische Bedürfnis, die Grenze zwischen Athenern und Nicht-Athenern, seien es Griechen oder Nicht-Griechen, schärfer zu markieren – das sind wohl die drei plausibelsten Antworten. Eine Konsequenz der Sache, ob gewollt oder ungewollt, war jedoch, daß attische Mädchen damit einen Bonus gewannen, da nur sie einem männlichen Nachkommen Legitimität und den Anspruch auf Grundbesitz und Bürgerrecht verleihen konnten. Dieses scheinbare Privileg war jedoch ein zweischneidiges Schwert. Auch wenn solchermaßen einem athenischen Mädchen die Verheiratung so gut wie garantiert war, vorausgesetzt sie verfügte über eine gewisse Mitgift, so wuchs doch proportional dazu auch die Last der Überwachung, die ihr zuerst vom Vater oder einer anderen männlichen Aufsichtsperson (*kyrios*, wörtlich: »Herrscher« oder »Herr«, »Meister«) auferlegt war und die nach der Hochzeit durch ihren neuen *kyrios*, ihren Ehemann übernommen wurde, denn nun mußte ungewollte Schwangerschaft und überhaupt sexueller Verkehr jeder Art noch rigider verhindert werden.

Außerdem bedeutete »athenisch« für Frauen und Männer nicht das gleiche. Frauen jeden Alters standen praktisch immer unter Vormundschaft, unter der Befehlsgewalt (*kyrieia*) eines Mannes. Auf der ideologischen Ebene ging das, wie wir gesehen haben, durchaus konform mit der Aristotelischen Analyse der weiblichen *psyche*. Politisch bedeutete es, daß Frauen keine Staatsbürgerinnen (mit politischen Rechten) waren (*politis*, die weibliche Form von *polites*, war als Wort zwar vorhanden, wurde aber kaum benutzt; der normale Ausdruck zur Bezeichnung von »Frauen mit Bürgerinnen-Status« war *hai attikai*, »Frauen von Athen«, und *hai astai*, »Städterinnen«). Anders gesagt, sie waren als Bürgerinnen nicht gleichberechtigt mit den Männern – mit einer Ausnahme, die allerdings keineswegs unbedeutend war: dem öffentlichen und dem privaten Bereich der Religion. Um nur das wichtigste Beispiel dieses Ausnahmestatus zu nennen: der höchste Beamte des attischen Staates war, streng religiös gesehen, die Priesterin der Athene Polias, ein erbliches Amt, das den Mitgliedern einer alten aristokratischen Familie vorbehalten war. Wer dieses Amt innehatte, konnte auch zu beschränkten politischen Handlungen herangezogen werden, wie z. B. der Ausweisung des spartanischen Königs Kleomenes I. aus der Akropolis im Jahre 508. Der Name einer solchen Amtsinhaberin war dann auch allgemein bekannt, während sonst in der Regel die Namen der weiblichen Angehörigen eines attischen Bürgers ungenannt blieben, denn es war Ehrensache, sie gegenüber Nicht-Verwandten nicht preiszugeben – bis zu dem Extrem (zumindest ideologisch), daß man offen ließ, ob man überhaupt weibliche Verwandte hatte.

Frauen auf der Bühne

Was steckt in einem Namen? Offenbar eine Menge. Lysimache (»die den Kampf löst«), oberste Priesterin der Athene Polias im Jahre 411, wäre auch mit anderem Namen die gleiche gewesen, aber sie wäre nicht im Titel eines Bühnenstücks verewigt worden, wie es Aristophanes mit einem Wortspiel in seiner *Lysistrata* (»die die Armeen löst«) tat. Vielleicht hatte er das Gefühl, ihren richtigen Namen nicht für die fiktive Heldin einer ziemlich respektlosen Sexkriegskomödie benutzen zu können; jedenfalls fand er es wichtig, ein solches Stück über die Identitäten von und die Beziehung zwischen Männern und Frauen zu schreiben; ja sogar mehr als eines, denn gegen Ende der 390er kehrte er zu diesem Thema zurück mit seinen *Ekklesiazusen* oder den »Frauen beim Besuch der Volksversammlung« (was sie in der Realität nicht tun konnten).

Das bringt uns auf eine Frage, die seit der Antike oft und kontrovers diskutiert worden ist. Im täglichen Leben sollten Frauen in der Öffentlichkeit weder zu sehen noch zu hören sein; zweimal im Jahr aber, während der Theaterfestivals zu Ehren des Dionysos, die an den Lenäen und den Großen Dionysien stattfanden, übernahmen erfundene Frauenfiguren exponierte

Rollen auf der Bühne (allerdings von Männern gespielt). Eine der Funktionen der Aristophanischen Komödie, wie der Komödien überall und zu allen Zeiten, bestand darin, zu lachen und so (männliche) Angst und Furcht ein Stück weit abzubauen. Die Tragödie hingegen, so wie sie von den großen Dramatikern Athens aufgefaßt wurde, scheint die entgegengesetzte Funktion gehabt zu haben (vgl. Epilog): nämlich die, die am tiefsten verankerten, traditionellen Normen (*nomoi*) der Gesellschaft offenzulegen und auch in Frage zu stellen, einschließlich derer, die Rolle und Status der Frauen betrafen. Tatsächlich ist die attische Tragödie, soweit wir sie kennen, in gewisser Hinsicht eher ein Theater der Frauen als der Männer. Die Dynamik der Beziehungen zwischen Männern und Frauen in Athen, nicht zu reden von der Misogynie der Athener, spielt in zahlreichen erhaltenen Tragödien mit, vor allem in der *Orestie* des Aischylos (458 v. Chr.) und in der *Medea* des Euripides. Aber unter den erhaltenen Tragödien stellt vielleicht keine das ›Problem der Frau‹ zentraler und schärfer in den Kontext der *polis* als die *Antigone* des Sophokles, aufgeführt 441, verfaßt also in dem Jahrzehnt nach Einführung des Perikleischen Bürgerrechtsgesetzes.

Die Lektüren, Interpretationen und Neubearbeitungen dieses Stücks sind Legion – deshalb George Steiners Titel *Die Antigonen*. Eine von ihnen, die die oben formulierte Auffassung von der Funktion der Tragödie unterstützt und hervorragend in den Kontext unserer Überlegungen zur Frau als des polarisiert Anderen paßt, soll hier kurz zusammengefaßt werden. Sophokles, so wird behauptet (Sourvinou-Inwood 1989), stellt eine einzelne Frau – und zwar eine ›negative‹ Figur, belastet mit dem ererbten Makel des Inzests, den der Vater Oedipus mit seiner eigenen Mutter, die somit zugleich Mutter und Großmutter der Antigone ist, begangen hatte – gegen einen einzelnen Mann, Kreon, den Vertreter der Bürgerschaft von Theben (Theben hier symbolisch als eine Art Anti-Athen eingesetzt, etwa wie ein englischer Dramatiker Frankreich einsetzen würde). Antigone ist zudem eine Frau, die die Norm (*nomos*) der unsichtbaren, aufs Haus beschränkten Frau verletzt, die nichts mit dem öffentlichen, männlichen Raum der Politik zu tun haben darf. Und dabei handelt sie zugleich noch in einem anderen Sinn dem *nomos* zuwider, indem sie das von Kreon erlassene Gesetz mißachtet, das es verbietet, Verräter regulär zu bestatten, so daß ihre Schatten in Frieden in den Hades hinabgehen können. Eine Frau also, die nach der kulturellen ›Logik‹ einer griechischen Stadt selbst einen ›schlimmen‹ Tod sterben muß: Selbstmord durch Erhängen.

Aber ist ihr Tod wirklich ein ›schlimmer‹? In der Lesart von Sourvinou-Inwood nicht. Denn es ist Antigone (oder eher die Prinzipien, für die sie geradesteht und in deren Namen sie ihren Bruder Polyneikes, nach dem Gesetz einen Verräter, bestattet), die den *agon* mit Kreon gewinnt, und ihre

Partei läßt Sophokles das Publikum ergreifen. Wenn sie sich auch über Kreons momentanes Gebot hinweggesetzt hat, so hat sie doch das überlieferte ›ungeschriebene‹, göttliche Gesetz befolgt, welches vorschreibt, daß Verwandte ihre Toten ordentlich bestatten müssen, gleichgültig, welchen Tod sie gefunden haben. Um diese Lektüre in die Terminologie polarer Oppositionen zu übersetzen, könnten wir sagen, Sophokles habe den Gegensatz »Götter vs. Menschen« höhergestellt als die Polaritäten »Männer vs. Frauen« oder »Bürger vs. Nicht-Bürger«, ganz zu schweigen von kulturellen Sub-Polaritäten wie »öffentlich vs. privat« oder »außen vs. innen«.

Ob diese (oder irgendeine) Lesart die richtige ist oder Sophokles' Intention entspricht, können wir nicht wissen. Wenn dem so wäre, könnte man allerdings sagen, daß Sophokles gegenüber den Fragen von Verrat und politischer Macht eine ungewöhnliche Position eingenommen hat. Zumindest in der konservativen Auffassung eines Thukydides hätte sich Antigone zweifellos grober Anmaßung (*atasthalie*) und *hybris*, d.h. der gewaltsamen Überschreitung der gesellschaftlich anerkannten Statusgrenzen, schuldig gemacht. In dieser Perspektive könnte ihr Name Antigone gedeutet werden als »gegen Fortpflanzung«, also: halsstarrige Opposition gegen die für gültig erachtete Rolle der Frau in der griechischen Gesellschaft, die da hieß: gesetzliche Heirat und legitime Mutterschaft.

Ethnographie der Alterität: zwischen Mythos und Utopie

Ich bleibe noch für einen Augenblick bei den Vorstellungen der griechischen Männer von angemessenem weiblichen Verhalten und wende mich von dem vielschichtigen Diskurs der Tragödie zu dem nicht weniger komplexen und vielleicht noch ergiebigeren Diskurs Herodots, der selbst wiederum starke Anklänge an die Tragödie besitzt. Ich werde zunächst am Beispiel verschiedener barbarischer Gesellschaften und auch einer griechischen seine ›ethnographische‹ Darstellung der »Bräuche« der Frauen untersuchen: wie verhielten sich die Frauen und wie wurden sie als Kollektiv behandelt.

Man kann bei der Herodoteischen Ethnographie immer fragen, ob sie erstens wahr ist und zweitens, wenn nicht (und gerade dann), was sie für das Publikum bedeutete. Ich beginne mit einer Stelle, für die der Wahrheitstest ein eindeutiges Ergebnis bietet. Die Lykier (in Südwest-Anatolien) sollen »einen einzigartigen Brauch haben, durch den sie sich von allen anderen Völkern der Welt unterscheiden: sie tragen den Namen der Mutter, nicht des Vaters« (1, 173, 4) – sie nannten sich also etwa »Perikles, Sohn der Agariste« und nicht »Perikles, Sohn des Xanthippos«. Außerdem, fügt Herodot hinzu, konnte das Kind eines Sklaven und einer freien Frau vollberechtigter lykischer Staatsbürger werden, das Kind eines freien Mannes und einer Sklavin hingegen nicht. Die erste Behauptung ist nachweislich falsch: Die Lykier benutzten keine Matronyme. Die zweite ist unbeweisbar, aber vermutlich ebenfalls falsch; sie sollte dem Publikum einfach bedeuten, daß die Barbaren alles umgekehrt machen, genau entgegengesetzt zu den Griechen. (Streng genommen, wäre auch das, als Verallgemeinerung, falsch: denn in Gortyn auf Kreta galt der Sohn eines Sklaven und einer freien Frau als frei, wenngleich nicht als Bürger; andernorts in Griechenland aber war ein Kind, dessen einer Elternteil Sklave war, durch Gesetz ebenfalls Sklave).

Die griechische Form, das ist damit impliziert, ist die richtige, die gültige Norm, und diese Botschaft wird an zahllosen Stellen deutlich genug ausgesprochen, die sich mit sexuellen, insbesondere ehelichen Beziehungen (resp. den nichtvorhandenen ehelichen Beziehungen) bei verschiedenen Barbarenvölkern beschäftigen. Bewußt oder unbewußt konstruiert Herodot hier für seine Leser ein Spektrum zwischen Zivilisation und Wildnis, innerhalb dessen die griechische Normalität, d.h. die monogame Ehe, den einen Pol bildet und am anderen Ende die extreme Wildheit freier Liebe ohne die Segnungen der Ehe steht. Ich beginne bei letzterer.

Die skythischen Androphagoi galten Herodot, wie wir in Kapitel 3 gesehen haben, als der wildeste Stamm der Menschheit, da sie weder *dike* (»Recht«) noch *nomos* (»Gesetz«) kannten. Wir können davon ausgehen, daß sie dasselbe taten, was Herodot ausdrücklich von den libyschen Auseern berichtet (4, 180), daß sie nämlich »promiskuitiv mit ihren Frauen verkehrten«, d.h. nicht nur keine legale Ehe in einem ordentlichen *oikos* führten, sondern wirklich Geschlechtsverkehr (*meixis*) hatten »nach Art des Viehs« (*ktenedon*). Das bedeutet nicht, daß sie »Sodomie« praktizierten, wie bei uns[1] der offizielle Terminus für den Analverkehr lautet (dem wir dadurch eine archaische, aber bezeichnende Note widernatürlicher Lasterhaftigkeit geben), sondern daß sie öffentlich kopulierten und so die Grenzen überschritten, die von den Griechen zwischen innen und außen, öffentlich und privat gezogen wurden; so berichtet Herodot über die Kaukasusstämme (1, 203): »Der Geschlechtsverkehr vollzieht sich bei diesen Menschen [*anthropoi* hatte hier, wie oft, einen negativen Unterton] unter den Augen aller, wie beim Vieh.« Die Auseer und die kaukasischen Stämme verletzten so nicht nur die griechische Norm monogamer Ehe, sondern sie überschritten auch die scharf gezogenen Grenzen zwischen Mensch und Tier, öffentlich und privat, außen und innen.

---

1 Das Englische kennt zwei Verwendungen für »Sodomie«: Sex mit Tieren und homosexuellen Analverkehr.

Nur ein kleines bißchen zivilisierter, d. h. näher bei der griechischen Norm, waren die libyschen Gindanen (4, 176). In ihrer Gesellschaft lag der Weg zu öffentlichem Ansehen für eine Frau in der Maximierung ihrer Liebhaber; die Zahl ihrer Eroberungen konnte man an der Anzahl von Lederringen ablesen, die sie um die Gelenke trug: jeder von einem Liebhaber gestiftet. Unschwer kommt uns Aischylos' Epitheton für Helena von Troja in den Sinn: *polyanor*, »viel gefreit«, »viele Männer habend« (*Agamemnon* 62), eine Assoziation, die Herodot auch gehabt haben mag und die uns ins Gedächtnis ruft, daß Helena ebenso wie ihre Schwester Klytaimestra eine zwiespältige Frauenfigur war.

Etwas ›hellenischer‹ waren zwei Völker, eines im Norden, eines im Süden, die zwar die legale Eheschließung praktizierten, aber die Ausschließlichkeit der Monogamie mit dem Ehebruch als Korrelat nicht anerkannten. Herodot vergleicht ausdrücklich die Formen des Verkehrs (*meixis*) bei den im Süden lebenden Nasamonen und den im Norden lebenden Massageten (4, 172, 1; 1, 216, 1). Wenn ein Mann mit einer Frau schlafen will, stellt er vor ihrem Wagen oder ihrer Hütte deutlich sichtbar geeignete männliche Attribute (wie Köcher oder Stock) auf, und dann verkehrt er mit ihr »ohne Furcht«, d. h. ohne Furcht vor dem, was ein außer sich geratener attischer Ehemann tun konnte, wenn er einen anderen Mann im Bett seiner Frau vorfand (wie in der berühmten Gerichtsrede des Lysias, geschrieben ca. 400 für einen Klienten, der des Mordes anklagt war und für ein Tötungsrecht bei einem *in flagranti* erwischten Ehebrecher plädierte).

Herodot war als Ethnograph jedoch daran interessiert, wo er Vergleiche zog, auch Unterschiede zu bezeichnen. Abgesehen davon, daß sie ihre Frauen »gemeinsam« besaßen, unterschieden sich die Nasamonen von den Massageten durch die Praxis von Gruppenhochzeiten, bei denen das *droit de seigneur* für alle männlichen Teilnehmer galt; insofern waren sie vergleichsweise weniger ›hellenisch‹. Trotzdem konnte über das Barbarentum der Massageten kein Zweifel bestehen. Sie waren ein Skythenstamm, der einst von der Krieger-Königin Tomyris regiert worden war, die einen barocken Geschmack an Schauerdarbietungen hatte; die Geschichte vom Tod Kyros des Großen, die Herodot für glaubhaft hielt, ließ die Königin sein abgeschlagenes Haupt in eine Schale von Blut tauchen (eine Szene, die von Rubens unvergeßlich festgehalten worden ist).

Tomyris war, wie wir sehen werden, eine barbarische Vorläuferin und Gegenfigur zur griechischen Artemisia, für das Publikum Herodots löste sie allerdings eine noch furchterregendere Assoziation aus. Für die Griechen beschwor jede barbarische Kriegerin (nach griechischer Anschauung ein formaler Widerspruch) das Bild der sogenannten Amazonen herauf. Diese funktionierten im Mythos als der ideale Anti-Typ zum Nicht-Griechen/Bürger/Krieger/Mann, vor allem dank ihrer alarmierenden Ablehnung der griechischen Ehe. »Die imaginäre Gemeinschaft der Amazonen ist das präzise verortete Gegenteil der griechischen Stadt« (Vidal-Naquet 1986a/1989: 186). Herodot aber stellt die Amazonen nicht nur in einen direkten, unvermittelten Gegensatz zu den Griechen, sondern kompliziert ihr Andersein noch, indem er sie auch noch in Opposition zu den Skythen stellt, den *grosso modo* fremdländischsten und unhellenischsten von allen Barbaren. »Wir könnten mit euren Frauen nicht leben«, läßt er sie zu letzteren sagen, »denn wir haben andere Sitten (*nomaia*) als sie. Wir spannen den Bogen, wir schleudern den Speer, wir reiten zu Pferde – weibliche Arbeiten (*erga gynaikeia*) aber haben wir nicht gelernt. Eure Frauen aber verlassen niemals ihre Wagen, um zu jagen oder sonst etwas zu tun.« Mit anderen Worten: in diesem Kontext wurden die Skythen in ehrbare Griechen verwandelt, um die barbarische Art der Amazonen schärfer hervortreten zu lassen. Daraus ergab sich allerdings, intendiert oder nicht, als Konsequenz die Angleichung griechischer und skythischer Frauen, wenn auch nur im Licht eines nostalgischen Primitivismus. Für Herodot von Halikarnassos also war keineswegs alles Barbarische *ipso facto* ›barbarisch‹, und ein Teil seines männlichen, griechischen Publikums wird durch die Wendigkeit seiner Einbildungskraft einigermaßen verwirrt worden sein.

Um diesen Gesichtspunkt zu veranschaulichen, können wir uns die Darstellung bewaffneter Amazonen ansehen, die ein attischer Vasenmaler des 5. Jahrhunderts auf ein kunstvolles *epinetron* aus Ton (ein Werkzeug, das die Frauen zur Verarbeitung der Wolle benutzen) gemalt hat (Lissarague 1992/1993: 252, Abb. 61). Die ›Exotik‹ der barbarischen Krieger-Frauen, die nicht in Städten lebten, wird noch unterstrichen, indem ihr Bild auf ein spezifisch häusliches, griechisches Kulturwerkzeug plaziert wird. So hatte dieses Bild nichts Drohendes oder Abnormales. Im Gegenteil: die maskulinen Amazonen unterstützten die normale, häusliche Rolle der Athenerin als Herstellerin der im Haushalt benötigten Stoffe und Kleider. Herodots Amazonenbild hingegen war vielschichtig und keineswegs nur beruhigend.

Kurz, Herodot hat seine Beschreibung der »Bräuche« barbarischer Frauen als Historiker für den Entwurf einer räumlich-zeitlich verankerten, nicht- (oder un-)griechischen Gegenwelt benutzt. Sie war lokalisiert in einer Zwischenwelt zwischen Mythos (in ferner, zeitloser Vergangenheit, der Welt der Tragödie) und Utopie (projiziert in eine ferne, unbestimmte Zukunft, die Welt der Komödie). Nun bleibt jedoch die Frage, ob die griechische Welt, die als Folie und Gegenbild zur Welt des barbarischen Anderen fungiert, tatsächlich so stabil und uniform ist, wie der normative Polaritätsdiskurs es fordert.

Sparta im Spiegel

Es ist eine wenig beachtete oder doch kaum hinreichend gewürdigte Tatsache, daß Sparta der einzige griechische Staat ist, den Herodot in seiner ethnographischen Manier behandelt – indem er gewisse Bräuche der Spartaner beschreibt, als wären sie für sein Publikum so fremd und ungewohnt wie die der Nasamonen. Die Spartaner sind Herodots griechische ›Andere‹ – sie sind, wenn man so will, die griechische Gegenprobe auf die Polarität Griechen-Barbaren. Ich vermute, daß dies auch der Grund ist, weshalb er die Singularität der spartanischen Sprachregelung zur Bezeichnung der Nicht-Spartaner so betont hat (vgl. Kap. 2).

Daher ist es auch keine Überraschung, daß die Spartanerinnen unter den Frauen aller anderen griechischen Gemeinschaften, die er sonst noch erwähnt, eine so herausragende Stellung einnehmen, und zwar individuell und kollektiv. Anders als Xenophon (in seiner Abhandlung mit dem nicht ganz passenden Titel *Die spartanische Verfassung*, 1, 9; vgl. Plutarchs *Lebensbeschreibung des Lykurg*, 15) mutet Herodot uns keine Gerüchte über die angeblich in Sparta praktizierte, gesetzlich sanktionierte freie Liebe zu, wo es also auch keinen Ehebruch (nach athenischem Muster) gegeben habe. Aber immerhin berichtet er von der Bigamie, die ein spartanischer König praktiziert habe – und er fügt schnell, vielleicht ein bißchen zu schnell, hinzu, dieser Anaxandridas habe sich sehr »unspartanisch« verhalten (5, 39-40). Und wenn er auch nicht so weit geht wie Aristoteles, der von der in Sparta herrschenden Gynaikokratie spricht, so läßt er doch durchblicken, daß Frauen in Sparta Macht besitzen konnten.

In einem längeren Abschnitt (6, 51-60), der den spartanischen Königshäusern gewidmet ist (die erbliche Monarchie war an sich im Kontext der griechischen *polis* des 5. Jahrhunderts schon reichlich anstößig), erwähnt er unter den Privilegien (*gerea*, ein gut homerisches Wort) der spartanischen Könige das Entscheidungsrecht in Erbschaftsangelegenheiten: »Wenn ein Mädchen zur Alleinerbin des väterlichen Vermögens wird (*patrouchos*) und von ihm nicht verheiratet worden ist, dann entscheiden [die Könige], wer sie heiraten soll.« In Sparta waren Frauen (anders als in Athen) für sich erbberechtigt, ein zusätzlicher Grund für die Konzentration von privatem Grundbesitz in ihrer Hand – angeblich sollen sie zur Zeit des Aristoteles rund zwei Fünftel besessen haben, zu seinem großen Unbehagen. Erbinnen waren also nicht nur ökonomisch attraktiv, sie konnten auch eine Macht ausüben, die ihnen in den Augen des Aristoteles nicht angemessen war: während der Zeit der spartanischen Vorherrschaft in der griechischen Ägäis (404-371) »wurden viele Angelegenheiten von Frauen geregelt« (*Politik* 1269b32-33).

Vor diesem Hintergrund erscheint es fast natürlich, wenn Herodot von dynastischen Machenschaften und darin verwickelten Frauen berichtet, die man sonst eher in der Welt der Arabischen Nächte des Ktesias erwartet hätte. Nachfolgestreitigkeiten samt Illegitimitätsvorwürfen »gehören zu den Höfen der Tyrannen und der barbarischen Monarchen, nicht zur griechischen *polis*« (Finley 1981g: 32) – genauso hätte Herodot das formulieren können, der ja ausdrücklich die Bräuche der spartanischen Könige mit parallelen Erscheinungen bei Skythen und Persern (6, 58. 59) verglich; eine deutliche intratextuelle Verknüpfung gibt es auch zwischen seinem Bericht über die Laufbahn des Kambyses und Kleomenes I. von Sparta. Ja, eine der Erzählungen, die er uns, unterlegt mit ein bißchen Folklore, Epik und Tragödie, gleich im Anschluß an den Exkurs über die königlichen Privilegien unterbreitet, enthält eine exakte Entsprechung zu den Erzählungen über Dareios und Xerxes.

Die Geschichte (6, 63-9) betrifft die Geburt, oder genauer: die Zeugung des Demaratos und wird als Rückblende erzählt im Zusammenhang mit dem Bericht über seine Thronenthebung. Offiziell war die Begründung für seine Absetzung (die aber nach Herodot in Wirklichkeit betrügerisch und frevelhaft durch den oben erwähnten Kleomenes inszeniert worden war) seine Illegitimität, für die sich der Delphische Apollon verbürgt hatte. Anklänge an die Kinder des Oedipus! Aber anders als Jokaste wußte die Mutter des Demaratos die Wahrheit über die Empfängnis des Demaratos, wenn sie sie auch mit ein wenig märchenhaften Zügen anreichert. So wie sie die Geschichte ihrem Sohn erzählte, war sein legaler Vater entweder Ariston oder der halbgöttliche spartanische Heros Astrabakos, der ihr in Gestalt des Ariston erschienen war; die Empfängnis aber habe genau in der dritten Nacht nach der Hochzeit stattgefunden. Den Hintergrund der Hochzeitsgeschichte bildet eine Erzählung, die in einem zentralen Motiv mit den Erzählungen über Dareios und Xerxes übereinstimmt: dem Motiv der unerwarteten, aber unabweisbaren Einforderung eines Geschenks. Ariston hatte nämlich seinen besten Freund unter Eid genötigt, ihm seine schöne – und was noch wichtiger war: fruchtbare – Frau zu überlassen.

Die Geschichte als Ganzes ist von Anfang bis Ende ein reines Kunstprodukt, aber sie illustriert wunderbar die Bedeutung der Frauen auf den höchsten Stufen einer Gesellschaft, in der die Institution der Monogamie eine fundamentale, aber unsichere Voraussetzung war und in der Frauen großes soziales Ansehen und wirtschaftliche Bedeutung besaßen, bei gleichzeitiger politischer Ohnmacht und ritualisierter Unterordnung unter ihre Männer.

Eine griechische Wunderfrau

Von der Ethnographie des Herodot zu drei seiner Porträts oder Vignetten, einer griechischen und zwei barbarischen. In seinem Vorwort hatte Herodot versprochen, für die Nachwelt die großen und wunderbaren *erga* – »Taten«, »Leistungen«, »Arbeiten« – der Griechen wie der Nicht-Griechen zu berichten. Artemisia, ›Königin‹ seiner Heimatstadt Halikarnassos, war ein menschliches Kleinod, er fand sie einfach »bewundernswert« (7, 99, 1), wenn man hier auch mit einem gewissen Lokalpatriotismus rechnen muß. Sie war, wie Tomyris (oben), wie Xenophons Mania (unten) und natürlich ›unsere‹ Boudikka[2] oder Boadicea, eine Witwe, die nach dem Tod ihres Mannes die Herrschaft in ihre eigenen, durchaus starken und fähigen Hände genommen hatte. Ebenfalls wie Mania und Boudikka war sie eine Lehnsherrin, die Halikarnassos als weiblicher Tyrann im Auftrag Persiens regierte. Durch ihre besondere Situation – von griechischer Geburt (halb halikarnassisch, halb kydonisch), Herrscherin über eine griechische *polis*, Untertanin des barbarischen Perserreichs, eine Frau an der Macht – war sie eine Grenzgestalt, doppeldeutig: Marginalität kann die geltenden Statusgrenzen herausfordern oder verstärken, sie kann auch beides zugleich tun. Artemisia war – zumindest bei Herodot – weit eher eine Herausforderung als eine Verstärkung.

Das beginnt schon damit, daß sie während seines Eroberungsfeldzugs von 480 zum erlauchten Beraterkreis um Xerxes gehört haben soll. Dieser Königsrat hätte unweigerlich Homers trojanischen Kriegsrat des Agamemnon in Erinnerung gerufen, aber in der *Ilias* waren die Mitglieder ausschließlich Männer. Artemisia hingegen war diejenige, die dem König »die besten Ratschläge« gab (7, 99, 3) und sie verdient das Epitheton *androboulos* (»männlich-beratend«) sicher nicht weniger als Aischylos' Klytaimestra (*Agamemnon* 14).

Aber nicht nur ihre Worte waren so gut wie die irgendeines Mannes, Herodot bezeichnet auch ihr Verhalten mit dem griechischen Standardausdruck für Tapferkeit, *andreia*, obwohl das in Anbetracht ihres Geschlechts ein formaler Widerspruch war. Ja, Xerxes ruft sogar aus, während er die Schlacht bei Salamis beobachtet, seine Männer seien Weiber geworden (eine echt griechische Schmähung), Artemisia aber kämpfe wie ein Mann (8, 88, 3). Beim Publikum Herodots hätte eine solcher Ausruf zwar kaum Reaktionen ausgelöst, denn »weibisch« war ja genau das, was die Griechen sich unter per-

---

2 Boudikka, Königin der Iceni, gest. 62 n. Chr., führte einen Aufstand gegen die römische Herrschaft in Britannien an und brachte sich nach ihrer Niederlage um.

sischen Männern vorstellten: man vergleiche Aischylos' *Perser* von 472. Aber die Tat der Artemisia, die den Ausruf des Xerxes hervorgerufen hatte – sie rammte ein persisches Schiff, um dem Angriff eines athenischen aus-zuweichen –, hätte ihnen zu denken gegeben, denn es war ein Täuschungs-manöver, eine kluge List (*metis*), des so durch und durch männlichen Helden der Odyssee würdig. Das war wiederum eine Überschreitung der *gender*-Grenzen, wenngleich Artemisias weibliche List schließlich Xerxes so gut wie ihre griechischen Gegner getäuscht hat.

Zudem vertrug sich Artemisias Haltung des *sauve qui peut* schlecht mit dem soldatischen und politischen Ethos der Griechen, nach dem man auf seinem Posten zu bleiben und für die *polis* zu sterben hatte, statt die eigene Haut zu retten. Insofern ist Herodot hier vielleicht doch etwas übers Ziel hinausgeschossen. Um seine Heimatpolis vom schimpflichen Vorwurf der Sympathie mit den Medern zu entlasten, stellt er die Herrscherin der Stadt in allzu positiv männlicher Verkleidung dar. Der Mann auf der Straße je-denfalls sah in Artemisia etwas ganz anderes, und zwar wie zu erwarten: eine moderne Amazone (Aristophanes, *Lysistrata* 671ff.). Aber auch diese Sicht barg ihre Gefahren, denn Artemisia war unbestreitbar eine Griechin, keine Barbarin. Insofern scheint es angebracht, wenn wir diesen Abschnitt ausklingen lassen, wir wie ihn begonnen haben: mit einer Betonung der Ambivalenz.

Zwei lehrreiche Geschichten aus dem Orient

Ein ähnlicher Hauch von Androgynie liegt auch über meiner vorletzten Fallstudie nach Herodot, einer Liebesgeschichte über eine orientalische Kö-nigsgattin vom Anfang der *Historien* (1, 8-12). Ihre mythische Ausstrah-lung und dramatische Intensität ließ sie zur Vorlage von Gemälden wie Wil-liam Ettys *Candaules, King of Lydia, Shews his Wife by Stealth to Gyges* (1830) werden und regte in neuer Zeit auch eine Wiederverarbeitung in Form eines Romans an: Frederic Raphaels *The Hidden I.*

König Kandaules von Lydien (tatsächliche Regierungszeit: frühes 7. Jahr-hundert) »war zu schlimmem Ende bestimmt« (1, 8, 2). Heißt das, daß ihm von der Vorsehung, Gott oder dem Schicksal sein Ende bestimmt war? Oder nahm er einfach ein schlechtes Ende? Herodot sagt dazu nichts. Sicher aber fand er ein unangenehmes Ende, denn er starb zwar in seinem Bett, aber keines natürlichen Todes. Die tragische Verfehlung des Kandaules lag in seiner leidenschaftlichen Liebe zu seiner schönen Frau. So sehr war er bestrickt von ihren körperlichen Reizen, daß er der Versu-chung nicht widerstehen konnte, sie den Blicken eines anderen Mannes zu

zeigen. Dieser Glückliche war Gyges, der Führer seiner Leibwache, dazu
erwählt, weil er nicht nur außerordentlich loyal, sondern auch kein Lyder
von Geburt war. Der Plan aber schlug schrecklich fehl: die Frau des Kandaules – namenlos, wie es sich für eine ehrbare Frau gebührt – entdeckte
Gyges, als er sie heimlich, hinter der Schlafzimmertür, in ihrer Nacktheit
beobachtete. Zutiefst in ihrer Scham verletzt (es war sogar für einen barbarischen Mann – in polarer Opposition zu einem Griechen – beschä-
mend, wenn man ihn nackt sah; *a fortiori* galt das für eine barbarische
Frau), machte sie Gyges ein Angebot, das er nicht zurückweisen konnte:
er sollte Kandaules töten und König werden – oder selbst getötet werden.
Vernünftigerweise wählte er das erstere und vollzog die poetische Gerechtigkeit, indem er Kandaules in seinem Bett erstach.

Das Motiv einer Frau als Folie für die Darstellung männlicher Schwäche
ist eine klare Umkehrung des herrschenden ideologischen Paradigmas ›star-
ker Mann – schwache Frau‹. Auch die Frau des Kandaules besaß, wie Artemisia, nicht nur Schönheit, sondern auch Verstand. Ihre Rache, wenngleich extrem und insofern vage barbarisch, war andererseits symmetrisch
angemessen, ein klarer fall von *tisis*, von kompensatorischer Vergeltung;
und die Art, in der sie sie vollzog, war ›griechisch‹ in ihrer Klugheit (*metis*).
Die Erzählung von der Frau des Kandaules verkehrt, um es kurz zu sagen,
sowohl die Polarität Griechen-Barbaren als auch die zwischen Männern
und Frauen, und zwar um so wirkungsvoller, als sie in ihren Farben und Details so spezifisch orientalisch ist.

Meine letzte Herodoteische Erzählung (9, 108-13) findet sich gegen Ende
der *Historien* und ergänzt die erste auf bezeichnende Weise. Wenn die moralische Lehre der Kandaules-Gyges-Geschichte noch doppeldeutig war, so
soll das Publikum hier ein unauslöschliches Bild des orientalischen Despotismus, der Andersheit der barbarisch-persischen Haremspolitik erhalten.
Xerxes hatte zahlreiche Ehefrauen und noch mehr Gespielinnen, als man
sonst von Persern annahm (1, 135). Wie Kandaules aber beging Xerxes den
Fehler, in Liebe und erotische Leidenschaft zu einer Frau zu verfallen – nicht
seiner eigenen, sondern der seines Bruders Masistes. Als seine direkten Ver-
führungsversuche fehlschlugen, versuchte Xerxes, auf Umwegen zum Ziel
zu gelangen: er arrangierte eine Hochzeit zwischen ihrer Tochter und einem
seiner Söhne. Aber dadurch trieb er das Verhängnis nur voran, denn nun
verfiel er in Liebe zu seiner Schwiegertochter Artaynte (Herodot nennt sie,
im Gegensatz zur ehrbar-anonymen Frau des Masistes, mit ihrem Namen),
die seinem Werben nachgab. Sie verlangte allerdings einen Preis: das »viel-
farbige Gewand«, das die Hauptfrau des Xerxes für ihn gewebt hatte. Die
Verstrickung der Handlung löst sich zu fürchterlichem Ende, als Amestris
entdeckt, daß Xerxes der Artaynte das von ihr gewebte Gewand geschenkt

hat. Auf grausame, echt ›orientalische‹ Weise nimmt sie Rache, ungerechterweise an der unschuldigen Mutter der Artaynte.

Kurz gesagt: Xerxes hatte nicht vermocht, sein Verlangen zu zügeln, wie es einem griechischen Staatsbürger geboten gewesen wäre; in der Konsequenz mißlang ihm nicht nur nach außen die Rolle des Macho-Großkönigs, sondern er war auch nicht mehr Herr im eigenen Haus. Sein Umgang mit Frauen war auch ein Gradmesser für seine moralischen und politischen Defizite. Die weibliche Brutalität der persischen Königin Amestris wird das Publikum Herodots in seiner stereotypen Vorstellung von Barbaren-Frauen wie auch von orientalischem Despotismus bestärkt haben. Auch die sophistisch beeinflußte, aufklärerische Haltung Herodots hatte ihre Grenzen, wenn es um Frauen und um Macht ging. Um jedoch etwas über die erotische Vorurteilsstruktur des Durchschnittsgriechen (*homme moyen sensuel*) zu erfahren, der vermutlich irgendwo zwischen Herodot und Aristoteles anzusiedeln ist, sollten wir uns abschließend Xenophon zuwenden.

Ein bescheidener Vorschlag

Armer Xenophon – nicht notwendig zu »schlimmem Ende bestimmt«, ereilte ihn gleichwohl das Schicksal, von der Nachwelt üblicherweise als der Thukydides des kleinen Mannes eingestuft zu werden. Tatsächlich aber war er einfach ein Historiker von sehr anderem Schlag, viel eher mit Herodot verwandt als mit seinem unmittelbaren Vorgänger, nicht zuletzt im Hinblick auf die Klarheit und leichte Verständlichkeit seiner griechischen Prosa (wie mancher Anfänger zu Beginn seines Griechischstudiums dankbar zugeben wird). Aber Xenophon war so ehrgeizig wie nur irgendein Grieche und sein Bemühen um Originalität und Innovation wird durch seinen einfach scheinenden Stil nur oberflächlich verdeckt. Seine Darstellung der Polarität Männer-Frauen allerdings entspricht weitgehend der normlen Sicht: seine Männer sind ›richtige Männer‹, seine Frauen ›richtige Frauen‹ und beide kennen die ihnen angemessene Stellung in einer göttlich sanktionierten Arbeitsteilung und Befehlshierarchie.

Weitgehend ... Denn wenn ich auch wenig Sympathie für ein revisionistisches Xenophon-Bild habe, das ihn als subtil, anspielungsreich und ironisch auffassen möchte, so denke ich doch, daß in seinen Werken mehr zu finden ist, als der flüchtige Blick verspricht. Wenn er auch nicht ganz der sokratische Philosoph gewesen ist, als der er gerne gelten wollte, so war er doch mehr, als was man herkömmlicherweise in ihm gesehen hat.

Man vergleiche etwa, um damit zu beginnen, sein Frauenbild, wie er es im *Oikonomikos*, der »Abhandlung über die richtige Führung des *oikos*«

entwickelt hat, mit dem des Aristoteles. Auch Aristoteles geht in der *Politik* vom *oikos* aus, insofern er die *polis* als eine Gesamtheit aller *oikoi* begreift. Für Aristoteles bedeutete jedoch eine Veränderung der Quantität auch eine Änderung der Qualität: das Ganze der *polis* ist nicht identisch mit der Summe der individuellen Haushalte; innerhalb der Grenzen des *oikos* kann ein Mann kein ›gutes Leben‹ führen, kann das menschliche *telos* nicht realisiert werden; dieses Leben entspräche der Lebensweise des Zyklopen Polyphemos. Xenophon hingegen behandelt im *Oikonomikos* den *oikos* als sich selbst genügenden Handlungsraum zur Entfaltung der *arete*, der moralisch-politischen Tüchtigkeit. Und wenn er von der Mikro- zur Makroebene des eigentlichen politischen Theoretisierens wechselt, verknüpft er seine Argumentation nicht mehr mit der griechischen Gegenwart oder Zukunft, wie es Aristoteles in der *Politik* tut, sondern verankert sie in einer nicht-griechischen Vergangenheit.

Andererseits stimmte er in seiner Konstruktion der Mann-Frau-Polarität innerhalb der Grenzen des *oikos* sehr weitgehend mit Aristoteles überein. Für beide Männer war die Differenz zwischen den Geschlechtern im Hinblick auf ihre Veranlagung, ihre Funktion und die Macht, über die sie verfügten, eine gottgegebene, und gottgegeben war auch der mütterliche Instinkt der Frauen. Zweck der Heirat war in erster Linie die Fortpflanzung, nicht Kameradschaft oder gar geistige Anregung: der Hauptgesprächspartner des Sokrates im *Oikonomikos*, Ischomachos, spricht sich ganz entschieden für die Wünschbarkeit der Heirat mit einer Mädchen-Frau von nicht mehr als 14 Jahren aus, so daß der (vermutlich doppelt so alte) Ehemann sie in allem Nötigen unterrichten könne, um aus ihr eine perfekte Aufseherin über den Haushalt und ein gutes eheliches Anhängsel zu machen. Der einzige Hinweis auf eine Differenz zwischen Xenophon und Aristoteles liegt in der wie ein schüchternes Kompliment vorgebrachten Bemerkung des Sokrates, daß die Frau des Ischomachos wohl über einen männlichen Verstand (*dianoia*) verfügen müsse, aber diese Bemerkung ist nur halb ernsthaft gemeint und unterstreicht natürlich ohnehin die normale, polarisierende und hierarchisierende Ansicht der Griechen vom Unterschied der Geschlechter. Man könnte allenfalls sagen, daß Xenophon gegenüber einigen, ausgewählten Frauen relativ tolerant war: Frauen wie die Ehefrau des Ischomachos werden klar als Mitglieder der Elite Athens dargestellt.

Das Frauenbild in Xenophons historischen Werken bestätigt den generellen Eindruck repressiver Toleranz, die der Autor allerdings schon für einigermaßen kühn hält. Zwei griechische Witwen, beide aus den unter persischer Kontrolle stehenden griechischen Gebieten Kleinasiens, finden seine Anerkennung. In der *Anabasis* (7, 8) berichtet er, wie er als Söldnerführer die Bekanntschaft der Hellas (ein sprechender Name, wie kaum einer sonst) macht und von ihr freundlich empfangen wurde; sie erteilte ihm und ihrem Sohn guten Rat. In den *Hellenika* (3, 1, 10-14) geht er etwas ausführlicher auf Mania ein, die ihrem verstorbenen Ehemann im Amt des Untersatrapen einer griechischen Enklave innerhalb der persischen Satrapie Phrygien am Hellespont gefolgt war. Wie die Massagetische Tomyris und insbesondere wie Artemisia von Halikarnassos erwies sich Mania als Herrscherin nicht eine Spur unfähiger als ihr Gemahl. Tatsächlich machte sie, nach männlich-griechischen Begriffen, ihre Sache so gut, daß unter den Männern an ihrem Hof eine Flüsterkampagne in Gang kam, es sei »eine Schande für das Land, von einer Frau regiert zu werden«. Manias Schwiegersohn griff den Wink auf und brachte sie um – kein guter Schwiegermutter-Witz. Auf den ersten Blick also scheint Mania eine Neuauflage von Herodots Artemisia zu sein. Bei näherem Hinsehen erweist sie sich jedoch als eine wesentlich weniger bedrohliche Gestalt, denn sie erweist nicht nur ihrem persischen Oberherrn den gebührenden Respekt, was Artemisia gegenüber Xerxes nicht getan hat, sondern ist auch allzu begeistert und vertrauensvoll im Hinblick auf ihren Schwiegersohn – »wie eine Frau eben ist«, so lautet der erhellende Kommentar Xenophons.

Die perfekte Ehefrau

Mania und Hellas lebten in Grenzlagen, zwischen den Welten der Männer und denen der Frauen, zwischen Griechen und Persern. Sein eindringlichstes Frauenporträt hat Xenophon jedoch entschieden in der barbarischen Welt Persiens angesiedelt, allerdings als vollkommen fiktive Figur. Die Haupthandlung der *Kyrupädie* ist bekanntlich die Erziehung Kyros des Großen, genauer gesagt, die Erziehung des vorbildlichen Herrschers. Von den Nebenhandlungen aber ist keine eindrücklicher als die Liebesgeschichte zwischen Abradatas von Susa und seiner ihm ergebenen Ehefrau Pantheia.

Ihr Name, die »Ganz-Göttliche«, war sehr bewußt gewählt. Denn die Entsprechung Evas im griechischen Mythos war Pandora, »das All-Geschenk«, so genannt, weil sie von allen olympischen Göttern mit Geschenken bedacht worden war. Für die griechischen Männer aber hatte sie sich als Fluch und Verhängnis erwiesen, während Xenophons Pantheia das Idealbild ehelicher Weiblichkeit, das genaue Gegenbild der mythischen Pandora sein sollte. Natürlich besaß sie körperliche Schönheit – Xenophon aber legte weit größeren Wert auf die Schönheit ihrer Seele als auf die ihres Körpers, indem er zuallererst die absolute, unwandelbare Treue hervorhob, die sie ihrem Ehemann bis ans Grab und darüber hinaus bewies. Nachdem er im Kampf getötet und furchtbar zugerichtet worden war, sammelte sie seine Überreste, bestattete sie gebührend und gab sich danach selbst den Tod.

»Schau auf das Ende«, so soll der weise Solon Kroisos ermahnt haben (Herodot 1, 32), und Pantheias Ende war wahrlich tragisch und heroisch. Das einzig Erstaunliche ist, daß Xenophon sie nicht in der Art sterben läßt, in der üblicherweise die Frauen auf (oder eher hinter) der tragischen Bühne Selbstmord begehen: nämlich durch Erhängen; stattdessen endet Pantheia durch das Schwert, ein eindeutig männliches Attribut. Vielleicht wollte Xenophon damit andeuten, daß Pantheia im Leben wie im Tod, auf ihre eigene und untergeordnet weibliche Weise, die Gefährtin ihres Mannes gewesen war und daß ihre *dianoia*, wie die der namenlosen Ehefrau des Ischomachos, einen männlichen Zug gehabt hatte. Und vielleicht war das auch der Grund, warum Xenophon glaubte, die Figur seiner Pantheia nicht allein in einer fernen, erfundenen Vergangenheit, sondern auch in der gefahrlosen Fremdheit des barbarischen Anderen ansiedeln zu müssen.

5
Im Club

Bürger versus Fremde

Die *polis* erzieht den Mann.

(Simonides)

Die globale Abgrenzung der Bürger – aller Bürger –
von den Anderen – allen Anderen – war begrifflich von
höchster Bedeutung, und zwar unabhängig davon, nach
welchen Prinzipien bestimmte politische Rechte und
Funktionen innerhalb der Bürgerschaft vergeben wurden.

(Whitehead 1991: 144)

Primat der Politik?

Karl Marx, der einmal ein vielversprechender Doktorand in antiker griechischer Philosophie gewesen war, verlor bei seinen umwälzenden Untersuchungen der modernen Welt die antike nie aus den Augen. In einem seiner
eher aphoristisch gestimmten Momente meinte er, die antike Welt habe sich
ebensowenig von der Politik ernährt wie die mittelalterliche von der Religion. Mit anderen Worten: was die antiken griechischen Quellen eindring-
lich vermittelten, nicht zuletzt die Historiker und der von Marx verehrte
Aristoteles, war die Idee, daß die *polis* und das Privileg, ein *polites* zu sein,
das A und O der menschlichen Existenz, die Quelle und den Ursprung eines
gelungenen Lebens darstellten. Wie Marx mit Bedauern feststellte, präsen-
tierte man diese Idee bzw. dieses Ideal aber normalerweise in erhabener Di-
stanz von den eher schäbigen Realitäten der Produktion, Distribution und
des Tausches – kurz: der Ökonomie –, ohne die es die hohe Politik gar nicht
gegeben hätte, geschweige denn ein genuin politisches Denken.

Der Marxsche Materialismus, seine Betonung des Primats der Produktion und Reproduktion des materiellen Lebens ist in den anderthalb Jahrhunderten seit der *Deutschen Ideologie* (1845) vielfältig interpretiert und weiterentwickelt worden. Am dauerhaftesten zeigt sich sein Einfluß vielleicht in der Historiographie der von Marc Bloch und Lucien Febvre gegründeten sogenannten Annales-Schule, die in jüngerer Zeit vor allem mit Fernand Braudel assoziiert wurde. Die *Annalistes*, obgleich selbst keine Marxisten im strengen bzw. orthodoxen Sinne, stimmten mit Marx darin überein, dem Bereich des Politischen in ihren historischen Schriften keinen privilegierten Status zuzubilligen. Mit einem Federstrich schwor man dem Thukydideischen Modell der politischen Geschichtsschreibung bewußt ab, besonders der politischen Ereignisgeschichte (Krieg, Diplomatie, Politik). Damit aber trat an die Stelle einer mit der Renaissance einsetzenden Tradition der Bewunderung und der Nachahmung von Thukydides (von Guicciardini über Hobbes und Macaulay bis hin zu Ranke) eine gewissermaßen Herodoteische Beschäftigung mit der Geschichte der Sitten, der Gebräuche und der Mentalität.

Allerdings geschah das nicht ohne Protest aus den Reihen der zeitgenössischen Altertumswissenschaftler. Für einige von denen, die Widerspruch anmeldeten (z. B. Rahe 1984) war Politik – d. h. die Dinge, die im öffentlichen Raum der griechischen Stadt (Versammlung, Gerichtshöfe, *agora*, Theater usw.) geschahen – ganz einfach wichtiger als jeder andere Lebensaspekt im klassischen Griechenland; deshalb hatten Thukydides und seine Epigonen recht getan, sich auf sie zu konzentrieren. Mochten die Griechen sich auch nicht im Sinne des Marxschen Materialismus von der Politik ›ernährt‹ haben; es war doch erst die Politik, die ihrem Erleben und ihrer Erfahrung Wert und spezifische Bedeutung verlieh. Diese Ansicht kann man durchaus als einigermaßen borniert kritisieren, denn sie läßt all die Griechen – die Mehrheit – außer acht, die niemals innerhalb dieser öffentlichen Räume (aktiv) agieren konnten: Frauen, Kinder und ortsansässige Fremde; ganz zu schweigen von den typisch barbarischen Sklaven, die Marx gelegentlich (und fragwürdigerweise: vgl. Kap. 6) als die Basis begreift, auf der die griechische Politik ruhte. Andererseits kann man sie auch nicht als völlig unberechtigt bezeichnen. Von Tyrtaios (Mitte des 7. Jh.) bis zu Aristoteles haben tatsächlich alle Formen des öffentlichen (griechischen) Diskurses – ob Lyrik, elegische Poesie, Epinikien (Siegeslieder), Tragödie, Komödie, Geschichtsschreibung, Redekunst oder politische Theorie – der öffentlichen, kommunalen, politischen Sphäre gegenüber der privaten und persönlichen den Vorrang eingeräumt. Zwei Beispiele vom Beginn und vom Ende dieser drei Jahrhunderte illustrieren diesen Sachverhalt sehr deutlich.

Alkaios (um 600) genießt wegen seiner technischen Meisterschaft unter Dichtern einen gewissen Nachruhm; beispielsweise schrieben Horaz und Thomas Hardy in dem nach ihm benannten alkäischen Metrum. Aber als Alkaios seine Verse komponierte, tat er dies als Fortsetzung der Politik mit anderen Mitteln; er artikulierte die Ansichten eines konservativen Aristokraten aus Mytilene auf Lesbos, der darum kämpfte, die eigene Position und die seiner Klassengenossen zu behaupten; und dies alles inmitten einer Serie von Umwälzungen, die zu einer Abfolge von Diktaturen und – für ihn selbst – zur zähneknirschend hingenommenen Verbannung führten. Als Exilierter vermißte er vor allem die *agora* von Mytilene, das Zentrum der Bürgerschaft. Das Wort bezeichnet ursprünglich den »Versammlungsort« und wurde so der gebräuchliche griechische Ausdruck für Markt. Für Alkaios hatte es jedoch eine spezifisch politische Konnotation und bedeutete den Raum, wo man politische Versammlungen abhielt, wo Konflikte ausgetragen und Entscheidungen gefällt wurden, die die Herrschaft über Mytilene betrafen.

Zweieinhalb Jahrhunderte später bediente sich der Athener Isokrates in einer Reihe von krypto-oligarchischen Agitationsschriften (12, 138; 15, 14) einer (für uns zumindest) bemerkenswerten Metapher, als er die *politeia* einer griechischen Stadt als deren *psyche*, als »Leben und Seele« oder »schlagendes Herz« beschrieb. Das Wort *politeia* hat im klassischen Griechisch zwei Hauptbedeutungen (vgl. dazu erschöpfend Bordes 1982). Erstens konnte es das bedeuten, was wir unter »Staatsbürgerschaft« (*citizenship* abgeleitet vom lateinischen *civitas*) verstehen: das besondere Attribut eines *polites* bzw. einer »*polis*-Person«. Zweitens bezeichnete es das Rahmenwerk von Gesetzen und Konventionen, innerhalb dessen der *polites* seine *politeia* ausübte. In dieser zweiten Bedeutung wird es gewöhnlich mit »Verfassung« übersetzt, aber schon ein kurzer Blick auf die Verwendung bei Isokrates zeigt, daß dies sehr irreführend sein kann. Würde man heutzutage fragen, was unserer kollektiven bzw. sozialen Existenz ihren Sinn und Zweck verleiht, würden vermutlich nur wenige von uns ohne Zögern antworten: »die britische (oder sonst eine) Verfassung«.

Die Passagen aus Alkaios und Isokrates erfüllen daher zwei nützliche Funktionen. Sie verweisen auf die große Kluft zwischen antiken und modernen Wahrnehmungsweisen bzw. Konstruktionen von Politik; zugleich verleihen sie der anti-marxistischen und gegen die Annales-Schule gerichteten Ansicht vorläufig Glaubwürdigkeit, daß nämlich im klassischen Griechenland der Politik primäre Bedeutung zukam, sie demnach nicht als reines Epiphänomen behandelt werden sollte. Als nächstes gilt es jedoch zu fragen, ob und – wenn ja – wie weitgehend und auf welche Weise die Mehrheit ihrer Mitbürger, die anderen Mitglieder der *politeia* von Mytilene und

Athen, die ihr jeweiliges *politeuma* (»Bürgerschaft«) kollektiv konstituierten, die Meinung des Alkaios über die *agora* und die des Isokrates über die *politeia* gutgeheißen hätten. Unsere Hauptautoren bieten hierzu eine Vielfalt von Betrachtungsweisen und Einsichten.

Herodot und die Tyrannei des Nomos

Im weiteren Sinne war Herodot politisch keineswegs desinteressiert, aber sein Desinteresse für die Details in der Struktur und Praxis verschiedener Regierungsformen ist auffällig, ja berüchtigt. Sollte jemand um Aufklärung über die Regierungsformen von Sparta und Athen bemüht sein oder darüber, wie ihre sehr verschiedenen politischen Einrichtungen ihr Verhalten im Vorfeld und während der Perserkriege beeinflußten, so wird er bei Herodot wenig finden. Tatsächlich wird das Wort *politeia* im ganzen Werk nur einmal verwendet, und zwar im staatsbürgerlichen Sinne – die Stelle ist allerdings interessant genug, berichtet Herodot hier doch von dem einzigen ihm bekannten Fall, in dem Sparta seine Staatsbürgerschaft einem *xenos* verliehen hat, und zwar zwei Brüdern aus Elis, die sich auf Weissagung spezialisiert hatten (9, 34-35).

Dennoch ließe sich problemlos und ohne immanenten Widerspruch argumentieren, daß Herodot ein durch und durch politischer und politisierter Historiker war, nicht weniger als Thukydides und Aristoteles (und weit mehr als Xenophon). Denn im Zentrum seines Werkes steht ein Diskurs über die Macht, über despotische Herrschaft insbesondere, und Herodot forscht mit ebenso viel Energie nach deren theoretischen und praktischen Implikationen, wie er seine Ethnographie der Geschlechter und der Sexualität betreibt (vgl. Kap. 4). Leidenschaftlich interessiert ist er besonders an der Beziehung zwischen *nomos* im Sinne von Brauch und Konvention und *nomos* verstanden als Recht, sei es als besonderer Erlaß oder als Herrschaft des Gesetzes (im Gegensatz zum willkürlichen, individuellen Despotismus); und mit der weiteren Beziehung zwischen *nomos* in beiden Bedeutungen und der *physis* im Sinne dessen, was Menschen für natürlich halten oder tun, weil sie es mit Hilfe rein physischer Kraft erreichen können.

Darum ist es gar nicht so erstaunlich, daß gerade der am wenigsten an Verfassungsfragen interessierte Historiker die sogenannte »Perser-Debatte« (»Verfassungsdebatte«) (3, 80-82), die in gewisser Weise als das älteste erhaltene Beispiel einer entwickelten politischen Theorie in der abendländischen Literatur gelten kann, in seine *Historien* aufgenommen hat. Der damit verbundene intellektuelle Durchbruch erscheint – wie bei allen fruchtbaren Erfindungen – im Rückblick erstaunlich einfach. Irgendwo fanden ein paar Griechen heraus, daß alle Formen politischer Herrschaft nur Unterarten dreier Gattungen waren: der Herrschaft eines einzigen, der Herrschaft weniger und der Herrschaft aller (ein relativ seltenes Beispiel griechischer Dreiteilung). Diese Klassifikation ist logisch und pragmatisch erschöpfend. Damit dieser geistige Durchbruch möglich wurde, hatten jedoch zuvor ein paar Griechen irgendwo die praktische Politik erfinden müssen, und zwar im vollen Wortsinne: Entscheidungen von großer kommunaler Bedeutung in der Öffentlichkeit (*es meson*, »in die Mitte«, wie sie es ausdrückten) zu fällen, nach offener Debatte zwischen zuständig erachteten Gleichrangigen. Dies wiederum setzte aber die zuvor erfolgte Erfindung eines für die *polis* notwendigen »bürgerlichen Raumes« voraus, aus dem dann die Idee der bürgerlichen Gleichheit hervorging. Damit soll freilich nicht bestritten werden, daß viel früher bereits politische Ordnungen und Aktivitäten erfunden worden waren, etwa in Sumer, und auch nicht die (möglicherweise ebenfalls frühere) Schaffung einer der *polis* verwandten Staatsform durch die Phönizier und Etrusker. Die Erfindung einer politischen Theorie im hier zugrundegelegten Sinne war jedoch ein spezifisch griechischer Durchbruch, der Höhepunkt einer vorwiegend endogenen politischen Entwicklung.

Weiter unter werden wir in unserer Besprechung der politischen Theorie des Aristoteles auf die Genese und Natur der *polis* zurückkommen. Nun aber beansprucht Herodots »Perser-Debatte« unsere Aufmerksamkeit, und zwar aus zwei Gründen. Erstens spricht die Tatsache, daß sie für persisch ausgegeben wird, nicht gerade für Herodots Sinn für kulturelle oder intellektuelle Möglichkeiten. Die Authentizität der Debatte wurde denn auch zu Recht in Frage gestellt, mit der Begründung, daß die Idee, irgendein Perser habe jemals ernsthaft eine Version von Demokratie vorgeschlagen, einfach absurd war. Die von Herodot vorgebrachte Verteidigung (6, 43) – daß Dareios im Jahre 493, dreißig Jahre nach dem fiktiven Zeitpunkt der Debatte, die Etablierung von Demokratien im griechischen Ionien autorisiert haben soll – fällt denn auch außergewöhnlich schwach aus. Denn im Jahre 522 gab es nirgendwo auf der Welt eine Demokratie. Am westlichen Rand des Reiches unter Griechen eine Demokratie einzusetzen oder zu tolerieren war das eine, etwas völlig anderes jedoch, diese als normative Regierungsform des gesamten Reiches, angefangen beim Persischen Hof, zu etablieren. Drittens waren diese ionischen Demokratien ohnehin nicht so furchtbar demokratisch. In Wirklichkeit ist die »Debatte« eine Pionierleistung der politischen Philosophie der Griechen und sicher nicht vor 500 entstanden. Die von Herodot gewählte Form der Darstellung, in der jeder Sprecher den Argumenten seines Opponenten widerspricht und für die Verdienste des eigenen (bevorzugten) Modells wirbt, verdankt vermutlich einiges dem Protagoras von Abdera (um 450-430), der ein Demokrat gewesen sein soll und neben anderen Werken auch die Schriften *Schlagende Argumente* und *Kunst des Streitgesprächs* verfaßt hat.

Dennoch sagt die »Debatte« sehr viel aus über Herodots relativ großzügige Auffassung der barbarischen Anderen – oder zumindest einiger von ihnen. Seine drei adligen Diskutanten Megabyzos, Otanes und Dareios verkörpern – wie Xenophons Kyros (Kap. 3) – eine Weisheit, die dem griechischen Denken keineswegs fremd war. Andererseits war die Kluft zwischen persischer Theorie und persischer Praxis Wasser auf Herodots griechische Mühlen. So hatte er seinen Dareios in der Debatte natürlich für die Alleinherrschaft (Monarchie) eintreten lassen, und zwar in ihrer »guten« Form als konstitutionelle Monarchie, die er den »schlechten« Formen der Regierung der Wenigen (eigennützige Oligarchie) und der Regierung aller (Pöbelherrschaft, Ochlokratie) gegenüberstellte. In der Praxis jedoch erwies sich die von Dareios in den späten 520ern wiederhergestellte und 486 von seinem Sohn Xerxes fortgeführte persische Monarchie als die schlechte Form der Alleinherrschaft, gegen die Megabyzos und Otanes ihre Einwendungen erhoben hatten. Mit anderen Worten: sie war zu einer typischen orientalischen Despotie geworden. Obgleich also die Alleinherrschaft in der »Perser-Debatte« den Sieg davontrug, gewannen im historischen Diskurs Herodots aufs Ganze gesehen die Herrschaft weniger und die Herrschaft aller, also die republikanischen Verfassungsformen, die in den griechischen Stadtstaaten vorherrschten. Zwei Passagen, die die beiden bekanntesten griechischen Beispiele für die Demokratie (Athen) und die Oligarchie (Sparta) behandeln, beweisen zweifelsfrei Herodots eigenes Vertrauen in die Überlegenheit und Wünschbarkeit der *polis*, als dem Ort des guten Lebens für den politischen Menschen.

Zuerst beschreibt Herodot im Kontext des Jahres 506 v. Chr., kurz nach der Errichtung der Demokratie in Athen durch den Alkmeoniden Kleisthenes (6, 131; Kap. 2), wie die Athener einen Zangenangriff zurückschlugen, den Sparta und seine Peloponnesischen Bundesgenossen von Südwesten her, die Boioter von Süden her und die Chalkider aus Euboia vom Osten her gegen Athen geführt hatten. Dann äußert er seine persönliche Meinung bzw. preist die besondere Eigenschaft, die für diese beispiellose militärische Heldentat der Athener verantwortlich war (5, 78): »Athen also wuchs. Gleichheit und freie Rede ist eben nicht nur in einer, sondern in jeder Hinsicht ein Gut, denn als beispielsweise die Athener unter der Herrschaft von Fürsten standen, waren sie keinem einzigen ihrer Nachbarn im Kriege überlegen. Als sie aber einmal von diesen Fürsten befreit waren, standen sie weitaus als die Ersten da. Man ersieht hieraus, daß sie, als sie als Untertanen unterworfen waren, nicht ihr Bestes taten, denn sie mußten sich für einen Arbeitsherrn einsetzen; aber als sie frei waren, versuchten sie zu siegen, da jeder für sich selbst etwas zu erreichen suchte.«

Die hier zugrundegelegte neuere Übersetzung (Grene 1987) ist bewußt archaisierend, aber in anderer Hinsicht entspricht ihre Wörtlichkeit sehr schön dem mündlichen Stil Herodots. Auch die Schlüsselbegriffe sind adäquat wiedergegeben, mit einer Ausnahme: das Wort »Fürsten« (in Anspielung auf Machiavellis *Il principe*) verdeckt, daß Herodots Griechisch hier unser Wort »Tyrannen« verwendet, um so illegitime, autokratische Herrscher zu bezeichnen.

Die fraglichen Tyrannen nun waren die Peisistratiden, Peisistratos (545-528/27) und sein Sohn Hippias (528/27-510), die Athen eine Generation lang beherrschten und eine wichtige Brücke der Stabilität bildeten zwischen den bürgerlichen Unruhen des späten 7. und frühen 6. Jahrhunderts und der Einführung der Demokratie am Ende des sechsten. Hippias jedoch soll gegen Ende seiner Herrschaft, nach der Ermordung seines Bruders durch die später heroisierten Tyrannenmörder, despotisch oder − wie wir sagen würden − tyrannisch geworden sein; zudem gaben seine Auslandsbeziehungen mit Persien Anlaß zu begründeten Zweifeln an seinem Patriotismus. Schließlich wurde er im Jahre 510 gestürzt, allerdings mehr auf spartanische Intervention hin als durch einen Aufstand im Inneren (im Gegensatz zum Mythos der Tyrannenmörder, vgl. Kap. 2). Eine weitere Periode innerer Unruhen schloß sich an, die durch die erfolgreiche Verabschiedung von Kleisthenes' Reformwerk durch den Rat und die Volksversammlung im Jahre 508/07 vorübergehend beigelegt wurden. Die politischen Sympathien Spartas und König Kleomenes' persönliche Beziehungen lagen jedoch bei Isagoras, dem Hauptgegner des Kleisthenes; deshalb auch die von Sparta angeführte, zangenförmig vorgetragene Invasion Attikas im Jahre 506, der das demokratische Athen erfolgreich Widerstand leistete.

In Herodots oben zitierter Erklärung für diesen Erfolg liegt die Betonung klar auf dem Moment des ›Demokratischen‹. Anstelle der in unserer Übersetzung gewählten Wendung »Gleichheit und freie Rede« steht im Griechischen nur ein Ausdruck: *isegorie*, was der Sache nach bedeutet »gleiche öffentliche Redefreiheit in den politischen Versammlungen Athens« und zur Zeit Herodots als der spezifisch demokratische Zug des staatsbürgerlichen Lebens von Athen angesehen wurde. Ob *isegorie* tatsächlich bereits im Jahre 506 v. Chr. als integrales Element öffentlicher Entscheidungsfindung in Athen etabliert war, ist mehr als zweifelhaft; wahrscheinlich macht sich Herodot hier ebenso eines Anachronismus schuldig wie schon in der »Perser-Debatte«. Worauf es jedoch in erster Linie ankommt, ist die unüberbrückbare Kluft und polare Opposition zwischen Tyrannis einerseits, Demokratie und Gleichheit freier Rede andererseits. Herodot legt seinen

Adressaten gegenüber klar dar: unter einer Tyrannis war die athenische Bürgerschaft, obwohl formal frei, in der Situation von Sklaven, die für einen »Herrn« (*despotes* war das gebräuchliche griechische Wort für den Herrn der Sklaven) arbeiten. Für den letzten Satz von 5, 78 ist vielleicht eine abschließende Deutung notwendig: *isegorie*, sagt Herodot, ist etwas moralisch Bewundernswertes (*spoudaion chrema*), weil es jedem ermöglicht, etwas für sich selbst zu leisten – als Teil der Gemeinschaft, als gleichberechtigtes Mitglied der bürgerlichen Gemeinschaft, und nicht, wie man heutzutage allzu leicht annehmen würde, für sich selbst im Gegensatz zur Gemeinschaft.

Der Diskurs über die Macht wird – mit noch größerer Subtilität – in Buch 7 weiterentwickelt, wobei Herodot einen bekannten Kunstgriff der Volkserzähler anwendet: die Figur des klugen Ratgebers. Aber diesmal ist sein Sprachrohr kein Athener, sondern ein Spartaner; kein gewöhnlicher Spartaner allerdings, sondern ein entthronter Ex-König, nämlich Demaratos, der zu den Medern übergelaufen war (vgl. Kap. 3). Bedenkt man die Umstände seines Exils, das durch die rechtswidrige, ja sogar frevlerische Manipulation seines Mitkönigs Kleomenes I. zustande kam, würde man erwarten, daß Demaratos sich als verbitterter, unversöhnlicher Feind Spartas zeigt, der seiner undankbaren heimatlichen *polis* Rache, Tod und Verderben wünscht. Nichts dergleichen. Er spielt nicht nur die tragische Rolle des Ratgebers, dessen guter Rat zurückgewiesen wird und doch, wenn er angenommen worden wäre, den Erfolg garantiert hätte. Er dient auch als Sprachrohr und Fürsprecher der spartanischen und, weiter gefaßt, griechischen Freiheit. Was hier abermals thematisiert wird, ist die Beziehung zwischen politischem System und militärischer Stärke. Wie Herodot selbst leitet Demaratos den militärischen Heldenmut aus den politischen und bürgerlichen Bedingungen ab (7, 104): »Als Einzelkämpfer«, so Demaratos zu Xerxes, »sind sie [die Spartaner] nicht schlechter als jedes andere Volk, aber im vereinten Kampf sind sie allen anderen Völkern überlegen. Denn sie sind frei, wenn auch nicht völlig frei. Denn über ihnen steht als Herrscher *Nomos*, und sie fürchten den *nomos* mehr als dein Volk dich.« Hier liegt ein echt sophistisches Paradox vor: *nomos*, was entweder einen besonderen Brauch bedeutet oder ein Gesetz oder, wie hier der Fall, die Herrschaft des Rechts, kann *per definitionem* nicht so herrschen wie der Herr über seine Sklaven. Denn es sind Bürger, die – einem weitverbreiteten Mythos zufolge unter Anleitung eines allwissenden Gesetzgebers (*nomothetes*) wie dem Spartaner Lykurg – durch freien Willensakt die Gesetze geschaffen und die Herrschaft des Rechts etabliert haben. In wechselseitiger Übereinkunft verpflichten sie sich, den selbst geschaffenen Gesetzen zu gehorchen, und – solange die Umstände sich gleich bleiben – ziehen sie es vor, die existierenden

Gesetze zu respektieren, statt sie zu ändern. Da nicht sie über den Gesetzen stehen, sondern diese über sie herrschen, müssen sie ihnen logischerweise unterworfen sein. So gelingt es ›dem Sophisten‹ Demaratos durch eine paradoxe Wendung und durch semantische Doppeldeutigkeit, die vertragliche, egalitäre und staatsbürgerliche Idee der Griechen von der Herrschaft des Gesetzes als das direkte Gegenteil des persischen *nomos* (»Brauch«) despotischer Herrschaft zu präsentieren. Für Herodots griechische Adressaten war dies zudem ein besonders leicht nachzuvollziehender Schritt, da nach Meinung der Griechen alle Untertanen des Xerxes tatsächlich politische Sklaven waren; und Sklaven waren sie natürlich, weil sie als Barbaren schon ihrer Natur nach unterwürfig waren (Kap. 6). Der politische Brauch der Perser stand demnach in Übereinstimmung mit dem persischen Wesen. So weit wäre Herodot selbst allerdings nicht gegangen. Jedenfalls besagt eine der Implikationen der »Perser-Debatte«, daß nicht alle Perser *ipso facto* unfähig waren, die Vorzüge staatsbürgerlicher Selbstregierung zu begreifen.

Thukydides und die Brauchbarkeit der Geschichte

Auch Thukydides war ausgesprochen zurückhaltend, was die Verfassungsgeschichte im engeren Sinne betraf. Wie sah beispielsweise die athenische »Verfassung der Fünftausend« in den Jahren 411-410 aus? Wir werden es nie erfahren, denn Thukydides schweigt darüber, obwohl er sie, zumindest in ihrer Anfangsphase, entschieden begrüßt hat (8, 97, 2). Auch Politik im heutigen Sinne interpersoneller und zwischenparteilicher Auseinandersetzungen interessierte ihn nicht – jedenfalls solange diese nicht in einen regelrechten Bürgerkrieg ausarteten. Sein Schweigen spricht oft Bände: Er verrät keinerlei Einzelheiten über den wichtigen internen Streit in Athen um 417, der entweder mit dem Ostrazismus des Alkibiades oder dem des Nikias hätte enden müssen, aber irgendwie so geregelt wurde, daß dem Vertreter einer dritten Partei, Hyperbolos, das fragwürdige Privileg zuteil wurde, den Fußtritt des Volkes zu erhalten. (Der Ostrazismus war dann gültig, wenn mindestens 6000 Athener Bürger ihre Stimme gegen einen Politiker abgegeben hatten, den sie für zehn Jahre aus Athen zu verbannen wünschten; dies geschah in Form einer beschrifteten Tonscherbe (*ostrakon*). Der Kandidat mit den meisten Stimmen ›gewann‹ diese umgekehrte Wahl und der Namensaufruf der ›Gewinner‹ war eine Auszeichnung der besonderen Art.) Das Fehlurteil im Falle des Hyperbolos hatte unglücklicherweise eine Spaltung der öffentlichen Meinung zur Folge, die keine geringe Rolle bei dem athenischen Desaster auf Sizilien 415-413 spielte. Doch alles, was Thukydides (8, 73) hierzu sagt, und zwar mit erstaunlich unverhohlen moralischem Vorurteil, ist, daß Hyperbolos »verbannt [wurde] nicht aus Angst vor seiner Macht und seinem Ansehen, sondern wegen seines schlechten Charakters und weil er eine Schande für die Stadt sei«.

In anderer Hinsicht jedoch war die Geschichtsschreibung des Thukydides so politisch und staatsbürgerlich wie nur irgend möglich, sogar weit offensichtlicher, als es bei Herodot der Fall war, da er bewußt das mythische bzw. romantische Element des Geschichtenerzählens ausschloß (1, 21. 22). Thukydides' Forschungen galten dem Krieg als dem sichtbarsten, greifbarsten und schärfsten Ausdruck der Beziehungen zwischen den in politischen Gemeinwesen organisierten Griechen; in zweiter Linie dem im Innern ausgetragenen Bürgerkrieg um die Kontrolle der *politeia* eines Staates. Um Hobbes' Charakterisierung des Thukydides (»der politischste Historiograph, der je geschrieben hat«) zu rechtfertigen, bedarf es jedoch noch eines weiteren Elements. Es besteht in dem ausdrücklichen Bemühen des Thukydides um dauernde Brauchbarkeit seiner Geschichtsschreibung – über deren unmittelbaren Brennpunkt, den ›Welt‹krieg zwischen den Griechen, hinaus. Wie er es in dem berühmten Schluß seiner Einleitung (1, 22, 4) ausdrückte: »Nicht für den Wettbewerb um die Gunst eines Augenblickspublikums habe ich mein Werk verfaßt, sondern zu dauerndem Besitz.«

Trotz der rhetorischen *suggestio falsi* war Thukydides' *Geschichte* in Wirklichkeit sehr wohl auf Wettbewerb eingestellt, in erster Linie wohl mit der Absicht, Herodot im Kampf um die unmittelbare Aufmerksamkeit der Leser zu schlagen. Paradoxerweise legt er jedoch in seinem Anspruch auf Überlegenheit alles Gewicht auf das Wort »dauernd«. Thukydides nahm nämlich an, daß sein Werk einen dauernden Wert besäße, weil er voraussetzte, daß es etwas Unwandelbares in der menschlichen Geschichte gäbe. Diese Konstante bezeichnete er verschiedentlich als »menschliche Natur« oder »die Sache der Menschen«, und als ihr wichtigstes Betätigungsfeld machte er den Bereich der zwischenstaatlichen Beziehungen aus. Obwohl er im Gegensatz zu Herodot sein Werk nicht in der Öffentlichkeit vortrug, schrieb auch Thukydides für den gesprochenen Vortrag; und da er nun einmal einer Tradition angehörte, die bis auf Homer zurückging, fand er es ganz natürlich, Reden und Erzählungen einzuflechten, wie schon Herodot. Thukydides' Leidenschaft für Genauigkeit war indes so ausgeprägt, daß er glaubte seine Leser im voraus davor warnen zu müssen, daß er sich die Freiheit genommen hatte, den Inhalt seiner Reden zu erfinden, d. h. seinen Sprechern Worte in den Mund zu legen: »... ich fand es notwendig, daß die Sprecher so sprachen, wie sie es meiner Ansicht nach in einer gegebenen Situation getan haben mußten« (1, 22, 2). Nirgendwo hat Thukydides von dieser Freiheit großzügigeren Gebrauch gemacht als in zwei Passagen, in denen er eine Gruppe anonymer Athener als Redner auftreten läßt; beide

Male in einem Kontext, wo der Historiker selbst nicht zugegen war und nicht einmal die Chance bestand, eine akkurate Zusammenfassung des Gesagten zu erhalten. Nicht zufällig entfernt sich Thukydides in diesen zwei Passagen am weitesten von der Ausgangssituation, um sich in hochgreifenden Verallgemeinerungen über Konstanten der menschlichen Natur zu äußern, die seiner Meinung nach für das Funktionieren zwischenstaatlicher Beziehungen ausschlaggebend seien.

Erstens in seinem sogenannten »Melier-Dialog« in Buch 5 (84-112). Der Kontext ist eine Unterbrechung, ein fauler Frieden im Kampf zwischen Athen, Sparta und ihren Bündnispartnern. Das neutrale, aber prospartanische Melos, eine Inselstadt auf den südlichen Kykladen widersteht dem athenischen Versuch 416/15, es in eine Allianz hineinzuzwingen. Den wiederholten Appellen der melischen Oligarchen an menschliche und göttliche Gerechtigkeit erwidern die Athener bei Thukydides mit brutaler Offenheit (5, 105): »Was die Gunst der Götter betrifft, so glauben wir, auf sie das gleiche Anrecht zu haben wie ihr. [...] Unsere Vorstellung von den Göttern aber und unsere Kenntnis der Menschen läßt uns annehmen, daß es ein allgemeines und notwendiges Naturgesetz ist, daß alle herrschen, wo immer sie können. Wir haben dieses Gesetz weder erfunden, noch haben wir als erste danach gehandelt; wir fanden es bereits als in Geltung stehend vor, und zu ewiger Geltung werden wir es denen hinterlassen, die nach uns kommen. Wir handeln lediglich in Übereinstimmung mit ihm und wir wissen, daß auch ihr, und jeder, der zu gleicher Macht gelangt wie wir, genauso handeln würde.« Die Schlüsselbegriffe sind hier »Gesetz«, »ewige Geltung« und »Macht«. (Zu Thukydides' Haltung gegenüber den Göttern werden wir im Kapitel 7 zurückkehren.) Vor dem Hintergrund der sophistischen *nomos-physis*-Polarität betonen die athenischen Redner die Herrschaft der Stärkeren als ein Faktum der menschlichen Natur in zwischenstaatlichen Beziehungen. Es handelt sich dabei jedoch nicht einfach um das Gesetz des Dschungels. Vernunft, Rationalität und kluge Berechnung stehen nicht außerhalb der Logik der Macht – im Gegenteil. Es sind gerade die Staatsmänner (wie Perikles), die solche staatsbürgerlichen Fähigkeiten besitzen, und die Gemeinwesen, die die Argumente solcher Staatsmänner überzeugend finden und entsprechend (weise) handeln, die in Thukydides' erbarmungslos amoralischen Universum überleben und sich durchsetzen.

Will man die Motive herausfinden, denen seiner Meinung nach bei der klugen Berechnung des kollektiven staatsbürgerlichen Selbstinteresses das meiste Gewicht zukommen sollte, so betrachte man seine andere anonym vorgetragene Grundsatzrede der Athener. Die wirkliche Rede wurde wahrscheinlich 432 vor der spartanischen Volksversammlung gehalten, mit der

Absicht, die Spartaner von der Erklärung abzuhalten, die Athener hätten den Frieden von 445 gebrochen. Sollte das Hauptmotiv tatsächlich darin bestanden haben, die Befürchtungen der Spartaner zu zerstreuen und ihren Unmut zu beschwichtigen, so geschieht dies in Thukydides' Version in wenig erfolgversprechender Weise. Stattdessen wiederholen Thukydides' ›Athener‹ die drei Motive, die – wie sie beharrlich versichern – die zwischenstaatliche Politik bestimmen: Furcht, Ehre und Profit (1, 75, 3; 76, 2). Furcht nicht im Sinne reinen Schreckens, sondern kluger Berechnung und Sorge um die kollektive Sicherheit. Ehre im Sinne von *amour propre*, Selbstachtung, Prestige – wiederum eine charakteristisches Hauptanliegen des freien griechischen Bürgers wie auch der staatsbürgerlichem Gemeinschaft. Drittens schließlich der materielle Vorteil. Das wichtigste der drei Motive aber, informiert Thukydides seine Leser, war die Furcht: »Was den Krieg unvermeidlich machte, war die wachsende Macht Athens und die Furcht, die dadurch bei den Spartanern ausgelöst wurde« (1, 23, 6). Mit dieser krassen Abweichung von seiner Regel, persönliche Urteile zu vermeiden, schließt Thukydides den Kreis seiner Argumentation und macht die Verbindung zwischen den Ansichten seiner namenlosen Athener und seiner eigenen Anschauung ›wasserdicht‹.

So also sah das Material der politischen Geschichtsschreibung aus, durch die Thukydides Lehren von »dauernder« Nützlichkeit erteilen wollte, und viele Historiker nach ihm – angefangen bei jenem anonymen Nachfolger, den wir nur als den »Historiker von Oxyrhynchos« kennen, bis hin zu Leopold von Ranke im 19. Jahrhundert und darüber hinaus – haben seine Methode als eine Art überhistorisches Modell benutzt. Aber wenn die Historiographie des Thukydides auch in einem wichtigen Sinne universell und universalisierbar ist, war sie doch zugleich ein Produkt seines zeitgenössischen staatsbürgerlichen Milieus, vor allem der athenischen Demokratie, die ihn geprägt hatte. Im Zusammenhang mit der Perikleischen Rede auf die Gefallenen werden wir diesen Aspekt später ausführlicher behandeln. Unmittelbar läßt sich Thukydides' Konzentration auf den Bereich des Politischen weiter verdeutlichen, indem man seine Methode der Geschichtsschreibung mit der eines seiner Nachfolger kontrastiert: nämlich Xenophons.

Xenophon und die Privatisierung des Politischen

Kurz, Thukydides' *Geschichte* bestätigt unsere Lesart von Herodots *Historien*: *historia* als Gattung, neu geprägt in ihrer Anwendung auf die großen, wunderbaren (oder grauenhaften) Taten der Griechen und/oder der Nicht-

Griechen, war selbst eine Form von staatsbürgerlichem und politischem Diskurs. Sie war jedoch nicht in irgendeinem Sinne offiziell. Vergleicht man sie mit den Annalen der assyrischen Könige und dem biblischen Buch der Könige, so stellt sie geradezu eine direkte Zurückweisung der offiziellen Geschichtsschreibung dar, sei diese nun dynastisch oder religiös. Gleichwohl präsentiert sie sich als Beitrag zur politischen Debatte *es meson*, »für den zentralen Raum« der *polis*. Dort nämlich waren ihre Adressaten, die griechischen Bürger, aufgefordert, über ihre Aussagen zu reflektieren und sie in der nicht abreißenden Folge öffentlicher Debatten, die die griechische Politik ausmachten, umzusetzen.

Gemessen an dieser stolzen intellektuellen und sozialen Leistung, erschien die Historiographie Xenophons oft als Niedergang, als ein Abstieg von guter zu schlechter Geschichtsschreibung, und zwar methodisch wie politisch. Dies ist jedoch eine Fehldeutung: Auch Xenophon wollte in seinen *Hellenika* Geschichte schreiben, und zwar im damals üblichen Sinne einer Aufzeichnung öffentlicher, politischer Ereignisse (Kriege vor allem). Angesichts der Ergebnisse des Peloponnesischen Krieges und dem darauf folgenden Patt zwischen den großen Mächten Griechenlands im 4. Jahrhundert bevorzugte er jedoch eine andere, ›quietistische‹ Herangehensweise. Thukydides hatte primär den praktischen Politikern von Nutzen sein wollen, die direkten Einfluß auf die öffentlichen Angelegenheiten ausüben konnten. Xenophon hingegen schrieb eine Art privatisierter Geschichte, eine moralische Unterweisung deutlich konventionellerer Art, die er für *axiologon* (»der Rede wert«, daher »wichtig«) hielt.

An zwei Stellen spricht er sein Credo offen aus. Zum ersten Mal anläßlich eines an sich trivialen Vorganges während des Korinthischen Krieges (395-386) (*Hellenika* 5, 1, 4): »Ich bin mir bewußt, daß ich mit dieser Darstellung keine kostspieligen oder gefahrvollen Unternehmungen und keine interessanten strategischen Aktionen schildere, die berichtenswert (*axiologon*) wären – aber bei Zeus, mir scheint, daß es einem Mann wert sein sollte, darüber nachzudenken, wodurch es Teleutias denn gelungen ist, in seinen Männern solche Bereitschaft zu wecken. Das halte ich für die Leistung (*ergon*) eines Mannes, die zu berichten den höchsten Wert (*axiologotaton*) hat, mehr noch als finanzieller Aufwand oder riskierte Gefahr, die er auf sich genommen hat.« Die Wiederholung von »Mann« (im geschlechtlichen Sinne) und *axiologon* sowie die Interjektion »bei Zeus« verdeutlichen die Leidenschaft, mit der Xenophon dies schrieb; der Gebrauch von *ergon* impliziert, daß sich diese Leidenschaft direkt gegen Herodot und Thukydides richtete, die Geschichtsschreiber der hohen (materiellen) Einsätze und der großen Gefahren. Daß Teleutias der Halbbruder seines eigenen Gönners Agesilaos war, goß nur Öl ins Feuer.

Zwei Bücher später hatte Xenophon Gelegenheit, die kollektive statt der individuellen »Leistung« zu rühmen (7, 2, 1): »Wenn eine der großen Städte irgendeine ruhmreiche Tat vollbracht hat, berichten darüber alle Autoren (*syngrapheis*). Mir aber scheint, daß wenn eine kleine Stadt viele rühmliche Leistungen (*erga*) aufzuweisen hat, dies eigentlich viel eher berichtenswert ist.« Es war die kleine Stadt Phleius auf dem nordöstlichen Peloponnes, die Xenophons Gefühlsausbruch provozierte; eine Stadt, die – anders als die meisten Bundesgenossen im Peloponnesischen Bund – nach der verheerenden Niederlage Spartas in Leuktra (371) unbeirrbar loyal blieb. Die Tatsache, daß Phleius pro-spartanisch war und von einem oligarchischen Regime regiert wurde, das Agesilaos einer größtenteils widerspenstigen demokratischen Bürgerschaft aufgezwungen hatte, verstärkte nur die Sympathie, mit der er seine – ohnehin vorhandene – Sicht ausdrückte. Für ihn bestand die Aufgabe des Historikers im wesentlichen darin, die moralische Tugend zu rühmen und (implizit) das Laster zu geißeln, sei es privat oder öffentlich, individuell oder kollektiv. Nicht, daß es Herodot und Thukydides an moralischem Impetus gemangelt hätte, aber ihre Betonung lag nicht primär auf der moralischen Besserung. Xenophons Emphase hingegen gilt die gesamten *Hellenika* hindurch der individuellen oder kollektiven Leistung, nicht der bürgerlichen und politischen Analyse bzw. Erklärung.

Der orientalische Despotismus in neuer Bewertung

In diesem Licht muß die *Kyrupaideia* gelesen werden. Wie wir sehen werden, war die *paideia*, gewöhnlich mit »Erziehung« übersetzt, ein wichtiges Element für die Bestimmung und Formung des griechischen Bürgers; ohne angemessene *paideia* wäre die aktive Mitgliedschaft im *politeuma* eines Staates gefährdet, wenn nicht praktisch unmöglich gewesen. Xenophons ausführlichste Betrachtung der *paideia* aber beschäftigte sich mit Kyros II. »dem Großen« – einem Barbaren. Außerdem verlieh Xenophon dem Begriff *paideia* eine erweiterte Bedeutung, wie sie üblicherweise nicht auf einen erwachsenen Menschen angewandt wurde. *Paideia* bezog sich, der Etymologie nach, auf *paides*, »Kinder«. Xenophon aber verwendet den Begriff für die gesamte Laufbahn des Kyros, soweit er sie darstellen wollte, einschließlich seiner frühen Jahre als junger König und Herrscher. Diese Xenophontische *paideia* ist demnach eine Schule für Monarchen, nicht für Bürger.

Die Originalität dieses Gedankens besteht in seiner Opposition zum herrschenden griechischen Paradigma des Monarchen, insbesondere des orientalischen Monarchen, als eines Despoten oder Tyrannen, als eines

Autokraten, der über dem Gesetz steht. Herodots höhnischer Diagnose zufolge konnten die Ägypter scheinbar nicht ohne Könige leben (2, 147), während sich die Athener wiederum demokratisch definierten – durch Beseitigung und permanente Zurückweisung der Tyrannis (5, 78). Die *Kyrupaideia* eröffnet demnach nicht nur ein neue litarische Gattung ein, nämlich den pseudo-historischen Roman, sie spiegelt auch einen neuen Typus politischer Theorie: pro-monarchistisch und weniger anti- als nicht-bürgerlich. Die Bewohner von Kyros' Welt nämlich sind alle Untertanen, Regierte, Leute, die der einseitigen Ausrichtung monarchischer Gewalt von oben nach unten ausgesetzt sind, während es das Wesen eines griechischen Bürgers war, »wechselweise zu regieren und regiert zu werden«. Zu Beginn der *Kyrupaideia* (1, 6, 20) benutzt Xenophon diese Formel – doch er verwendet sie paradoxerweise für Kyros persönlich. Zweifellos besteht eine der Grundlehren der *Kyrupaideia* darin, daß »menschliche Wesen niemandem eher Widerstand entgegensetzen als dem, der sie beherrschen will« (Tatum 1989: xviii). Die tiefere Lehre jedoch, die Botschaft des gesamten Werkes ist die, daß solcher Widerstand überwunden werden kann und soll – durch einen aufgeklärten Prinzen wie Kyros.

Zusammen mit anderen Schriften Xenophons – *Hiero* (oder: ›wie man ein guter griechischer Tyrann ist‹), *Agesilaos* (›wie man ein guter griechischer Erbkönig ist‹) – und anderen zeitgenössischen Werken monarchistischer Propaganda (Isokrates' *Euagoras* und *An Nikokles*, beides griechisch-zypriotische Tyrannen) einschließlich Platons *Staat* (mit seinen Philosophen-Königen) repräsentiert die *Kyrupaideia* offenkundig eine neue, im 4. Jahrhundert aufkommende Bereitschaft, einem einzelnen Herrscher Tugend und Weisheit zuzubilligen und ihn so über die gemeine Herde seiner Untertanen zu erheben. Dieser intellektuelle Trend sollte jedoch keinesfalls mit zu viel kausaler Bedeutung in der wirklichen Welt befrachtet werden, so als könnte er beispielsweise den politischen und militärischen Triumph des makedonischen Königreiches über die griechische Stadt im dritten Viertel des 4. Jahrhunderts vollständig erklären. Das hieße *post hoc* und *propter hoc* zu verwechseln. Die Gründe, warum die Griechen bei Chaironeia (338) durch Philipp von Makedonien besiegt wurden, wo sie doch Xerxes von Persien 480-479 geschlagen hatten, lassen sich nicht auf monarchistische Propaganda und einen angeblichen Vertrauensverlust in den staatsbürgerlichen Republikanismus reduzieren. Aristoteles' *Politik* beispielsweise, ein eindrucksvoller Beleg für die Vitalität dieses Republikanismus, wurde vermutlich nicht vor, sondern nach Chaironeia verfaßt. Wichtiger noch: selbst aus Xenophons Werk spricht keineswegs ausschließlich der Wunsch nach dem Triumph eines aufgeklärten Despotismus.

Unwillige Söldner

Man betrachte Xenophons *Poroi* (»Die Einkünfte«), den *Hipparchikos* (»Der Reiterführer«), den *Oikonomikos* (»Die Haushaltsführung«): sie setzen alle das Fortbestehen einer gut funktionierenden *polis* Athen voraus, trotz der Schwankungen und Rückschläge in den 350ern, insbesondere der allzu erfolgreichen Revolte wichtiger Bundesgenossen aus dem Zweiten Attischen Seebund (gegründet 378, diesmal gegen Sparta, nicht gegen Persien). Das schlagendste, weil am wenigsten erwartete Zeugnis für die Werte der *politeia* findet sich jedoch in Xenophons *Anabasis*. Dort hätte man eigentlich die Umsetzung eines neuen, alternativen Lebensstiles außerhalb des Rahmens der *polis* erwartet, praktiziert durch eine ungebundene Schar von einigen Tausend *free-lance*-Söldnern – *xenoi* (im doppelten Sinne), die ihre militärischen Dienste dem Meistbietenden verkaufen, in direktem Widerspruch zur ›politischen‹ Norm der Bürgerwehr.

Ja, aber nur bis zu einem gewissen Punkt. Wenn es wirklich »eine allgemeine Krise im vierten Jahrhundert« gegeben hat, dann gaben diese sich ausbreitenden Scharen von Möchtegern-Söldnern sicher den besten Beweis dafür ab. Nicht genug damit, daß immer mehr Griechen sich bereitfanden, ihre Muskelkraft außerhalb der heimischen *politeia* einzusetzen, es waren auch immer mehr griechische Staaten bereit, diese Nicht-Bürger für die eigenen Zwecke und an ihrer Statt im Kampf einzusetzen. Es war eine Sache, wenn Einzelpersonen wie der Bruder des Alkeios sich (um 600) bei einem orientalischen Herrscher dienstverpflichteten, um ihm im Kampf gegen andere Barbaren beizustehen; es war jedoch etwas gänzlich anderes, wenn sich griechische *poleis* im Kampf untereinander hauptsächlich auf solche Söldner als ihre wichtigsten Kampftruppen verließen, wie dies im 4. Jahrhundert zunehmend der Fall war. Aristoteles (*Nikomachische Ethik* 1116b15-24) sah sich veranlaßt, gegen diesen Trend zu protestieren. Überraschenderweise aber ist Xenophons *Anabasis* nicht der Ort, wo sich eine theoretische Rechtfertigung desselben fände. Im Gegenteil: nicht genug damit, daß sich »die Zehntausend« (die Überlebenden der 13 000, die für Kyros, den jungen Anwärter auf den persischen Thron, die Schlacht von Kunaxa geschlagen hatten) in »eine *polis* auf Rädern« (Austin und Vidal-Naquet 1977/1984: 329, nach Hippolyte Taine) verwandeln, Xenophon dachte sogar daran – oder behauptet es zumindest –, sie zum *politeuma* einer neuen *polis* zu machen, einer griechischen Kolonie, die an der Südküste des Schwarzen Meeres gegründet werden sollte. Er »dachte« nämlich, »daß es eine ruhmreiche Tat wäre, das Territorium und die Macht von Hellas durch die Gründung einer Kolonie zu mehren«. Unglücklicherweise entschied sich jedoch die Mehrheit der »Zehntausend« auf demokratischem Wege (wohlgemerkt!) gegen Xenophons Plan (*Anabasis* 5, 6, 15-19).

Aristoteles und die teleologische Polis

Kurz, trotz all seiner monarchistischen Sehnsüchte war Xenophon genausowenig davon überzeugt, daß die griechische *polis* dem Untergang geweiht war, wie sein Zeitgenosse Platon, dessen letztes Werk, die *Gesetze*, den detaillierten Entwurf einer solchen Kolonie darstellte, wie sie Xenophon geplant hatte – wenn auch auf Kreta und nicht in Kleinasien. Wir können daher mit größerer Bestimmtheit als sonst davon ausgehen, daß Aristoteles seine Sicht der *polis* in der *Politik* tatsächlich auf die *phainomena* (die »Erscheinungen«) und *endoxa* (die »herkömmlichen Meinungen«) stützte und die Auffassung der *phronimoi* (der »Einsichtigen«) wiedergab. Mit dem Weltstaat, von dem möglicherweise sein ehemaliger Schüler Alexander der Große von Makedonien (336-323) träumte, hatte Aristoteles nichts im Sinn, auch nicht mit den »Vereinigten Staaten von Europa«, wie sie von modernen Föderalisten erträumt werden, die durch rosarote Brillen den Korinthischen Bund betrachten, den Alexanders Vater Philipp 338/37 gegründet hatte. Für Aristoteles (wie für E. F. Schumacher) galt: »small is beautiful«, und die *polis* besaß genau die richtige Größe und Art von politischer Gemeinschaft (*koinonia*), um den Menschen ein gutes Leben zu ermöglichen.

Das nämlich war die wirkliche Bedeutung des berühmten – gewöhnlich falsch übersetzten und mißverstandenen – Aristotelischen Diktums, daß der Mensch (als Gattung) ein *zoon politikon* sei: nicht einfach »ein politisches Tier«, sondern ein lebendiges Geschöpf, von der Natur dafür geschaffen, sein gesamtes menschliches Potential, seine Bestimmung (*telos*) – in Aristoteles' soziobiologischem Verständnis – innerhalb und nur innerhalb (des politischen Rahmens) der griechischen *polis* zu verwirklichen. Der Mensch war von Natur aus ein »Gemeinschaftstier« (*zoon koinonikon*: *Nikomachische Ethik* 1097b10), aber – obgleich andere Gemeinschaftsformen sehr wohl die schiere Subsistenz bzw. Existenz gewährleisten konnten – nur die *polis* befähigte die Menschheit dazu, ein moralisch wahrhaft gutes Leben zu führen, ein Leben des »Wohlergehens« (*eudaimonia*), wie es die *Nikomachische Ethik* (quasi der erste Teil eines zweiteiligen Werkes, dessen Anschlußband die *Politik* bildete) analysierte und vertrat.

Es besteht kein Grund zu der Annahme, daß alle oder auch nur die meisten von Aristoteles' Lesern, geschweige denn die meisten Griechen im dritten Viertel des 4. Jahrhunderts, ihm bei ihrer eigenen Definition eines guten Lebens für die Menschheit in allem gefolgt wären. Sie hätten ihm aber sicherlich zugestimmt: erstens, was die Einzigartigkeit und Unersetzlichkeit des *polis*-Rahmens betraf, und zweitens, daß die *polis* einen ›natürlichen‹ Organismus darstellte, insofern sie eine Ansammlung der kleinsten Grundeinheiten menschlichen Zusammenlebens darstellte, *oikoi* genannt – Haushalte, die aus Mann, Frau, Kindern und Eigentum bestanden. Wenn daher Aristoteles dem Isokrates (vgl. den Beginn dieses Kapitels) darin folgt, daß die *politeia* einer *polis*, ihre Regeln und Bestimmungen zum Ablauf öffentlicher, staatsbürgerlicher Entscheidungsprozesse, »sozusagen ihr Leben« (*Politik* 1295a40ff) seien, so bleibt uns kein Zweifel, daß die Politik, ›das Politische‹ theoretisch wie praktisch für den griechischen Durchschnittsbürger wirklich von grundlegender Bedeutung war.

Wer war griechischer Bürger?

Und doch ... Obgleich Aristoteles im heimatlichen Stageira in Chalkidike durch Geburtsrecht Bürgerstatus besaß, verbrachte er den größten Teil seines Erwachsenenlebens in Athen – wo sein stagiritisches Bürgerrecht unwirksam war. Es ist daher an der Zeit zu fragen, was denn die formalen, legalen Eigenschaften waren, die zur *politeia* (»Staatsbürgerschaft«) in einer griechischen Stadt berechtigten, und warum man gerade diese Kriterien anwandte. Welche ideologischen oder theoretischen Überlegungen lagen der Gewährung der Bürgerrechte zugrunde? Und welche staatsbürgerlichen Handlungen beinhalteten bzw. bezeichneten am ehesten die *politeia* in Aktion? Bemerkenswerterweise liefert uns der Nicht-Bürger Aristoteles reichlich Material zur Beantwortung dieser Fragen.

Wie wir sahen, ist der Staatsbürger bei Aristoteles wesentlich gesellig, und zwar von Natur aus. Sein Leben darf sich daher nicht nur selbst genügen, sondern muß auch die Angehörigen und Nahestehenden einbeziehen – die *oikeioi* (diejenigen, die ›wie‹ man selbst sind, oder Mitglieder des eigenen *oikos*) und die *philoi* (»die Eigenen«, »Freunde«). Die Bücher 8 und 9 der *Nikomachischen Ethik* versuchen zu beantworten, wer die eigenen Freunde sind, und geben darauf eine klar zweckorientierte Antwort: es sind diejenigen, die du brauchst und die dich brauchen. Damit diese Freundschaftsbeziehung funktioniert, selbst wenn sie Schlagseite hat, bedarf es jedoch eines gewissen Maßes an Reziprozität und Gegenseitigkeit. Das wiederum setzt eine gewisses Minimum an Gleichheit, natürlicher Gleichheit, voraus. Da die Frauen den Männern gegenüber von Natur aus nicht gleich sind (bzw. nicht dafür gehalten wurden) – aus den in Buch 1 der *Politik* genannten Gründen (vgl. Kap. 4) –, können sie auch keine Bürger sein, denn sie sind unfähig, in wahrhaft staatsbürgerlicher Weise zu regieren, und müssen deshalb zu ihrem eigenen Vorteil von Männern regiert werden.

Von einem bestimmten Standpunkt aus gesehen, handelt es sich bei der *Politik* tatsächlich um eine Abhandlung über verschiedene Formen von Herrschaft. Der den Bürgern angemessene Typ ist der »politische«, »staatsmännische« Typ, nicht der »königliche«, da Bürger wechselweise regieren und regiert werden (1259b4); tatsächlich ist dieses Prinzip der Wechselseitigkeit »dasjenige, was die Staaten (vom Typ der *polis*) erhält« (1261a 30-b5). Diese allgemeinen Aussagen erfassen jedoch noch nicht die spezifischen Eigenschaften des Bürgers, deren Definition Aristoteles sich schließlich in Buch 3 (1274b31-1278b5, bes. 1275b19-20) zuwendet: »Jeden [nicht *jede*!], der in einem Staat zur Teilnahme an der beratenden und richtenden Staatsgewalt desselben berechtigt ist, nennen wir [die *phronimoi*] einen Bürger dieses Staates.«

Doch selbst diese Definition befriedigt Aristoteles nicht vollständig. Theoretisch könnte sie für alle Bürger aller Staaten gelten, aber pragmatisch gesprochen »paßt sie am besten auf den Bürger eines demokratischen Staatswesens« (1275b4-5). Mit anderen Worten: nur unter einer demokratischen Verfassung werden die Bürger tatsächlich mehr oder weniger gleich behandelt, und nur dort regieren sie einander wechselweise, sei es in richterlicher oder in beratender Funktion. Für Aristoteles war dies allerdings keine unbedingte Empfehlung, denn seine eigene oligarchische bzw. aristokratische Präferenz galt einer restriktiveren Definition, die nicht nur Handwerker, sondern auch arbeitende Bauern von der Staatsbürgerschaft seines Idealstaates ausschloß, also genau diejenigen, die die Mehrheit der Bürgerschaft in der realen griechischen Demokratie des 4. Jahrhunderts stellten. Warum also wollte er die *banausoi* und *georgoi* draußenhalten? Weil das Wesen ihrer Tätigkeiten ihre Seelen angeblich unterwürfig und sklavisch machte, während ›politische‹ Herrschaft definitionsgemäß von, über und für vollständig freie Männer ausgeübt wurde (1277b3-7). Es bestand demnach für Aristoteles eine sich wechselseitig verstärkende Beziehung zwischen den Polaritäten Bürger-Fremder und Freier-Sklave, ein Standpunkt, den wir im Zusammenhang mit seiner Doktrin von der natürlichen Sklaverei nochmals untersuchen werden (Kap. 6).

Anders gesagt: Aristoteles' weitgehend repräsentativer Ansicht zufolge war die Staatsbürgerschaft primär eine Frage der Geburt (*genos*), und zwar in zweierlei Hinsicht: Zum einen hing sie von der ›natürlichen‹ Beschaffenheit der *psyche* ab, die männlich, frei und griechisch zu sein hatte. Zum anderen war sie ein Status, der ausschließlich durch Vererbung übertragbar war. Ein Staat wie das demokratische Athen, der den doppelten Abstammungsnachweis (Staatsbürgerschaft beider Elternteile) verlangte, trieb diese in Griechenland allgemein verbreitete Ansicht bis an ihre logischen Grenzen – wobei die Autochthonie als ideologischer Kitt herhalten mußte (Kap. 2). Zwar geschah es, daß man außergewöhnlich mächtigen und nützlichen Fremden, Griechen wie Nicht-Griechen, ausnahmsweise die athenische Staatsbürgerschaft gewährte, der normale Status jedoch, den man freien ortsansässigen Fremden zuerkannte, die sich wie Aristoteles für einen dauernden Aufenthalt in Athen entschieden hatten, war der des Metöken (*metoikos*). Das war jedoch an sich kein Privileg, sondern lediglich ein strikt limitiertes Zugeständnis: es schloß nämlich seinen Träger sowohl vom Grundbesitz als auch von politischen Rechten aus, brachte ihn oder sie in Abhängigkeit von einem vollbürgerlichen Bürgen und verpflichtete nicht zuletzt zur Zahlung einer Kopfsteuer. Da letzteres die amtliche Erfassung des Wohnsitzes erforderlich machte und somit die Bewegungsfreiheit einschränkte, handelte es sich dabei nicht nur um eine finanzielle Bürde, sondern wurde anscheinend als nicht weniger herabsetzend empfunden als die Varianten, die man im 14. oder 20. Jahrhundert in England durchsetzte.

Erst in zweiter Linie war die Staatsbürgerschaft eine Frage der Tätigkeit; sie setzte z. B. die Freiheit von gewissen produktiven Tätigkeiten wie dem Bergbau (für Sklaven reserviert) oder der Arbeit in einer Mühle (eine Bestrafung für ungehorsame Sklaven) voraus. Doch weder Geburt noch Beschäftigung schlossen die Notwendigkeit der Erziehung aus. Wäre dem so gewesen, hätte es keinen Bedarf für eine politischen Theorie wie die Aristotelische gegeben, deren Hauptanliegen darin bestand, Institutionen und Verfahren zu ersinnen, die den bürgerlichen Tugenden förderlich waren (*Nikomachische Ethik* 1099b31). Für sich genommen, war politische Theorie jedoch unzulänglich. Auch die *polis* selbst hatte die Funktion, mittels der Gesetze ihre gegenwärtigen und zukünftigen Bürger zu einem angemessenen tugendhaften Verhalten zu erziehen; wie der Epigrammatiker Simonides von Keos (5. Jh.) es einmal ausdrückte: *polis andra didaskei* – »die *polis* erzieht den Mann [zum Bürger]«. Es stellte sich demnach die Frage, welche Gesetze, welche Form der *politeia* (»Verfassung«), welche Erziehung eine *polis* brauchte, um gute Bürger hervorzubringen.

stasis, nicht Stasis

Eine Antwort, freilich eine negative, waren die Gesetze, die Verfassung und Erziehung, die das Auftreten einer *stasis* verhinderten. Dieses Wort hatte im klassischen Griechisch nicht die heute vorherrschende Bedeutung von »Stillstand«, sondern meinte ein entzweiendes »Abseitsstehen« verfeindeter politischer Gruppen, das im Extremfall die Form eines offenen Bürgerkrieges annahm. Die griechische Politik war nun einmal ein Wettbewerb mit Nullsummenspiel, in dem es oft genug zu einer derartigen Extremsituation kam. Selbst in Athen, das in ungewöhnlichem Maße von dieser Plage verschont blieb, hatte der politische Mord an Ephialtes (um 460) eine äußerst rasche Erwiderung in den *Eumeniden* des Aischylos (458) hervorgerufen, und die oligarchischen Gegenrevolutionen von 411 und 404 übten einen nachhaltigen Einfluß auf die staatsbürgerliche Praxis und Ideologie Athens aus. Besonders lehrreich sind die unterschiedlichen Reaktionen auf die *stasis* seitens Aristoteles, Thukydides und Xenophon.

Die Aristotelische Bestimmung der Bürgerschaft einer griechischen Stadt war in letzter Instanz binär und polar. So einfach hingestellt, dürfte eine solch dichotomische Klassifikation die Leser dieses Buches kaum überraschen. Sie verdient jedoch besondere Betonung, da es Aristoteles so intensiv nach einer dritten Kategorie verlangte, einer vermittelnden Schicht gemäßigt eingestellter Bürger, die zwischen beiden das Gleichgewicht hielt. Seine Kenntnis der empirischen Fakten und seine intellektuelle Aufrichtigkeit zwangen ihn aber zu dem Eingeständnis, daß sogar in den Städten, wo die »Mittemänner« (*mesoi*) zahlenmäßig von Bedeutung waren, sie gleichwohl nicht das nötige politische Gewicht aufbrachten, um wirklich etwas auszurichten (vgl. unten).

Demnach bestand jedes *politeuma* gänzlich oder überwiegend aus zwei sich wechselseitig ausschließenden Gruppen, nämlich »den Reichen« (*plousioi*) und »den Armen« (*penetes*). Es handelt sich um eine typisch Aristotelische Analyse: sie basierte auf *ta phainomena* (den »Erscheinungen«) und *endoxa* (den »herkömmlichen Meinungen«), denen zufolge der ökonomische Status einer Person weitgehend deren politische Auffassung und Handlungsweise determinierte, und besaß ›wissenschaftliche‹ Genauigkeit und einen hohen Erklärungswert. Da sie wenige (*oligoi*) waren, tendierten die Reichen zur Etablierung bzw. Aufrechterhaltung einer (wie immer gearteten) oligarchischen Herrschaftsform (wörtlich: »die Herrschaft der Wenigen«), während die Armen, die viele waren, sich im Gegenzug für die Demokratie (wörtlich: »die souveräne Macht des *demos*« oder des »Volkes«) engagierten. Die rein numerische Unterscheidung befriedigte Aristoteles jedoch nicht. Die numerische Differenz zwischen den (wenigen) Reichen und den (vielen) Armen war für ihn kontingent und zufällig. Was die Oligarchie und die Demokratie wesensmäßig unterschied, waren die wirklichen oder vermeintlichen ökonomischen Interessen. Selbst wenn die Reichen zufällig (*per impossibile*) die Mehrheit gebildet hätten, so würden sie dennoch eine oligarchische Verfassung vorgezogen haben, denn die Oligarchie war wesentlich eine Herrschaft durch und für die Reichen; gleiches galt umgekehrt für die Armen und die Demokratie (1290a40-b3, 17-20).

An einer Stelle jedoch gestand Aristoteles zu, daß die Dichotomie Reiche-Arme vielleicht zu einfach war, weil es zwischen den (Super-)Reichen und den (sehr) Armen auch Bürger von »mittlerem« (*mesoi*) wirtschaftlichem Status und entsprechend »moderaten« (*metrioi*) Auffassungen gab. So basierte denn auch seine eigenes Votum für eine »gemischte« Verfassungsform, von ihm etwas inkonsistent *politeia* genannt, auf dem Gedanken, daß diese *mesoi* ein politisches Gleichgewicht herstellen würden (1294a30ff). In Wirklichkeit waren sie jedoch niemals zahlreich und homogen genug, um als ausgleichende Kraft zwischen den beiden großen Klassen zu agieren – wie theoretisch wünschenswert das auch immer sein mochte. Darum auch das fünfte Buch der *Politik*, in dem Aristoteles verschiedene andere Wege zur Vermeidung der *stasis* nannte. Die Umsetzbarkeit auch dieser Vorschläge ließ jedoch sehr zu wünschen übrig, wie er selbst stillschweigend eingestand, als er die zwei letzten Bücher dem Entwurf einer halbherzigen, reichlich papierenen Utopie eines Staatsentwurfes widmete.

In den Jahren bis 338 war die *stasis* in Griechenland derart endemisch und destabilisierend geworden, daß Philipp von Makedonien sie mittels der Bestimmungen des Korinthischen Bundes zu verbieten suchte. Herodot wäre über das Ausmaß sicher erstaunt gewesen, obgleich *stasis* an sich nichts Neues für ihn war (z. B. 5, 30; vgl. 8, 3, 3). Thukydides hingegen hätte sich vermutlich überhaupt nicht gewundert. Schließlich hatte er das Phänomen als ein Hauptelement des Peloponnesischen Krieges beschrieben und auf unvergeßliche Weise analysiert. Der Bürgerkrieg von 427 zwischen Oligarchen und Demokraten in Kerkyra (Korfu) war, wie er schrieb, der erste große Ausbruch, später jedoch »erschütterte die *stasis* so ziemlich die ganze griechische Welt« (3, 82, 1). Für »erschütterte« benutzte er das Verb, von dem das Nomen *kinesis* abstammte, »Bewegung« oder »Aufruhr«, und in seiner Einleitung hatte er den Peloponnesischen Krieg denn auch als »bei weitem die gewaltigste Erschütterung (*kinesis*) für die Hellenen und einen Teil der Barbaren, ja sozusagen unter den Menschen überhaupt« (1, 1, 2) charakterisiert.

Thukydides' Darstellung des Bürgerkrieges in Kerkyra ist im wahrsten Sinne ein Klassiker und rechtfertigt seinen stolzen Anspruch, ein Werk »zum dauernden Besitz« geschrieben zu haben. Im Gedächtnis haften bleibt vor allem seine scharfsinnige Analyse des Zusammenhangs von Worten und Taten. Um der Ungeheuerlichkeit der in diesem Ausmaß nie zuvor dagewesenen grauenerregenden Taten des Betruges und der Gewalt gerecht zu werden, bedurfte es auch einer Umwertung der Wörter, die manchmal sogar direkt entgegengesetzt zu ihrer üblichen Bedeutung verwendet wurden. So wurde beispielsweise eine Handlung, die normalerweise als Abgrund von Feigheit (*deilia*) gegolten hätte, jetzt als Gipfel der Tapferkeit (*andreia*) bezeichnet. Anders gesagt: Die Wörter wechselten nicht so sehr ihre Bedeutung als vielmehr ihr Bezugssystem. In einer solchen Welt gab es keinen Platz für Vernunft (*logos* bedeutet »Vernunft«, aber auch »Wort« oder »Rede«) im herkömmlichen Sinne. Hier liegt vermutlich auch der Grund dafür, warum Thukydides weder in seiner Erzählung noch in seiner Analyse der *stasis* in Kerkyra, noch auch in seiner anderen ausführlichen Behandlung dieses Themas in Buch 8 (45-98, Beschreibung der oligarchischen Konterrevolution von 411 in Athen) Raum für *logoi* im Sinne von Reden fand. Für Thukydides nämlich implizierte Rede immer ein gewisses Maß an (Thukydideischer) Rationalität, und er brachte es einfach nicht über sich, Reden zu verfassen, die aus nichts als Emotion bestanden.

Man vergleiche und kontrastiere damit die Theorie und Praxis Xenophons in den *Hellenika*. Der zweite Ausbruch von *stasis* in Athen (404-403) verschaffte ihm eine glänzende Gelegenheit, seiner Leidenschaft für moralisierende Urteile zu frönen. Seine Debatten (zwischen den Oligarchen Kritias und Theramenes: 2, 3, 24-34; 35-49) und seine Reden (zwei aus dem Mund des gemäßigten Demokraten Thrasyboulos: 2, 4, 13-17; 40-42; eine gehalten vom Herold der Eleusinischen Mysterien, Kleokritos: 2, 4, 20-22) drehen sich nicht um pragmatische Formen der Politik – was Thukydides *ta deonta* genannt hätte –, sondern um die Ethik von Loyalität und Verrat, die private Beziehung von Freundschaft und Betrug. Gutgeheißen wird von Xenophon das Vergessen vergangener Kränkungen und der Verzicht auf Rache, oder, wenn diese unumgänglich ist, der Vollzug einer begrenzten Rache, die mit den Geboten der Frömmigkeit vereinbar ist. Obgleich unter ›normalen‹ Umständen »eine der großen vereinenden Kräfte jedes griechischen Gemeinwesens« (Gray 1989: 101), hatte es Frömmigkeit jedoch nicht vermocht, die *stasis* in Athen (411; 404-403) zu verhindern oder zu mäßigen. Xenophons Verknüpfung von Staatsbürgerschaft und Frömmigkeit war deshalb mehr ideologischer als analytischer oder erklärender Natur, (zugleich aber) ein guter Gradmesser für die enorme Differenz zwischen seiner Art der Geschichtsschreibung und der des Thukydides (vgl. ferner Kap. 7).

Ein Diskurs staatsbürgerlicher Harmonie

Die Kehrseite der *stasis* war die staatsbürgerliche Solidarität und Harmonie. Stellte die *Politik* des Aristoteles in zentraler Hinsicht eine Reaktion auf die von Xenophon und Thukydides geschilderten Formen des Bürgerkrieges dar, so war im Gegensatz dazu das spezifisch attische Genre des *epitaphios* (scil. *logos*) bzw. der Grabrede sowohl eine Feier als auch eine Ermutigung zur Aufrechterhaltung jener ungewöhnlichen staatsbürgerlichen Harmonie, die die klassische attische Demokratie charakterisierte. Unglücklicherweise haben sich nur fünf Exemplare dieser Gattung erhalten: ein Pastiche (Platons *Menexenos*, der Aspasia zugeschrieben), eine literarische Bearbeitung (Thukydides nach dem Perikleischen Original von 430), ein bloßes Fragment (von Gorgias, der wie Lysias kein Bürger Athens war) und nur zwei Epitaphien, die von derselben Person verfaßt und vorgetragen wurden (Demosthenes und Hypereides). Trotz ihrer unterschiedlichen Entstehungsbedingungen bilden sie ein bemerkenswert homogenes Korpus. Der *epitaphios* (2, 35-46) des Thukydides soll hier stellvertretend für alle anderen behandelt werden, unter Beachtung der spezifischen Ausprägung, die diese Gattung durch ihn erhielt.

Unter dem Gesichtspunkt des Politischen verdienen vor allem zwei Züge hervorgehoben zu werden. Erstens erfassen wir in ihm den staatsbürgerlichen Diskurs Athens *par excellence*, weit mehr noch als ihn die Tragödie vermittelt, denn der *epitaphios* handelt unmittelbar und ausschließlich von Bürgern Athens – in Vergangenheit, Gegenwart und Zukunft – und von ihren *oikeioi*. »Die Männer machen eine Stadt (*polis*) aus«, läßt Thukydides 413 den Nikias sagen – nach der großen Katastrophe in Syrakus, bei der viele Tausend Bürger Athens gestorben waren (7, 77, 7). Zur Feier und zum ewigen Gedenken der toten Bürger Athens, die auf einem Feldzug für die *polis* gefallen waren, hatte man die Institution des *epitaphios* erfunden (vermutlich um 460). Es war eben nicht nur *dulce et decorum pro patria mori*, vielmehr war der Tod in der Schlacht oder auf einem Feldzug für einen Bürger Athens die ›süßeste‹ und angemessenste, ja die beste Art zu sterben. Herodots Solon zufolge (1, 30), der in einer fiktiven Ansprache an Kroisos von Lydien das Beispiel des ansonsten unbekannten Atheners Tellos anführt, war ein solcher Tod gleichbedeutend mit menschlicher Glückseligkeit.

Folglich war denn auch die wichtigste staatsbürgerliche Lehre des *epitaphios* des Perikles *in nuce* die, daß ein tapfer gefallener Mann alles getan habe, was von ihm erwartet werden konnte. Und tatsächlich wurde dies von ihm erwartet, denn etymologisch setzte man Männlichkeit (die wörtliche Bedeutung von *andreia*) mit Tapferkeit gleich; Tapferkeit in der Schlacht wiederum war ein wesentliche Komponente in der Hierarchie der staatsbürgerlichen Werte. Thukydides' Perikles bemühte sich jedoch zu betonen, daß es sich dabei um Werte handelte, für die sich die Athener aus freien Stücken entschieden hatten – bei den Athenern gab es keine orientalische Despotie. »Der edle Tod ist der Modellfall einer staatsbürgerlichen Entscheidung, die gleichzeitig frei und determiniert ist« (Loraux 1986a: 104).

Der *epitaphios* des Perikles' war jedoch noch in einem zweiten, engeren Sinne politisch. Da es sich um einen spezifisch demokratischen Diskurs handelte, kontrastierte er implizit wie explizit Athens »freie Herrschaft aller durch alle« mit der Regierungsform des heteronomen, autoritären Sparta. Die Leidenschaft und Überzeugung, mit der Thukydides seinen Perikles die demokratischen Institutionen Athens sowie seine Kultur (»ein Beispiel für ganz Hellas«) lobpreisen läßt, ist gelegentlich fehlinterpretiert worden, und zwar als Ausdruck seiner eigenen Gefühle für die radikale attische Demokratie, unter der er aufgewachsen war. Eine genauere Betrachtung der überraschend aristokratischen Züge des *epitaphios*, zusammen mit Thukydides' explizit ablehnenden Urteilen über Theorie und Praxis der Demokratie (2, 67, 7; 8, 97, 2), schließen eine solche Lesart aus. Thukydides war weder ein überzeugter Demokrat, noch läßt sich seine Geschichtsschreibung sinnvollerweise als demokratisch bezeichnen (anders Farrar 1988).

Die äußeren Umstände der Rede – ein kollektives Staatsbegräbnis für die Kriegsgefallenen Athens auf dem Kerameikos-Friedhof beim Stadtzentrum – verlangten nach einem ideologischen Konstrukt, das in voller Harmonie mit der demokratischen *politeia* stand. Aber wie so oft – vielleicht notwendigerweise – bei Ideologien, ist das Ungesagte ebenso wichtig wie das Gesagte. Zwei wesentliche Auslassungen waren *de rigeur*. Erstens die Metöken: obgleich *per definitionem* keine Bürger, mußten diese ortsansässigen Fremden, sofern sie männlich, im wehrtauglichen Alter und zur Selbstausstattung als schwerbewaffnete Infanteristen in der Lage waren, als Hopliten für Athen kämpfen. Wie wir aus Thukydides' Erzählung wissen, wurden solche metökischen Hopliten zu Beginn des Peloponnesischen Krieges in großer Zahl zu den Fahnen gerufen und erlitten schwere Verluste. Da Xenophon in seinem Pamphlet über die Staatseinkünfte (*Poroi* 2, 3) sich auf »Lydier, Phryger, Syrier und Barbaren aller Art« unter den metökischen Hopliten bezieht, müssen einige von ihnen, zumindest in der Mitte des 4. Jahrhunderts, freigelassene Sklaven gewesen sein. Gleichwohl erwähnt Perikles sie bei Thukydides mit keinem Wort. Gemeinsam mit den versklavten Männern und Frauen bildeten sie das ›Andere‹ im Innern der *polis*.

Zweitens schloß die demokratische *politeia* Athens – notorisch, wie uns heute scheinen will – Frauen formal wie öffentlich von allen Rollen und Funktionen, mit Ausnahme der religiösen, aus; und diese Ausschließung schuf ein Problem. Der eine krasse Mißton, der im Perikleischen *epitaphios* hörbar wird, taucht gegen Ende auf, und zwar als zögernde, widerwillige Bezugnahme auf die »Verdienste der Frauen, die nun als Witwen leben müssen« (2, 45, 2). Institutionell ergab sich das Problem, wie wir gesehen haben, aus dem Interesse der männlichen attischen Bürger an legitimen Nachkommen und Erben, eine Legitimität, die ebenso von den attischen Frauen abhängig war wie von ihnen selbst. Ideologisch aber entsprang es vor allem der universal-griechischen Konstruktion einer Mann-Frau-Differenz in Analogie zu der Polarität Freier-Sklave; so jedenfalls wird meine Argumentation im folgenden Kapitel lauten.

6
Von unmenschlicher Unterjochung

Freier versus Sklave

Das alles ist unbegründet und steht in Widerspruch
mit sich selbst und allem Wohlbegründeten,
und es klingt wie die ›lange Rede‹ des Simonides,
wie das Gerede der Sklaven, wenn sie
keine gute Entschuldigung zu bieten haben.

(Aristoteles, *Metaphysik* 1091a5)

How can I love Mount Vernon
with its green alleys and its river perspective
and its slave quarters?

(Marge Piercy, *Contribution to Our Museum*)

Sklaverei beginnt zu Hause

Von Zeit zu Zeit kommen in der britischen Presse Einzelheiten über die Stellung und Lebensumstände von weiblichen Hausangestellten philippinischer Herkunft ans Licht – gewöhnlich im Zusammenhang mit irgendeinem besonders finsteren Gerichtsverfahren. Obgleich sie zutreffend als Sklavinnen zu klassifizieren sind, hat man diese Frauen auch schon als »Bürgerinnen zweiter Klasse« apostrophiert, zu Unrecht, da sie in keiner Weise Bürger des *United Kingdom* sind. Den Griechen der klassischen Zeit wäre ein solcher Fehler nicht unterlaufen. Für sie war ein Sklave die extensive Antithese des Bürgers, denn ein griechischer Bürger war *per definitionem* frei (wenn auch manchmal, sehr selten, von sklavischer Herkunft). Andererseits hätten die Griechen – angesichts der Tatsache, daß die philippinischen Sklavinnen Ausländerinnen sind – deren Status nicht gar so merkwürdig gefunden. Denn die meisten nicht-griechischen Frauen, die in Griechenland wohnten, waren Sklavinnen. Wie wir sehen werden, konnten auch griechische Frauen buchstäblich versklavt sein; wenn sie aber diesem Schicksal entgangen waren, so erlitten sie die nächste große Erniedrigung, indem das männliche suprematistische Denken der freien griechischen Bürger sie kategorial mit den Sklaven zusammenwarf bzw. ihnen zuordnete.

Wie man die Sklaven in Griechenland benutzte und welche Rechte sie besaßen, davon später. Schon im Hinblick auf die philippinischen Frauen in London stellen sich nämlich Fragen nicht nur hinsichtlich der Moral, sondern auch der historischen Methode. Sie machen uns bitter bewußt, daß die Sklaverei auch heute noch floriert, trotz der unbestreitbaren Erfolge von William Wilberforce und der *Anti-Slavery Society*, die er vor anderthalb Jahrhunderten mitbegründete. In Großbritannien soll es schätzungsweise 3000 Sklaven geben (von denen die meisten zum wirtschaftlich und sexuell ausgebeuteten Typ der philippinischen Hausangestellten gehören); auf der ganzen Welt aber soll es heute mehr Sklaven der einen oder anderen Kategorie geben als zu der Zeit, da Wilberforce seine guten Taten vollbrachte. Sollen, ja können wir uns demgegenüber moralisch neutral verhalten? Sicherlich nicht. Aber können, ja sollen wir gegenüber der faktischen Sklaverei im klassischen Griechenland neutral bleiben? Das ist eine weit umstrittenere Frage, zumindest für diejenigen, die dem griechischen Erbe immer noch vitale Bedeutung zusprechen. Geht man nämlich nicht nur davon aus, daß es in den griechischen Gesellschaften Sklaven gab, sondern daß die griechische Kultur strukturell auf Sklaverei basierte, dann brauchen wir ein potentes Mittel gegen dieses Gift, ein hochwirksames Toxin, um diesen Wurm im griechischen Kulturwunder unschädlich zu machen.

Orlando Patterson, Geschichtssoziologe in Harvard und selbst ein schwarzer Westinder – ein Erbe jener britischen Versklavung also, die Wilberforce schließlich abschaffte – hat ein solches Mittel vorgeschlagen. Niemand hat mehr getan als Patterson, um kulturübergreifend zu definieren, worin das Wesen der Sklavenexistenz besteht, die er als »sozialen Tod« klassifiziert (Patterson 1982). Der Sklave erleidet sowohl eine natale Entfremdung – wird er doch brutal aus seinen ursprünglichen Verwandtschafts- und Gemeinschaftsbindungen herausgerissen –, als auch eine permanente Ausgrenzung in der fremden Gesellschaft, in die er als nicht integrierbarer Außenseiter gewaltsam verpflanzt worden ist. Obwohl oder gerade weil er zum Zeitpunkt der Versklavung nicht physisch getötet wurde, muß er nun für sein Überleben durch einen lebenslangen symbolischen Tod büßen. Doch wie der biblische Honig aus dem Kadaver eines Ochsen floß, so entstand – folgt man Pattersons Buch über die Freiheit (1991) – aus der griechischen Sklaverei der von der westlichen Welt am höchsten geschätzte Wert der persönlichen, bürgerlichen und staatlichen

Freiheit. Seine These lautet, daß zwischen beiden ein kausaler Zusammenhang besteht und weiter, daß es in der Übermittlung dieses Wertes eine ununterbrochene Kontinuität von den Griechen bis heute gebe. Untrennbar verbunden wie zwei siamesische Zwillinge, bilden Freiheit und Sklaverei für ihn darum einen wesentlichen Teil des griechischen Erbes wie auch der kulturellen Tradition des Westens überhaupt.

Das mag in gewisser Hinsicht eine tröstliche Botschaft sein. Diese These ist jedoch nicht nur, streng genommen, unbeweisbar, sondern sie läuft auch Gefahr, die eigentliche Bedeutung und den Stellenwert der Sklaverei in der griechischen Mentalität zu verschleiern. Ich möchte daher lieber ins Gedächtnis rufen, daß ein zentrales Ideologem der griechischen Sklavenhalter-Tradition benutzt wurde, die Versklavung der Indianer während der spanischen Eroberung Amerikas zu rechtfertigen. Dieses Ideologem war die Aristotelische Doktrin der natürlichen Sklaverei. Natürlich wissen wir nicht, ob Aristoteles diese praktische Anwendung seiner Doktrin gutgeheißen hätte. Ich werde jedoch argumentieren, daß es ihm sogar unter seinen eigenen Voraussetzungen hätte schwerfallen müssen, diese Doktrin überhaupt legitim zu finden.

Ideologie oder Philosophie?

Eine römische Definition des Sklaven lautete *instrumentum vocale*: ein mit Stimme begabtes Werkzeug. In gewisser Hinsicht eine aufschlußreiche Definition, kodifiziert sie doch die Enthumanisierung und Depersonalisierung, die für die Beziehung Herr-Sklave zentral ist; aber auch eine ironische, insofern nämlich die Sklaven der griechischen und römischen Antike – anders als die des alten amerikanischen Südens – für uns tatsächlich stumm sind. Kaum eine einzige authentische Äußerung eines antiken, nicht freigelassenen Sklaven ist uns schriftlich überliefert. Angesichts der vielen hunderttausend Sklaven, die während der gesamten Antike existierten, ist dies ein schrecklicher und tragischer Tatbestand. Wie im Hinblick auf die Stummheit der griechischen Frauen (vgl. Kap. 4), ist diese Unter-Repräsentation der Sklaven in bezug auf schriftliche Zeugnisse für uns jedoch weniger problematisch als für jemanden, der eine Wirtschafts- oder Sozialgeschichte des antiken Griechenland zu schreiben versucht. Uns ist es um die Ideologie der Sklaverei zu tun, die Art, in welcher die Sklaven durch und für das schriftkundige, sklavenhaltende Element des griechischen Bürgerstandes repräsentiert wurden.

Ein Musterbeispiel dieser Repräsentation ist die Aristotelische Doktrin der natürlichen Sklaverei. Da diese jedoch formal in den Rahmen einer politischen Theorie eingebunden ist, nämlich der *Politik*, werde ich zunächst die Frage offenlassen, wie diese Doktrin angemessen zu klassifizieren ist: als Philosophie (natürlich innerhalb des Systems der Aristotelischen Philosophie) oder als Ideologie, d.h. als eine bewußt oder unbewußt durch soziale, nicht philosophische Imperative überdeterminierte Doktrin.

Auf den ersten Blick scheint es sich bei dieser Doktrin um die Aristotelische Reaktion auf das zu handeln, was David Brion Davis (1988: 62) »den inhärenten Widerspruch der Sklaverei« genannt hat. Dieser ergibt sich Davis zufolge »nicht aus der Grausamkeit oder der wirtschaftlichen Ausbeutung, sondern aus dem zugrundeliegenden Konzept des Menschen als eines übertragbaren Besitzes, dem nicht mehr Freiheit des Willens und Bewußtseins zugestanden wird als einem Haustier« – mit anderen Worten: ein *instrumentum vocale*. Simone Weil hat ähnlich argumentiert, als sie von dem »logischen Widerspruch« der Sklavenhaltung sprach, der zwischen dem Konzept einer Person als Mensch *und* Sache bestehe, wobei sie grimmig hinzufügte, daß das, was logisch unmöglich sei, im Leben durchaus Wirklichkeit werden könne und daß die menschliche Seele durch einen solchen, ihr innewohnenden Widerspruch zerrissen werde (Weil 1986: 188). Obgleich auch Aristoteles den Sklaven als »Werkzeug« (*organon*) und »Besitz« (*ktema*) definierte, bestritt er gleichwohl nie, daß Sklaven wie Sklavenhalter gleichermaßen eine »Seele« (*psyche*) besäßen. Tatsächlich definierte er denn auch den »natürlichen« Sklaven als »belebtes« bzw. »beseeltes« (*empsychon*) Werkzeug bzw. Eigentum. Welche Veranlagung des Sklaven oder der Sklavin hat Aristoteles nun dazu veranlaßt, ihn oder sie als Sklaven »von Natur aus« zu begreifen, statt als Produkt sozialer (besonders rechtlicher) Konvention?

Die Doktrin selbst ist schwer korrekt zusammenzufassen, zum Teil weil die *Politik* kein ausgearbeitetes literarisches Werk für eine breite Leserschaft ist, sondern ein Sammlung von komprimierten Vorlesungsnotizen für seine unmittelbaren Schüler, die er dann in der direkten Diskussion weiter ausgeführt hat. Die Doktrin beansprucht jedoch mehr Aufmerksamkeit als normalerweise üblich, und zwar hauptsächlich aus zwei Gründen. Erstens ging Aristoteles' Verfahren erklärtermaßen von dem aus, was in den Augen der vernünftig denkenden, lebensklugen Griechen der Fall zu sein bzw. wünschenswert schien, d.h. von herkömmlichen Auffassungen, die er im Hinblick auf alle Angelegenheiten, die einer Kodifizierung durch mathematische Formeln nicht zugänglich waren, für gültig hielt. Wenn daher die Aristotelische Doktrin der natürlichen Sklaverei eine ausgearbeitete Version solch allgemein anerkannter, praktischer Klugheit in Sachen Sklaverei darstellt, so erhalten wir durch sie einen Zugang zur Durchschnittsmeinung des für vernünftig geltenden Sklavenbesitzers über Wesen und Rechtfertigung der Sklaverei. Zweitens, und damit verknüpft: obgleich es überall in der griechischen Gesellschaft Sklaven gab, nicht zuletzt in Athen, ist es eine andere Frage, ob diese Gesellschaft tatsächlich strukturell auf Sklaverei basierte: wäre die klassische griechische Kultur ohne Sklaven notwendigerweise eine gänzlich andere gewesen? Daß Aristoteles so eisern an der Sklaverei als notwendiger Bedingung für ein gutes *polis*-Leben der Nicht-Sklaven festhielt, könnte uns diese wichtige Frage beantworten helfen.

Ausschlaggebend für Aristoteles ist das Ausgangspostulat, daß ein gutes Leben für die Menschen nur im Rahmen der *polis* möglich sei. Da er schon fast instinktiv allen konventionalistischen Auffassungen ablehnend gegenüberstand, fiel es ihm nicht schwer, sich davon zu überzeugen, daß die *polis* einen natürlichen Organismus darstellte. Innerhalb und für dieses ideale »Gemeinwesen« (*koinonia*) des politischen Menschen existierte die Sklaverei und mußte sie existieren. Aber wie fand man heraus, wer ein natürlicher Sklave war? Seinem Mentor Platon folgend, identifizierte Aristoteles sie im wesentlichen mit Hilfe intellektueller Kriterien, und zwar aufgrund ihres Mangels an normativer Intelligenz, die das wahrhaft freie, staatsbürgerliche Lebewesen auszeichnete. Mit anderen Worten: die *psyche* des natürlichen Sklaven galt Aristoteles im Hinblick auf ihre logische Urteilsfähigkeit als hoffnungslos defizient.

Aristoteles' Beweisführung (das, was er dafür hielt) verlief folgendermaßen (die Schlüsselstelle ist *Politik* 1253b-1255b30): Er beginnt auf der Ebene des *oikos*, des kleinsten gemeinsamen Nenners oder Minimalbausteins jenes organischen Zusammenschlusses, der die *polis* ausmacht. Dieser besteht im allgemeinen aus zwei, sich wechselseitig ausschließenden Personenkategorien, nämlich aus Freien und Sklaven. Diese binäre Analyse verdeckt jedoch, daß es in Wirklichkeit drei paarweise angeordnete Subkategorien gab: Herr und Sklave, Mann und Frau, Vater und Kinder. Daß Aristoteles diese drei und keine anderen wählt (z. B. Herrin und Sklavin, Mutter und Kind), liegt daran, daß sein Denken sich hier im praktischen Rahmen der Haushaltsführung (*oikonomia*, nicht mit unserer Ökonomie zu verwechseln) bewegt und folglich auch im Rahmen verschiedener Formen hierarchischer Herrschaft. Nachdem er, lediglich um sie zu widerlegen, die konkurrierende Hypothese erwähnt hat, daß der Erwerb von Gütern durch kommerziellen Tausch die ganze *oikonomia* oder doch deren wichtigsten Bestandteil ausmache, geht er dazu über, unter praktischen wie auch rein theoretischen Gesichtspunkten den Status des Herrn zu untersuchen, d. h. die Herrschaft des Herrn über die Sklaven.

Wieder beginnt er mit der Erwähnung konkurrierender Auffassungen, die er entweder explizit oder implizit zurückweist. Er gibt sich besondere Mühe, ausdrücklich die Ansicht zurückzuweisen, daß Sklavenhaltung wider die Natur sei, nur eine Frage des *nomos* (der künstlichen und willkürlichen Konvention), weil doch Freier und Sklave von Natur aus gleich und zudem Sklavenhaltung moralisch ungerecht sei, da sie auf Gewaltanwendung beruhe. Aristoteles, der das 5. Buch der *Nikomachischen Ethik* der Definition der Gerechtigkeit gewidmet hatte, konnte nicht akzeptieren, daß seine »natürliche« *polis*, in der Herr und Sklave als »natürliche« und notwendige Bestandteile figurierten, gerade wegen dieses Tatbestandes ungerecht sein sollte. Daher seine sieben Schritte umfassende Argumentation für die »natürliche« Sklaverei.

Der erste Schritt besteht in der Behauptung, Eigentum und die Kunst, es zu erwerben, seien notwendige Bestandteile der Haushaltsführung, da sowohl das reine Überleben als auch ein gutes Leben für die Menschen von der Verfügbarkeit der notwendigen materiellen Güter abhänge. Darauf folgt die Behauptung, daß der in der Haushaltsführung Bewanderte Werkzeuge braucht, um auf seinem Eigentum die notwendige Arbeit zu leisten. Drittens erklärt Aristoteles, solche Werkzeuge könnten beseelt oder unbeseelt sein, wörtlich mit oder ohne *psyche*. Viertens sei ein Besitzgegenstand ein Werkzeug zum Zwecke der Lebensbewältigung, Eigentum im ganzen eine Ansammlung solcher Werkzeuge, daher seien Sklaven als Werkzeuge beseelte Besitzgegenstände. Fünftens unterscheidet Aristoteles zwischen Herstellen und Handeln: einige Werkzeuge, wie z. B. Weberschiffchen, seien Werkzeuge der Produktion (*poiesis*), andere dagegen Instrumente des Handelns (*praxis*) – d. h. sie befähigen den sie besitzenden Benutzer, sich in bestimmter Weise zu verhalten. Sklaven, so behauptet Aristoteles, seien solche (qualitativen) Instrumente des Handelns, nicht (quantitative) Werkzeuge der Produktion. Der sechste Schritt besteht in der Behauptung, daß ein Besitzgegenstand sich wie ein Teil zum Ganzen verhalte. In seiner Eigenschaft als Besitzgegenstand sei der Sklave folglich ein Teil des Herrn, insofern er als Sklave jenem gehöre und sich ganz in dessen Besitz befinde. Den siebten und letzten Schritt bildet die Behauptung, daß solch ein Sklave von Natur aus Sklave sei, insofern der *oikos*, zu dem er gehöre, und die Herrschaft (*despotike*) selbst natürliche Phänomene seien und der Sklave seinem Besitzer von Natur aus als Instrument der *praxis* diene.

So sieht also der natürliche Sklave in der Theorie aus – bleibt zu fragen, ob er denn in der Wirklichkeit überhaupt existiert. Indem er von der objektiven zur subjektiven Klassifizierung übergeht, d. h. zur Klassifizierung entsprechend der individuellen Natur des Sklaven, fragt Aristoteles zuerst, ob jemand existiert, der seiner Natur nach so (unterwürfig) ist. Als nächstes fragt er, ob es für jemanden »besser und gerecht« sei, als Sklave zu existieren – oder ob es nicht vielmehr so sei – wie einige seiner Gegner behauptet haben –, daß die gesamte Sklaverei wider die Natur sei. Zum Glück, für

Aristoteles, kennt er keine Zweifel, wie die richtige Antwort auf diese Fragen aussieht – in der Theorie wie in der Praxis. Er behauptet nämlich, einiges sei von Geburt an dazu bestimmt, beherrscht zu werden, anderes hingegen, selbst zu herrschen; von diesen beiden polarisierten Typen wiederum gebe es viele Spielarten. Bevor er jedoch darlegt, was genau den natürlichen Sklaven qua Geburt dazu prädestiniert, beherrscht zu werden, schafft er die theoretischen Grundlagen, und zwar durch eine ausführliche Abhandlung über den bestmöglichen natürlichen Zustand der menschlichen *psyche*.

So wie man den Haushalt als eine Reihe polarisierter und hierarchisch aufgebauter Paarrelationen analysieren kann, so läßt sich bei jedem Lebewesen (*zoon*) eine grundlegende Zweiteilung und hierarchische Unterscheidung zwischen *psyche* (»Seele«, »Geist«, »Denkvermögen«) und Körper ausmachen. Der Mensch hat dann die beste natürliche Verfassung, wenn die beste *psyche* den besten Körper beherrscht, wie der Herr seinen Sklaven; eine menschliche *psyche* wiederum ist dann in der besten Verfassung, wenn der *nous* – d. h. jener Teil, der die Vernunft (*logos*) beherbergt – über die affektiven und emotionalen Teile herrscht, genauso wie Bürger oder Könige über ihre Mitbürger bzw. Untertanen herrschen. Andererseits ist eine Situation wechselseitiger und gleichberechtigter Herrschaft zwischen *nous-logos* und Affekt-Emotion in jedem Fall schädlich; erst recht, wenn *nous-logos* von Affekt-Emotion beherrscht wird.

Um diese Analyse der idealen Körper-Seele-Beziehung und des besten innerseelischen Zustandes zu vertiefen, bedient sich Aristoteles wieder einer Analogie. Die Herrschaft der *psyche* über den Körper, des denkenden Teils der *psyche* über die sinnlichen und emotionalen Anteile, verhält sich analog zur Herrschaft der Menschen über die Tiere und der Männer über die Frauen, da Menschen bzw. Männer von Natur aus überlegen sind und darum herrschen sollten – zum Wohle der Beherrschten. Nachdem er so argumentativ den Boden bereitet hat – wenngleich dieser durchaus uneben und rutschig ist (man beachte besonders die vorgängige Einführung der Herr-Sklave-Relation als Vergleichsmaßstab für die Körper-Seele-Relation) –, kann Aristoteles schließlich (1254b22-23) enthüllen, was den natürlichen Sklaven und sein weibliches Gegenstück – abgesehen von ihrer natürlichen Beziehung zum Herrn – von Natur aus sklavisch macht. Die Begründung liegt darin, daß der natürliche Sklave zwar an der Vernunft teilhat, aber nur partiell; er verfügt zwar über genügend Vernunft, um zu begreifen, daß er sich der überlegenen Vernunft des Herrn unterwerfen muß, er ist jedoch völlig unfähig, in eigener Verantwortung selbständig zu urteilen.

Obendrein ist die natürliche Unterlegenheit des Sklaven – so Aristoteles – nicht auf die *psyche* beschränkt. Er ist auch körperlich unterlegen. Denn die Körperhaltung des natürlichen Sklaven ist weniger aufrecht als die des natürlichen Herrn, so daß jener besser für die Ausführung von gebückten Tätigkeiten (Handwerk und Landwirtschaft) geeignet ist, während dieser von seiner Natur her dazu bestimmt ist, ein *politikos bios* zu führen, d. h. das Leben eines griechischen Bürgers und eines im Krieg wie im Frieden aktiven Mitgliedes der *polis*. Das ist, milde ausgedrückt, ein schwaches, ja untaugliches Argument. Warum Aristoteles es jedoch überhaupt einführt, wird danach deutlich: Während es keineswegs einfach ist, die Veranlagung der *psyche* eines Menschen genau zu bestimmen, ist die Körperhaltung unmittelbar und unwiderlegbar sichtbar; und wie es in der zeitgenössischen pseudo-Aristotelischen Schrift *Physiognomika* (806a7-8) heißt (obgleich dieses Werk die aufrechte Haltung eher mit Männlichkeit als mit Freiheit assoziiert): »bleibende körperliche Merkmale lassen auf bleibende geistige Eigenschaften schließen«. Doch kaum hat Aristoteles dieses Argument angeführt, da deckt er schon selbst dessen Schwäche auf: »Sehr oft«, gesteht er ein, »ist das genaue Gegenteil der Fall.« Anders gesagt: »von Natur aus« freie Männer gehen gebeugt und haben deshalb minderwertige (sklavische) Körper.

Außerdem ist dies nicht das einzige Problem, das seiner Theorie der natürlichen Sklaverei entgegensteht, wie Aristoteles zugestehen muß. Schon die Ausdrücke »Sklave sein« und »Sklave« sind mehrdeutig, denn – und dies stellt eine wichtiges Zugeständnis an seine konventionalistisch argumentierenden Gegner dar – »es gibt Sklaven, die es allein dem *nomos* nach sind«. Dabei bezieht er sich auf die Kriegsgefangenen, die – obgleich nicht von Natur aus Sklaven – dennoch *de facto* und *de iure* (d. h. durch das Recht des Eroberers) Sklaven sind. Aristoteles achtet jedoch darauf, keine weitergehenden Konzessionen zu machen: mit Sicherheit würde er eine Ausdehnung der Konventionalismus-These auf die Sklaverei insgesamt, ohne Rücksicht auf die innere psychische Natur der Sklaven, nicht gutheißen. Doch – und hier nähert sich Aristoteles triumphierend dem Abschluß seiner Argumentation – selbst jene, die behaupten, Kriegsgefangene seien in Übereinstimmung mit dem *nomos* rechtmäßige Sklaven, beziehen sich keinesfalls auf griechische Kriegsgefangene, sondern nur auf Barbaren. Es wäre darum sehr viel besser, wenn seine Gegner nur endlich die Doktrin der natürlichen Sklaverei in ihrer ganzen Strenge akzeptieren würden. Denn sie steht ja in völliger Übereinstimmung mit deren Ansicht von der berechtigten Versklavung der Barbaren, insofern es für natürliche Sklaven sowohl gerecht als auch ratsam ist, als Sklaven einem Herrn zu dienen, dem sie (an)gehören. Tatsächlich ist zwischen solchen natürlichen Sklaven und ihren Herren sogar eine begrenzte, bedingte Form von instrumenteller Freundschaft möglich (vgl. *Nikomachische Ethik* 1161a35-b5).

Aristoteles macht sich gemein

Die Aristotelische Doktrin bietet demnach kaum eine philosophisch angemessene Beweisführung für die Natürlichkeit der Sklaverei, weder im allgemeinen noch im besonderen Kontext der griechischen *polis*. Sie ist ethisch
rückschrittlich – im Vergleich zu jenen namenlos bleibenden Gegnern, die
zu Recht die Sklaverei als auf Gewaltanwendung beruhend und darum moralisch falsch verdammten – und mangelhaft wegen ihrer unhinterfragten
Voraussetzungen. Es stellt sich folglich die Frage, warum dieser Meisterdenker, der Begründer der abendländischen Logik, sich hier in so schlechter
Verfassung zeigt. Warum war Aristoteles so viel an der Schlußfolgerung ge-
legen, daß die Sklaverei gerecht und gerechtfertigt sei, daß er seine argu-
mentativen Prämissen derart durcheinanderbrachte?

Meiner Meinung nach waren es zwei Faktoren, die über seine sonstige
moralische und intellektuelle Integrität die Oberhand gewonnen haben. Erstens war die Sklaverei so sehr eingebettet in die *phainomena* (»Erscheinungen«) und *endoxa* (»herkömmlichen Meinungen«), so sehr Teil der
Luft, die die Griechen atmeten (wie es seit unvordenklichen Zeiten, spätestens aber seit Homer der Fall gewesen war), daß nicht einmal die vergleichsweise aufgeklärten Gegner des Aristoteles ihre Abschaffung forderten: »Alle stimmten darin überein, daß die Institution beibehalten werden
müsse« (Finley 1980/1985: 147). Zweitens ließ sich die von Aristoteles gegebene Darstellung der Haltung des freien Durchschnittsgriechen gegenüber der Sklaverei nahtlos seiner anti-konventionalistischen, teleologischen
Sicht eines guten Lebens für die Menschen innerhalb der *polis* anpassen.
Aus der Mechanik seines Begriffssystems heraus konnte er sich nämlich
keine Alternative zur Sklaverei vorstellen; wer sonst sollte schließlich die
Mittel bereitstellen, um die privilegierten griechischen Bürger mit der nötigen Muße (*schole*) für ihre *praxis* politischer und philosophischer Reflexion
auszustatten? »Muße ist nicht für Sklaven«, lautete das Sprichwort (zit. bei
Aristoteles, *Politik* 1334a20-1), waren sie es doch, die den Bürgern die ihre
überhaupt erst ermöglichten.

Eine leicht wahrnehmbare gesellschaftliche Tatsache kam zu diesen beiden Gründen verstärkend hinzu: Die meisten der vielen Tausend Sklaven in
der griechischen Welt gegen Ende des 4. Jahrhunderts waren barbarischer
Abstammung (*genos*). Wie wir sahen (Kap. 3), war das Stereotyp von der
natürlichen Minderwertigkeit der Barbaren spätestens um 450 bereits fest
etabliert – vor allem dank des griechischen Sieges über die Perser 480-79.
Insofern also Grieche-Sein mit geistiger, sozialer und politischer Freiheit
gleichgesetzt, Sklaverei aber mit Barbaren assoziiert wurde, ließe sich
sagen, daß die griechische Zivilisation, Kultur und Mentalität ideologisch

auf der Sklaverei beruhten. Diese düstere Schlußfolgerung hat Aristoteles auf seine gewundene philosophische Art praktisch bestätigt.

Es bleibt jedoch fraglich, ob die Aristotelische Dokrin der natürlichen Sklaverei nicht mehr tat und zu tun beabsichtigte, als den existierenden *status quo* in Griechenland zu untermauern. Als Aristoteles seine eigene Version eines perfekten Idealstaates skizzierte, war er konsequent genug, dafür einzutreten, daß die Arbeitskräfte der Landwirtschaft und der Handwerksbetriebe aus barbarischen Sklaven bestehen sollten; Leute, die er als *perioikoi* (»Umwohnende«) bezeichnete, um ihren buchstäblich marginalen politischen und sozialen Status zu verdeutlichen. Diese Idee bzw. dieses Ideal blieb jedoch nicht auf den Bereich theoretischer Spekulation innerhalb des *thinktanks* am Lykeion beschränkt. Denn in den Jahren unmittelbar nach der Kompilation der *Politik* (Mitte der 330er) gelang seinem früheren Schüler Alexander dem Großen von Makedonien die Eroberung weiter Teile des Nahen und Mittleren Ostens; ein entscheidender Aspekt dieses Eroberungsprozesses bestand in der Gründung neuer griechischer Städte, deren Arbeitskräfte genau solche barbarischen *perioikoi* bzw. Sklaven waren. Wie erwähnt, wurde die Aristotelische Doktrin der natürlichen Sklaverei in einer späteren Epoche imperialistischer Expansion auch von den spanischen Konquistadoren herangezogen, um die Versklavung der indianischen Bevölkerung zu rechtfertigen. Obgleich es sicherlich unfair wäre, Aristoteles dafür die Schuld zuzuschieben, läßt sich seine Verantwortung für die geographische Ausdehnung der Sklaverei während der nach-klassischen, hellenistischen Ära nicht leicht bestreiten oder gar ignorieren.

Zwischen Freien und Sklaven

Denkt man sich die barbarischen Sklaven für einen Augenblick weg, so steht man einer ganz anderen griechischen Welt gegenüber, und zwar nicht nur materiell, sondern auch geistig und sogar religiös; wie verschieden, wird bald deutlich werden, wenn wir betrachten, welchen Gebrauch man in der griechischen Welt von den Sklaven machte und wie groß die metaphorische Reichweite des Epithetons »sklavisch« als Schimpfwort war. Bevor wir jedoch die theoretische, begriffsorientierte Diskussion der Antithese »Freier vs. Sklave« beenden, möchte ich zunächst noch auf die nach-Aristotelische Formel »zwischen Freien und Sklaven« zu sprechen kommen, denn sie macht deutlich, daß die Antithese Freier-Sklave weder im rein logischen noch im soziologischen Sinne eine polare Antithese war, und sie spiegelt darüber hinaus die zunehmende Differenziertheit der antiken griechischen Geschichtsschreibung der Sklaverei.

Die Formel hat sich in einem Lexikon (Pollux, *Onomastikon* 3, 83) aus dem 2. Jahrhundert n. Chr. erhalten, stammt aber wahrscheinlich aus dem 3. Jahrhundert v. Chr., und zwar von dem Philologen Aristophanes von Byzanz: »Zwischen freien Männern und Sklaven stehen die lakonischen Heloten, die thessalischen Penestai, die mariandynischen Dorophoroi, die argivischen Gymneten und die sikyonischen Korynephoroi.« Diese Feststellung ist weder juristisch präzis, noch entspricht sie genau den Tatsachen, wichtig aber ist, daß sie – anders als die normative binäre Klassifizierung – verschiedene Grade und Arten von Unfreiheit kennt. Die verschiedenen Gruppen von *douloi* in der griechischen Welt hatten ihren Status auf unterschiedliche Art erlangt und wurden als Sklaven unter unterschiedlichen legalen und sozialen Bedingungen gehalten. Einige waren Griechen, die meisten waren Barbaren, einige waren kollektiv versklavt, andere individuell, einige hatten mehr Privilegien als andere, mehr »Elemente von Freiheit« in ihrem Leben usw. Außerdem wurden nach dieser Formel Freie und Sklaven so behandelt, als befänden sie sich innerhalb eines einzigen gesellschaftlichen Kontinuums und als bildeten sie nicht zwei wechselseitig exklusive und hierarchisch gestufte Kategorien. Die Formel implizierte mit anderen Worten »ein Statusspektrum mit dem freien Bürger am einen und dem Sklaven als frei beweglichem Eigentum am anderen Ende, dazwischen aber mit einer beträchtlichen Zahl von Abhängigkeitsverhältnissen verschiedenster Schattierung« (Finley 1981i: 98). Eine solche Auffassung war jedoch gewiß nicht weitverbreitet, geschweige denn normativ, bevor die hellenistische Ära begann, in der die Macht und die Vorrechte der unabhängigen griechischen *polis* derart beschnitten waren, daß der freie griechische Bürger in der Vorstellung der griechischen politischen Philosophen und Kommentatoren seinen Ehrenplatz verloren hatte.

Von den bei Pollux erwähnten Gruppen waren die spartanischen Heloten die bei weitem bekanntesten und historisch bedeutungsvollsten. Wie auch immer man sie genau zu klassifizieren hätte, nur sie konnten der fragwürdigen Ehre teilhaftig werden, in den Bestimmungen des Bündnisvertrages zwischen Athen und Sparta – nach der ersten, zehn Jahre dauernden Phase des Peloponnesischen Krieges – ausdrücklich erwähnt zu werden: »Sollten die Sklaven (*douleia*) revoltieren, werden die Athener mit allen zur Verfügung stehenden Kräften den Spartanern zu Hilfe kommen« (Thukydides 5, 23, 3). Nur die Heloten konnten derart als eine solche kollektive Bedrohung wahrgenommen werden, und das Fehlen einer reziproken Klausel, die die Spartaner zur Unterstützung der Athener im Falle einer Revolte ihrer *douloi* verpflichtet hätte, spricht Bände über die unüberbrückbare Kluft zwischen den Heloten – griechisch, ethnisch homogen, im Kollektivbesitz befindlich, sich selber fortpflanzend, mit begrenzten Familien- und

Eigentumsrechten – und den heterogenen, multinationalen (hauptsächlich barbarischen), in Privatbesitz befindlichen Kaufsklaven, die man in Attika hielt.

Fünfzig Jahre später aber, im Gefolge der Niederlage Spartas durch die von Theben angeführte Allianz bei Leuktra in Boiotien, erhoben sich (abermals) die Heloten von Messenien, die die Bevölkerungsmehrheit bildeten – diesmal erfolgreich und auf Dauer. Diese Massenbefreiung einer lange versklavten Schicht der griechischen Menschheit hatte so große Wirkung, daß ein zeitgenössischer Sophist sich zu der proto-abolitionistischen Bemerkung veranlaßt sah, daß »Gott keinen Menschen zum Sklaven gemacht habe« (Alkidamas, zit. nach einem antiken Kommentar zu Aristoteles, *Rhetorik* 1373a).

Griechische Historiographie der Sklaverei

Dreißig Jahre später zeitigte der Messenische Aufstand weitere, ebenso bemerkenswerte Folgen: der gallige Historiker Theopompos von Chios (*Fragmente der Griechischen Historiker*, hrsg. v. F. Jacoby, 115, F 122) verfaßte die erste uns bekannte historische Darstellung des Unterschiedes zwischen der sogenannten Kaufsklaverei (*esclavage marchandise*) und anderen Formen der Unfreiheit, einschließlich dessen, was einige von uns Leibeigenschaft nennen würden. Theopompos zufolge waren seine Vorfahren auf Chios die ersten Griechen, die Sklaven einzeln auf dem Markt gekauft hatten. Das war in klassischer Zeit die normale Erwerbsform. Früher waren sie gruppenweise, meistens durch militärische Eroberung, erworben worden. Was immer auch dieser teilweise patriotisch motivierten Behauptung empirisch zugrundelag, es war kein Zufall, daß man diese Unterscheidung zu einer Zeit traf, als Alexander die ältere griechische Form der Sklavenbeschaffung erneuerte: die Eroberung und Versklavung der einheimischen Bevölkerung des Nahen und Mittleren Ostens.

Bis dahin hatte der bloße Tatbestand der Sklaverei keinen griechischen Historiker interessiert; tatsächlich hatte die auf historisch zeitlose Präzedenz gestützte Auffassung von der Natürlichkeit der Sklaverei eine differenzierte Analyse ausgeschlossen. Was die Historiker wirklich interessierte, waren ungewöhnliche Formen des Sklavenerwerbs, ungewöhnlich große Konzentrationen derselben und ungewöhnliche Formen des Umgangs mit Sklaven. Was sie faszinierte, waren Episoden wie etwa die gescheiterte Verschwörung Kinadons in Sparta (um 400), denn hier ließ sich auf der politischen Bühne das höchst seltene Schauspiel einer Kollaboration von Freien und Sklaven beobachten.

Aristoteles führt die Kinadon-Episode *exempli gratia* an, um zu illustrieren, wie es in einer aristokratischen Form von politischer Organisation zu einer *stasis* kommen kann, »wenn ein tapferer Mann keinen Anteil an den Ehrenämtern hat, wie Kinadon, der unter Agesilaos den Aufruhr gegen die Spartiaten anstiftete« (*Politik* 1306b33-36). Seine wie auch unsere Kenntnis der Episode geht auf Xenophons außergewöhnlich ausführlichen Bericht (*Hellenika* 3, 3, 4-11) zurück, der sich wiederum höchstwahrscheinlich auf die Informationen seines Gönners und Freundes Agesilaos stützte. Wie Aristoteles interessiert sich Xenophon weit mehr für den »Minderberechtigten« (d.h. den degradierten Ex-Bürger) Kinadon als für den Rest seiner angeblichen Verbündeten und voraussichtlichen Helfer; auch hebt er die Heloten nicht besonders hervor. Zusammen mit anderen Vertretern der »Minderberechtigten«, Perioöken und Neodamodeiden (Ex-Heloten), zählt er sie jedoch zu denen, die – homerisch gesprochen – »die Spartiaten am liebsten roh auffräßen«. Als es soweit war, wurde die Verschwörung durch die effektive spartanische Terrorismusbekämpfung erfolgreich niedergeschlagen, doch schon die bloße Andeutung eines möglichen Bündnisses der verschiedenen Kategorien von Minderberechtigten zu revolutionären Zwecken war ein probates Mittel, um die Besonderheiten der spartanischen Staatsverfassung – vor allem im Vergleich zu Athen – zu verdeutlichen.

Ebenso steht es mit zwei anderen Bezugnahmen auf die Nicht-Kaufsklaven in den *Hellenika*: Xenophon beschäftigt sich mit ihnen nicht um ihrer selbst willen, sondern weil sie indirekt Licht auf die Hauptgegenstände seines Interesses werfen. Zum einen bezieht er sich auf die Penestai von Thessalien, eine der Gruppen, die Pollux als »zwischen freien Männern und Sklaven« stehend einstufte (siehe oben). Folgt man der von Xenophon für Theramenes – in dessen Kampf auf Leben und Tod mit Kritias (404) – verfaßten Rede, dann hatte Kritias nach dem Sturz des extrem oligarchischen Regimes der Vierhundert in Athen (411) einen Teil seines Exils in Thessalien verbracht und die Penestai mit Waffen versorgt, um dort die Demokratie zu etablieren (*Hellenika* 2, 3, 36). Die Vorstellung, daß der Oligarch Kritias den Versuch unternahm, durch einen Sklavenaufstand eine demokratische Revolution zu entfachen, ist so unglaublich, daß die Behauptung mit Sicherheit wahr ist. Was immer seine Motive gewesen sein mögen, soziologisch bedeutsam daran ist, daß nur Sklaven wie die Penestai, die wie die Heloten Griechen waren und gewisse Privilegien besaßen, die man den barbarischen Kaufsklaven verweigerte, für ein derartiges politisches Unternehmen überhaupt in Frage kamen.

Die andere einschlägige Bezugnahme Xenophons betrifft diejenigen, die Pollux als *Korynephoroi* (»Keulenträger«) bezeichnet, die jedoch eher als *Katonakophoroi* (»Träger grober Umhänge«) bekannt waren. Einem gewissen Euphron gelang es in den 360ern, sich zum Tyrannen von Sikyon zu machen. In den Augen Xenophons war er ein Erzschurke, nicht nur weil er gegen Sparta Verrat übte, sondern auch, weil er eine demokratische Form der Diktatur praktizierte. Es war daher nur gerecht, daß er (in Theben) ermordet wurde. Um seine Leser davon zu überzeugen, daß Euphron sein Schicksal verdient hatte, verfaßte Xenophon eine lange Rechtfertigungsrede der Attentäter, die folgende Anklage enthielt: Während er das Eigentum der sikyonischen Oberschicht konfiszierte, »befreite er nicht nur die Sklaven, sondern machte sie sogar zu Bürgern« von Sikyon (*Hellenika* 7, 3, 8). Euphron war nicht der erste griechische Tyrann, der quasi leibeigene Unfreie befreit und zu Bürgern gemacht hatte: darin war ihm bereits Dionysios von Syrakus (405-367 v. Chr.) vorangegangen. Aber Euphron war der erste, der Griechen dieser Zwischenkategorie (die Neodamodeiden genannten Ex-Heloten kamen nicht in den Genuß der politischen Rechte eines spartanischen Staatsbürgers) befreite und ihnen das Bürgerrecht verlieh; er war auch der erste, der dies tat, um eine weitgehend demokratische Regierungsform durchzusetzen. Aus Dankbarkeit brachten deshalb Euphrons ›Mitbürger‹ »seinen Leichnam [von Theben nach Sikyon] zurück und begruben ihn auf der *agora*, und sie verehren ihn als den Gründungsheros ihrer Stadt« (*Hellenika* 7, 3, 12).

Kaufsklaven in der Schlacht

Selten genug kam es im klassischen Griechenland zur Massenfreilassung von Personen, die quasi Leibeigene, aber keine Kaufsklaven waren. Noch viel seltener aber – weil dies natürlich ein rechtswidriger Verstoß gegen die Institution des Privateigentums war – kam es zur Massenfreilassung von Kaufsklaven, die man auf dem freien Markt erworben hatte. Gleichwohl geschah dies bisweilen; der bekannteste Fall ereignete sich 406, in der Schlußphase des großen Peloponnesischen Krieges.

Das Imperium Athens und seine internationale Macht hatte sich seit den 470ern auf seine Kriegsflotte von Dreiruderern gegründet. Finanziert wurde sie teils durch eine Steuer für die reichsten Bürger Athens, teils durch die Einkünfte aus den staatlichen Silberminen in Laureion (»ein Schatz der Erde«, wie Aischylos sie nannte), vor allem aber durch die Tributzahlungen und andere Abgaben, die Athen seinen Alliierten-Untertanen im sogenannten Delischen Bund auferlegte. Vor 413 beherrschte die attische Flotte die Ägäis praktisch total. In diesem Jahr jedoch erlitt Athens Sizilien-Expedition ihre endgültige Niederlage, die mit einem enormen Verlust an Männern und Schiffen verbunden war. Jetzt konnten die von Persien finanziell unterstützten Spartaner die Seeherrschaft Athens ernsthaft herausfordern, und 407 errang das spartanische Bündnis unter dem Oberbefehl Lysanders bei Notion einen bedeutenden Sieg zur See.

Die Reaktion der Athener war charakteristisch. Jede nur erreichbare menschliche und materielle Hilfsquelle wurde zur Verteidigung der restlichen Teile ihres Reiches und auf die Rache an der ›medisierenden‹ Landmacht Sparta verwendet. Wie verzweifelt die Situation den Athenern erschienen sein muß, ersieht man vor allem aus dem Beschluß der Volksversammlung, Sklaven für den Dienst in der Flotte zu verwenden. An sich waren Ruderer ohne athenisches Bürgerrecht in der attischen Flotte nichts Neues. Die Flotte war sogar oft auf das Anheuern von ausländischen Söldnern angewiesen gewesen, um sämtliche Ruderplätze zu besetzen, ganz einfach wegen der benötigten Mannschaftsstärke (für eine große Flotte von 200 Schiffen brauchte man 40 000 Mann Besatzung; das entsprach etwa der Größe der gesamten Bürgerschaft Athens in der 2. Hälfte des 5. Jahrhunderts). Bislang freilich hatte man diese zusätzlichen Kräfte aus dem Reservoir freier griechischer Bürger rekrutiert, vor allem Bürger der mit Athen verbündeten Staaten. Anders als für die Römer, deren Galeeren regelmäßig von Sträflings- und Sklavenmannschaften angetrieben wurden, wäre es daher für die Athener einem eklatanten Bruch ihrer Prinzipien gleichgekommen, Sklaven als Ruderer zu rekrutieren. Deshalb auch der Kompromiß, den man 406 für die Schlacht bei den Arginusen einging: Nach Xenophons knappem Bericht »holten die Athener alle auf die Schiffe, die im wehrfähigen Alter waren, gleich ob Sklaven oder Freie« (*Hellenika* 1, 6, 24). Aus Aristophanes' *Fröschen*, aufgeführt im Frühjahr 405, erfährt man mehr: den Sklaven, die sich freiwillig meldeten, wurde nicht nur die persönliche Freiheit verliehen (indem sie ihren Eigentümern auf Staatskosten abgekauft wurden), sondern auch die athenische Staatsbürgerschaft – eine kollektive ›Passage‹ gleichsam von der Sklaverei in die Staatsbürgerschaft, die vermutlich ohne Vorläufer war (obwohl dasselbe schon 490 bei Marathon geschehen sein könnte) und sicherlich ohne Wiederholung blieb (so etwas auch nur vorzuschlagen, war in den 330ern ein Verbrechen, das die Todesstrafe verdiente). Natürlich verloren viele der neuen Bürger ihr Leben in der Schlacht, womit sie hatten rechnen müssen, aber der ersehnte Sieg wurde errungen, wenn auch als Pyrrhussieg.

Wie in Athen im Jahre 406, so bot auch das in Kerkyra herrschende demokratische Regime im Jahre 427 den Sklaven die Freiheit (wenngleich nicht die Staatsbürgerschaft) an, wenn sie auf seiner Seite kämpften. Während es sich jedoch bei der Schlacht bei den Arginusen um einen zwischenstaatlichen Konflikt handelte, waren die Sklaven auf Kerkyra aufgefordert, sich an einem Bürgerkrieg zu beteiligen. Interessant ist die Situa-

tion, weil »sich die Mehrheit der Sklaven« trotz eines gleichlautenden An-
gebotes seitens der Oligarchen »auf die demokratische Seite schlug«
(Thukydides 3, 73-74). Bedauerlicherweise enthält sich Thukydides jedes
weiteren Kommentars. Entschieden sich die Sklaven deshalb für Kerkyras
Demokraten, weil sie klugerweise davon ausgingen, daß diese die Sieger
sein würden, oder weil sie dachten (wie oligarchische Propagandisten vom
Schlage des Theramenes behaupteten, z.B. Xenophon (*Hellenika* 2, 3, 48),
daß die Demokraten ›weicher‹ mit den Sklaven umgingen?

Ein anderer Staat, der sich der Sklaven für den Kampf im Peloponnesischen Krieg bediente, war die Heimatinsel des Theopomp, Chios, der angebliche Ursprungsort der Kaufsklaverei. Das erfahren wir nicht von
Thukydides, sondern aus einer zeitgenössischen Inschrift, die plausibel so
interpretiert wurde, daß Chios in der Schlußphase des Peloponnesischen
Krieges, sehr wahrscheinlich für den Dienst in der Flotte, Sklaven freiließ,
und sie in »Dekaden« gruppierte. Was Thukydides allerdings über die Sklaven auf Chios zu sagen hat, ist interessant genug, besonders weil er einen
direkten Vergleich mit Sparta anstellt, das eine andere Art von Sklaverei
hatte: »Es gab viele Sklaven (*oiketai*) auf Chios, mehr als in jeder anderen
polis mit Ausnahme von Sparta; wegen ihrer Anzahl wurden sie härter be-
straft, wenn sie ein Vergehen begangen hatten« (8, 40, 2) – was entweder
heißt: härter, als sie sonst von ihren Herren behandelt worden wären, oder:
härter, als man sonst in der griechischen Welt mit widerspenstigen Sklaven
umsprang. Thukydides' eigene Anschauung beschränkte sich nicht auf
Athen, sondern erstreckte sich zumindest auch auf die Region von Amphipolis in Thrakien (4, 105).

Keine Sicherheit durch numerische Stärke?

Man kann die Angabe des Thukydides nicht wörtlich nehmen. Auf der Insel
Chios (einem Areal von 858 km^2) gab es nicht, und hatte es auch niemals
absolut mehr *oiketai* gegeben als auf dem weit größeren (2400 km^2), rei-
cheren und dichter bevölkerten Territorium Athens. Worauf sich Thukydides vermutlich beziehen wollte, war die relative Dichte der Sklavenbevölkerung auf Chios und in Sparta im Verhältnis zur jeweiligen freien
Bürgerschaft: diesen Schluß zog David Hume schon 1742 in seinem brillanten Essay *Of the Populousness of Ancient Nations*. In absoluten Zahlen
gerechnet, besaß Attika aber ohne jeden Zeifel mehr (Kauf-)Sklaven als
Chios, wenn auch nicht so viele, wie es Heloten in Lakonien und Messenien
gab. Wieviel Sklaven es im klassischen Attika genau gegeben hat, ist freilich
spätestens seit Hume unter Forschern sehr umstritten. Das Problem liegt

darin, daß die wenigen erhaltenen antiken Zahlenangaben – angeblich 400 000 nach einer Volkszählung des späten 4. Jahrhunderts, nach einer anderen Angabe 150 000 erwachsene Männer, was einer Gesamtzahl von insgesamt 400 000 einschließlich der Frauen und der Minderjährigen gleichkäme – unglaubwürdig und quantitativ unmöglich sind.

Moderne Schätzungen reichen von 20 000 – wobei davon ausgegangen wird, daß nur die reichsten Athener und Metöken Sklaven besaßen – bis hin zu 100 000, auf dem Höhepunkt des athenischen Wohlstandes in den 430er Jahren. Die letztgenannte Schätzung scheint mir der Wahrheit sehr viel näher zu kommen; es bleibt jedoch zu betonen, daß – selbst wenn man diese Maximalzahl akzeptiert – die Sklaven nicht mehr als etwa 40 % der Gesamtbevölkerung ausgemacht hätten. Das verträgt sich durchaus mit dem, was wir über die sehr viel besser dokumentierten Sklavengesellschaften in Brasilien, der Karibik und dem alten amerikanischen Süden wissen. Wenn wir aber die Maximalzahl der zu irgendeinem Zeitpunkt vorhandenen Sklaven auf 60 000 bis 80 000 reduzieren, würde dies die einzige zeitgenössische Zahlenangabe erhärten, die einige Glaubwürdigkeit beanspruchen kann.

Thukydides zufolge (7, 27, 5) waren nämlich in den Jahren nach der spartanischen Okkupation des attischen Dekeleia im Jahre 413 »über 20 000 Sklaven (*andrapoda*) [...] zum Feind übergegangen, der größte Teil davon gelernte Handwerker (*cheirotechnai*)«. Wir wissen nicht, worauf Thukydides seine Zahlenangabe stützte, es ist jedoch möglich, daß er zu einschlägigen Quellen Zugang hatte; aber selbst wenn es sich bloß um eine ›informierte‹ Schätzung handelte, hätte der Verlust von einem Viertel bis zu einem Drittel der gesamten Sklavenbevölkerung Attikas die katastrophale Auswirkung gehabt, die Thukdydides der Besetzung von Dekeleia zuschrieb. Wenn außerdem viele oder gar die meisten Handwerker, die Thukydides erwähnt, als Hilfsarbeiter in den Silberminen von Laureion beschäftigt waren, was geographisch durchaus plausibel wäre, so hätte ihre Flucht nicht nur rein wirtschaftliche, sondern auch politische und militärische Konsequenzen gehabt. Denn die Einkünfte aus den Minen bildeten eine wesentliche Einnahmequelle für den Bau und die Instandhaltung der athenischen Flotte.

Menschenfüßler

Thukydides verwandte von den gut ein Dutzend Wörtern für »Sklave« nicht bloß das geläufigste, nämlich *douloi*, sondern als er von Chios und Sparta sprach, benutzte er den Begriff *oiketai*, was wörtlich »Mitglieder von Haushalten (*oikoi*)« bedeutet und deshalb sowohl auf freie als auch auf unfreie Mitglieder angewandt werden konnte. Dasjenige Wort jedoch, das er zur Beschreibung der zwanzigtausend athenischen Sklaven gebrauchte, war ein ausschließlich und eindeutig auf Sklaven gemünzter Begriff: *andrapodon*, wörtlich »Menschenfüßler«. Das Wort wurde in Analogie zum gebräuchlichen griechischen Wort für Vieh, *tetrapoda* oder »Vierfüßler«, gebildet und illustriert die griechische Konstruktion der Sklaven als Untermenschen so ausgezeichnet, wie man es besser nicht erwarten könnte. In seiner präziseren Verwendung jedoch (und die griechische Terminologie der Sklaverei war gemeinhin alles andere als genau) scheint *andrapodon* ein *terminus technicus* für diejenigen – normalerweise barbarischen – Sklaven gewesen zu sein, die durch Gefangennahme im Krieg (das Wort dafür war *andrapodizo*) oder durch Kauf bei Sklavenhändlern (*andrapodistai*), die im Gefolge der Armeen mitzogen, erworben worden waren. Herodot ist hierfür eine besonders ergiebige Quelle, wie auch für viele andere Aspekte der griechischen Sklavenhaltung und des Sklavenhandels, etwa die Herkunftsorte der Sklaven und ihre Funktionen.

Die meisten griechischen Quellen sind natürlich weit mehr an den Barbaren in ihrer Eigenschaft als Sklaven interessiert als an den Sklaven, die sich im Besitz von Barbaren befanden, aber Herodot verfügt auch hier über einen weiteren Horizont. Es mag sein, daß die Eunuchen – wie Xenophon seinen fiktiven Kyros glauben läßt (*Kyrupädie* 7, 5, 6) – in besonderer Weise vertrauenswürdig waren. Nach Herodots Auffassung rechtfertigte dies jedoch keinesfalls die »höchst unheiligen Mittel«, mit denen Eunuchen für den real existierenden persischen Hof beschafft wurden – jedenfalls dann nicht, wenn der Handel in den Händen von Griechen lag, wie (was kaum noch überraschen kann) der Mann aus Chios einer war, der auf den grandiosen Namen Panionios, der »All-Ionier« hörte (Herodot 8, 104-6). Aus einer anderen Stelle bei Herodot (1, 114) läßt sich schließen, daß die Meder, die vor ihren persischen Blutsverwandten die Herrschaft hatten, Sklaven züchteten, was die Griechen in der Regel aus wirtschaftlichen Gründen vermieden. Wie die üblichen griechischen Beschaffungsarten von Sklaven aussahen, verdeutlicht wiederum Herodots Spiegeltechnik: Die skythischen Könige, hebt er nachdrücklich hervor, kauften Sklaven nicht für Geld – was impliziert, daß genau dies bei den Griechen üblich war.

Zu Herodots Kummer kauften sie allerdings nicht immer die ›richtige‹ Sorte Sklaven auf die ›richtige‹ Art. Zu einem nicht näher festgelegten, frühen Zeitpunkt in der Geschichte der Insel Lesbos verschworen sich die anderen fünf Städte gegen das unglückliche Arisba und liquidierten es mittels *andrapodismos*, d.h. durch den Verkauf der überlebenden Bewohner in die Sklaverei. Die Schärfe von Herodots Verdammung konzentriert sich in der konzessiven Wendung »obgleich sie blutsverwandt waren« (1, 151).

Der Gedanke, daß Griechen ihre Landsleute nicht versklaven sollten, kann kaum überraschen bei einem Autor, der die suggestive Definition des Griechentums formuliert hat (8, 144, 2), die in Kapitel 3 behandelt wurde. Die Tatsache aber, daß Platon sich veranlaßt sah, sie gut vierzig Jahre später in seinem *Staat* (469bc) zu wiederholen, deutet darauf hin, daß das Ideal zunehmend durch Mißachtung ›geehrt‹ wurde. Wieder wurde in der langen Dauer und brutalisierenden Wirkung des Peloponnesischen Krieges die Hauptursache gesehen. Thukydides' knappe Beschreibungen des Schicksals von Torone (5, 3, 4) und Melos (5, 116, 4) sind nur zwei Fälle aus einem traurigen Katalog der Versklavung von Griechen durch Griechen. Die übliche Praxis scheint gewesen zu sein, die überlebenden Männer einer besiegten griechischen Stadt zu töten und nur die Frauen und Kinder nach auswärts in die Sklaverei zu verschleppen, innerhalb Griechenlands oder anderswohin. Solche Diskriminierung aufgrund von Geschlecht und Alter mag dazu gedient haben, das männliche Stereotyp des freien Griechen von den ›natürlichen‹ sklavischen Eigenschaften derer zu verstärken, die dem Status nach unter dem des erwachsenen männlichen Bürgers standen.

Barbarische Quellen

Bezeichnenderweise bildeten in der Regel die Barbaren das bevorzugte Reservoir der Sklaverei für die Griechen, und wenn man – unterstützt durch andere literarische, dokumentarische und visuelle Quellen – Herodot folgt, so war das wichtigste Herkunftsland Thrakien, das in etwa dem heutigen Bulgarien entsprach. Während Bulgarien im modernen englischen Sprachgebrauch seinen Namen bekanntlich für männlichen Analverkehr (*buggery*) hergeben muß, war Thrakien für die Griechen anscheinend fast synonym mit Sklaverei. Herodot (5, 6) glaubte allen Ernstes, daß arme Thraker die Gewohnheit hatten, ihre überflüssigen Kinder an Sklavenhändler zu verkaufen, und bei den drei Beispielen nicht-griechischer Sklaven, die er anführt, handelt es sich jedesmal um Thraker.

Da ist erstens der Gete Zalmoxis: er soll einst der Sklave des Pythagoras gewesen sein, des samischen Mathematikers und Moralphilosophen des 6. Jahrhunderts, dessen Schule wir die von Aristoteles überlieferte Tafel entgegengesetzter Prinzipien verdanken (vgl. Kap. 1, Abb. 1). Herodot ist hier allerdings skeptisch: »Doch wollen wir unentschieden lassen, ob es tatsächlich einen Menschen Zalmoxis gegeben hat oder ob er nur ein Stammesgott der Geten war« (4, 95-96). Zweitens gab es den vermutlich nicht weniger legendären Äsop, der mit den Fabeln, auch er vermutlich der Sklave eines samischen Herrn. In seinem Fall allerdings versorgt uns Herodot, der

Samos gut kannte, mit einem zusätzlichen Detail, nämlich dem Namen seines Herrn, Iadmon (2, 134). Es gibt jedoch Gründe, so ziemlich alles über Äsop Bekannte zu bezweifeln, einschließlich seiner Autorschaft der Fabeln. Aber selbst wenn deren Verfasser nicht Äsop gewesen sein sollte, es bleibt dennoch stimmig, wenn diese Fabeln mit ihrer verborgenen Widerstandskraft, die aus der Perspektive der Unterdrückten und Machtlosen erzählt werden, einem Sklaven zugeschrieben werden.

Der dritte thrakische Sklave, über den Herodot berichtet, ist eine Frau: Rhodopis. Ihre Existenz darf mehr Glaubwürdigkeit beanspruchen, auch wenn es ein bißchen viel Zufall ist, daß sie sich ausgerechnet als Mitsklavin Äsops im Besitz des Iadmon befunden haben soll. Während der angebliche Äsop seinen Verstand arbeiten lassen mußte, war es im Falle von Rhodopis ihr Körper, den Iadmon ausbeuten wollte. Er ließ sie nämlich im griechisch-ägyptischen Handelshafen Naukratis im Nildelta als Prostituierte arbeiten (Rhodopis, »die Rosenwangige«, war ihr griechischer Künstlername). Wie Herodot behauptet, war sie sehr attraktiv und häufte, an ihrer Stellung gemessen, große Reichtümer an; der Beweis hierfür war eine verschwenderische Weihegabe in Delphi, die Herodot selbst gesehen hat (2, 135). Ihr schließlicher Befreier aber war nicht von ihrem Geld hingerissen, das wanderte vermutlich sowieso in die Taschen Iadmons, sondern von ihrer Schönheit. Ein gewisser Charaxos, Sohn des Skamandronymos, des Bruders der Dichterin Sappho (wie klein doch die Welt ist!), »kaufte sie« um 600 »um einen hohen Preis los« – und half so ihren Namen unsterblich zu machen – oder doch zumindest beinahe: Tennyson nahm sich die verzeihliche künstlerische Freiheit, sie als Rhodope zu feiern.

Wechseln wir vom märchenhaften Naukratis an der Wende des 6. Jahrhunderts in die prosaische Welt Athens im 5. Jahrhundert: dort gewährt uns die inschriftliche Dokumentation der sogenannten »attischen Stelen« einen seltenen Einblick in die Welt der griechischen Sklavenhaltung. 415/14 waren rund fünfzig Männer für das Sakrileg der Hermenverstümmelung und der Profanierung der Eleusinischen Mysterien verurteilt worden. Ihr Besitz wurde beschlagnahmt und, wie den Stelen zu entnehmen ist, in einer staatlichen Versteigerung zum öffentlichen Verkauf angeboten. Eines der Inventarien zählt sechzehn Sklaven auf, die bei dem Metöken (Nicht-Bürger) Kephisodoros konfisziert wurden. Fünf davon, drei Männer und zwei Frauen, waren Thraker und bildeten somit das größte nationale Kontingent in dem kosmopolitischen Haufen aus sechs Nationen; ganz so, als habe Kephisodoros *in praxi* jene strenge Anweisung Platons und Aristoteles' vorweggenommen, daß man keine Sklaven aus derselben Ethnie halten solle, eine Anweisung, die durch die Probleme der Spartaner mit ihren Heloten veranlaßt wurde.

Ein weiterer Beleg für die Bedeutung Thrakiens als Herkunftsland der attischen Sklavenbevölkerung ist die Tatsache, daß Thratta (»thrakisches Weib«) ein gebräuchlicher Kunstname für eine weibliche Sklavin war und Getas (nach einem thrakischen Volksstamm) dessen männliches Äquivalent. Eine noch anschaulichere Illustration bietet uns eine elegante *hydria*, ein Wasserkrug aus Terrakotta, aus der Zeit um 470, der sogar von einem Maler-Sklaven dekoriert worden sein mag: Er zeigt drei Frauen, die Wasser vom Brunnen holen; daß es sich bei ihnen um Sklavinnen thrakischer Herkunft handelt, wird durch ihre kunstvollen Armtätowierungen belegt, die eine Art nationales Kennzeichen darstellten.

Sklavische Funktionen

Obgleich Herodots Bezugnahme auf sklavische Tätigkeiten keineswegs erschöpfend sind und charakteristischerweise auf jede Unterscheidung zwischen Kauf- und anderen Sklaven verzichten, decken sie doch ein breites Spektrum ab, das uns daran erinnert, daß im klassischen Griechenland Sklave nicht gleich Sklave war. Am oberen Ende der Skala befanden sich Sklaven wie Sikinnos, der *paidagogos* oder »Tutor«, den Themistokles hielt, damit jener sich um seine zahlreichen Söhne kümmerte. Durch die guten Dienste seines (natürlich sehr einflußreichen) Herrn gewann Sikinnos nicht nur seine persönliche Freiheit, sondern wurde auch in die Bürgerschaft von Thespiai in Zentralgriechenland aufgenommen (Herodot 8, 75; 110). Es war dies die einzige Stadt der ansonsten ›medisierenden‹ Boiotier, die sich in den Perserkriegen auf die griechische Seite schlug; ihre Bürger kämpften denn auch Schulter an Schulter mit den heroischen 300 Spartiaten des Leonidas bei den Thermopylen. Unter Sikinnos standen jene griechischen Sklaven, die auf Kosten ihrer Männlichkeit am persischen Hof als Eunuchen (siehe oben) zu hohen Stellungen gelangten oder, wenn es sich um Frauen handelte, zu Konkubinen persischer Würdenträger gemacht wurden, wie jene nicht namentlich genannte Dame aus Kos, deren Vater vornehm genug war, um *xenos* des spartanischen Regenten Pausanias zu sein.

Noch niedriger standen die spartanischen Heloten; mochten sie auch von einem gewissen Standpunkt aus »zwischen Freien und Sklaven« stehen, so waren sie trotzdem verpflichtet, ihre täglichen Pflichten als unfreie Arbeiter zu verrichten. Die meisten männlichen Heloten arbeiteten auf den Feldern. Zu den relativ privilegierten Individuen gehörten hingegen der königliche Diener und Gefängniswärter, der bei Herodot (6, 68; 75) erwähnt wird; auch war es vermutlich sehr viel erträglicher, an der königlichen Tafel als Bediensteter zu arbeiten (Plutarch, *Lykurg und Numa* 2, 7) oder, für

Frauen, als Haushaltsgehilfin (Plutarch, *Agis* 3, 2) in der Stadt Sparta, statt draußen im Eurotas- oder Pamisos-Tal als Zwangsarbeiter die Felder zu bestellen. Wenn allerdings die von Herodot angegebene Zahl halbwegs korrekt ist, daß 35 000 Heloten von den Spartanern als leichtbewaffnete Soldaten für den Plataiai-Feldzug von 479 rekrutiert wurden, dann kann sich das Aufgebot nicht auf die in Sparta lebenden und privilegierteren Heloten beschränkt haben.

Was den Bereich der Kaufsklaven betrifft, waren diejenigen am privilegiertesten, die sowohl für einen Herrn bzw. eine Herrin, als auch für sich selbst arbeiten konnten. Die Prostituierte Rhodopis steht bei Herodot stellvertretend für diese Gruppe. Neben solchen weiblichen (oder männlichen) Prostituierten ging es denjenigen Sklaven am besten, die als gelernte Handwerker, von ihrem Herrn mit Startkapital versorgt, ein Geschäft eröffneten und denen es erlaubt war, einen Teil des Einkommens aus dem Verkauf ihrer Waren zu behalten. Die besten Zeugnisse, die wir über diese »abseits lebenden« Sklaven haben, stammen von den attischen Rednern des 4. Jahrhunderts.

Was die durchschnittlichen, vergleichsweise unqualifizierten Kaufsklaven angeht, so gibt es eine umfangreiche moderne Debatte darüber, ob sie üblicherweise in der Landwirtschaft im klassischen Griechenland beschäftigt waren. Herodot liefert hierzu leider keine unmittelbar relevanten Informationen, obgleich er die Landwirtschaftssklaven erwähnt, die einem hellenisierten Lyder namens Pythios gehörten (7, 28). Grob geschätzt, kann man jedoch davon ausgehen, daß Bürger, die sich eine Hoplitenrüstung leisten konnten – etwa die oberen 30 bis 40 % – bestrebt waren, mindestens einen männlichen Sklaven zu besitzen, der seinem Herrn während des Feldzuges als Bursche dienen konnte. Von einem reichen, über Muße verfügenden griechischen Grundbesitzer aber konnte man erwarten, daß er wie Pythios eine ausreichend große, ständige Sklaventruppe für landwirtschaftliche Zwecke unterhielt, und zwar in einem gesellschaftlichen Umfeld, wo fünfzig Sklaven als eine sehr große Anzahl betrachtet wurden (Platon, *Staat* 578d).

Zurück zur Ideologie

Jedenfalls war Besitz von Sklaven nicht nur eine Sache des wirtschaftlichen und praktischen Nutzens: gab es denn eine bessere Möglichkeit, die eigene ›natürliche‹ Freiheit zu demonstrieren, als die Befehlsgewalt über die Arbeitskraft eines anderen Menschen? In den letzten Abschnitten dieses Kapitels werde ich daher auf die Ideologie der griechischen Sklaverei zurückkommen, indem ich zuerst frage, ob sich in den hier ausgewählten

Geschichtstexten Vorläufer der Aristotelischen Doktrin der natürlichen Sklaverei entdecken lassen, um anschließend zu untersuchen, wie die ideal-typische Polarität »Freier vs. Sklave« durch die anderen vier Grundpolaritäten entweder unterlaufen oder verstärkt wurde, die da lauten: »Griechen vs. Barbaren«, »Männer vs. Frauen«, »Bürger vs. Fremde« und – Gegenstand unseres nächsten Kapitels – »Götter vs. Menschen«.

Es kann nicht verwundern, daß gerade Herodot (4, 1-4) uns ein vor-philosophisches, ihm als realistisch geltendes Beispiel dieser Ideologie der natürlichen Sklaverei liefert. Der Kontext ist skythisch, nicht griechisch, doch dient Skythien Herodot und seinen Adressaten hier nicht als das ›Andere‹ im Gegensatz zu Griechenland, sondern als Spiegel, der das Wesen der Sklavenhaltung reflektiert. Die Erzählung ist »paradigmatisch, nicht als Geschichte, denn sie ist fiktional vom Anfang bis zum Ende, sondern als Ideologie« (Finley 1980/1985: 142). Die Skythen, so wird berichtet, fielen einst in Medien ein und blieben dort eine Generation lang, was zur Folge hatte, daß sich ihre Frauen mit ihren blinden, ansonsten aber nicht verstümmelten Sklaven paarten. Der Geschlechtsverkehr zeitigte Nachkommenschaft, eine ganze mischblütige Generation, die sich nicht bereit fand, den in der Ferne umherziehenden Ehemännern Platz zu machen, als diese schließlich heimkehrten. Es kam zu Kämpfen, in denen die Heimkehrer zunächst nicht die Oberhand gewinnen konnten, bis einer von ihnen vorschlug: »Solange sie [die Sklaven] uns mit Waffen in der Hand sahen, hielten sie sich für unseresgleichen, nämlich für Freigeborene *(homoioi ex homoion)*. Sehen sie uns aber mit Peitschen in der Hand anstatt mit Waffen *(hopla)*, so werden sie merken, daß sie unsere Sklaven *(douloi)* sind, und nicht mehr wagen, uns entgegenzutreten.«

Und so geschah es denn auch. Die klare zeitgenössische Botschaft (Mitte des 5. Jh.) dieser lehrreichen Geschichte war die, daß Sklaven weder von Geburt noch vom Charakter her ihren Herren gleichrangig waren, daß sie, anders gesagt, von Natur aus minderwertig waren. Zwar ist der Kontext skythisch, doch wie die sicherlich gesuchte Reminiszenz an Sparta *(homoios)* implizieren sollte, war sie auch auf Griechenland gemünzt – ebenso wie die früher zitierte Behauptung Herodots, skythische Könige kauften keine Sklaven für Geld. Es werden noch ähnliche Geschichten, mit anderem Ausgang, für griechische Städte angeführt, beispielsweise das sogenannte »sklavische Interregnum« im Argos des frühen 5. Jahrhunderts (6, 83). Um eine durch ein spartanisches Massaker verursachte vorübergehende Knappheit an erwachsenen männlichen Bürgern auszugleichen, geschah es, daß »die Sklaven sich der Regierung bemächtigten und alle Ämter übernahmen«. Als die Söhne der Gefallenen herangewachsen waren, weigerten sich die Sklaven jedoch, die Macht friedlich an die freigeborenen Bürger zurückzugeben; sie mußten deshalb aus Argos vertrieben werden und führten vom benachbarten Tiryns aus »lange Krieg, in welchem die Argeier endlich mit Mühe den Sieg erfochten«. Auch für diese Geschichte gilt, daß sie, wenn auch nicht *vero*, so doch *ben trovato* war.

Griechen: Barbaren :: Freier: Sklave

Es gibt etwa ein halbes Dutzend Stellen, die für die Auffassung Herodots und die Absicht, die er mit seinen *Historien* verfolgte, aufschlußreich sind. Eine davon ist der Bericht über die Begegnung des zu den Persern übergelaufenen Spartanerkönigs Demaratos mit seinem neuen Oberherrn Xerxes, in welcher der Grieche – trotz seiner äußerlichen Stellung machtloser Dienstbarkeit – mutig und paradox behauptet, daß *nomos*, die Herrschaft des Gesetzes, der einzige Herr (*despotes*) sei, den die Spartaner anerkennen würden, während die Untertanen des Xerxes' nur dessen Sklaven seien. Diese Stelle (bes. 7, 104, 4) wurde bereits eingehend im 3. Kapitel behandelt, und zwar unter der Rubrik »Griechen vs. Barbaren«. Es gibt jedoch noch eine weitere vergleichbare Passage in Buch 7 (133-37), die im gegenwärtigen Kontext Aufmerksamkeit verdient.

Die Handlung spielt um 484, gut vier Jahre vor der Unterredung zwischen Xerxes und Demaratos, als die Spartaner erstmals von Xerxes' Plänen zur Invasion Griechenlands erfuhren. Die Spartaner waren ein ungewöhnlich frommes und abergläubisches Volk – das wird von Herodot an zwei Stellen besonders hervorgehoben (5, 63, 2; 9, 7); als in den 480er Jahren die Eingeweide von öffentlich geschlachteten Opfertieren regelmäßig schlechte Omina vermittelten, interpretierten sie dies als göttliche Verurteilung eines zuvor begangenen unfrommen Aktes – denn sie hatten die Herolde, die Dareios in den 490er Jahren zu ihnen gesandt hatte, um von ihnen Zeichen der Unterwerfung zu verlangen, ermordet. Nach einer hitzigen Debatte in der spartanischen Volksversammlung – an sich schon ein seltenes Ereignis – entschieden sie, daß es notwendig sei, gegenüber Dareios' Sohn Xerxes in religiös angemessener Weise Sühne zu tun (*poinen teisein*), indem sie zwei reiche und edle Spartaner aus dem Heroldsgeschlecht der Thalthybiaden als reziprokes Sühneopfer zu ihm schickten. Auf dem Weg nach Susa wurden sie von einem gewissen Hydarnes, dem Obersatrapen im Westen des Perserreiches, abgefangen und zu einer Unterredung genötigt, vermutlich in Sardis.

Unterwerft euch Xerxes, befahl Hydarnes, und Xerxes wird euch Recht widerfahren lassen und innerhalb der zukünftigen Verwaltung des unterworfenen Griechenland einen Vorzugsplatz einräumen. Aber die Spartaner wollten sich auf diesen Handel nicht einlassen: »Du kennst die Knechtschaft [gegenüber Xerxes], aber von der Freiheit weißt du nichts, nicht ob sie süß, noch ob sie bitter ist.« Daraufhin ließ Hydernes sie nach Susa zum König bringen. Als jedoch die Palastwache sie dazu zwingen wollte, den üblichen Kniefall (*proskynesis*) vor Xerxes zu machen, weigerten sich die Spartaner empört, denn »bei ihnen sei es nicht Brauch, die *proskynesis* vor einem gewöhnlichen Menschen zu vollziehen« (*anthropos* statt *aner*, was zugleich die Konnotation »barbarischer Mensch« gehabt haben könnte).

Dies illustriert sehr schön die wechselseitige Verknüpfung und Verstärkung der Polaritäten »Freier vs. Sklave« und »Götter vs. Sterbliche« und wahrscheinlich auch der Polarität »Griechen vs. Barbaren«. Freie Männer, so unterstellen Herodots Spartaner stillschweigend, huldigen aus freien Stücken allein den Göttern und zollen so der unaufhebbaren Kluft zwischen Göttern und Sterblichen ihren Respekt, während Sklaven wie die barbarischen Perser sogar in den höchsten Stellungen gezwungen sind, einem gewöhnlichen Sterblichen zu huldigen. (In Wirklichkeit war *proskynesis* keine religiöse, sondern eine soziopolitische Ehrenbezeugung, was freilich die ideologische Ebene nicht berührt.) Obgleich Herodot diese Unterstellung vermutlich gebilligt hätte, verzichtete er auf jede explizite moralische Bewertung, anders als er es in der thematisch verwandten *nomos-despotes*-Debatte getan hatte. Immer für eine Überraschung gut, dreht er diesmal den Spieß gegen die Spartaner und läßt den barbarischen Despoten Xerxes weit ehrenvoller aus dem Treffen hervorgehen.

Xerxes nämlich weigerte sich »aus Seelengröße« (*megalophrosyne*), das Opfer der zwei Männer anzunehmen, und erklärte, daß er sich den Spartanern gegenüber nicht wie ein *homoios* (abermals ein Wortspiel) verhalten, d. h. nicht auf ihre Stufe herabsinken wolle. Denn durch den Mord an den Gesandten des Dareios hätten die Spartaner »die *nomima* aller *anthropoi*«, von anderen (Sophokles *Antigone* 453-57, *König Oedipus* 865-70, Thukydides 2, 37, 3) die »ungeschriebenen Gesetze« genannt, verletzt, die von der gesamten Menschheit, Barbaren wie Griechen, hochgehalten würden. Damit nicht genug: als die Söhne der beiden Herolde, die zu töten Xerxes sich geweigert hatte, gut 55 Jahre später durch Verrat der halbbarbarischen Makedonen getötet wurden, triumphiert Herodot: »Meiner Ansicht nach war dies sicher eine göttliche Tat (*pregma theion*).« Für ihn war dies ein deutlicher Beleg dafür, daß die Sünden der Väter über die Söhne kommen, und in seinem Werk hob Unfrömmigkeit gegenüber den Göttern (die Tötung von Herolden, die zwar Barbaren, aber aufgrund ihres Amtes tabu waren) den Vorrang griechischer Freiheit in der menschlichen Sphäre auf.

Freier: Sklave :: Männer: Frauen?

In Kapitel 2 haben wir den athenischen Gründungsmythos, der die Besetzung von Lemnos legitimieren sollte, unter der Rubrik »Mythos vs. Geschichte« behandelt; im normativen Denken der männlichen Griechen jedoch hatte er auch mit der Verbindung zu tun, die sie zwischen Frauen und Unterwürfigkeit herstellten. In Herodots Version des Mythos mußten früher die Töchter der Athener das Wasser vom Brunnen holen, »denn zu jener Zeit hätten die Athener und die anderen Griechen keine Haushaltssklaven (*oiketai*) gehabt« (6, 137, 3). Der Komödiendichter Pherekrates (Austin und Vidal-Naquet 1977/1984: Nr. 15) bringt das gleiche Argument vor – in humoristischer Absicht, so steht zu hoffen. Mit anderen Worten: die Erfindung der Sklaverei wurde als Ersatz der weiblichen Hausarbeit erklärt. Die gedankliche Verbindung zwischen Frauen und Sklaverei ging jedoch noch viel weiter und beschränkte sich keineswegs auf den retrospektiven Diskurs des Mythos.

Im zeitgenössischen, vermeintlich realistischen Diskurs der Geschichte wurden, wie wir wissen, besiegte griechische Männer von anderen Griechen getötet, während man ihre Frauen (und Kinder) gewöhnlich versklavte. Vielleicht sogar noch bezeichnender ist, daß im angeblich objektiven, theoretischen Diskurs der Aristotelischen *Politik* Frauen im Verhältnis zu den Ehegatten mit den Sklaven auf eine Stufe gestellt wurden: so wie die Sklaven sich zu ihren Herren verhalten, so die Frauen zu ihren Ehegatten. Das Natürliche an Aristoteles' natürlichem Sklaven war sein/ihr völliger Mangel an *nous* oder *logos*. Aristoteles zufolge war dieser Mangel bei Frauen kein vollständiger, aber nichtsdestoweniger entscheidend im Vergleich zu den Männern. Kurz, der Mann mußte notwendigerweise über die Frau herrschen. Dabei ging Aristoteles wenigstens nicht so weit wie der Apostel Paulus, der für die Unterwerfung des Sklaven unter seinen Herrn genau denselben Begriff *(hypotassesthai)* benutzte wie für die Unterwerfung der Frau unter den Ehemann. Für Aristoteles waren es bezeichnenderweise die Barbaren, die es fälschlicherweise unterließen, zwischen der Herrschaft über Frauen und der Herrschaft über Sklaven die notwendige Unterscheidung zu treffen (*Politik* 1252a30-b15).

Freier: Sklave :: Bürger: Fremder

Andererseits behauptete Aristoteles (der kein Demokrat war), daß es Sklaven und Frauen (und Kindern) in der Demokratie wie in der Tyrannis besser ginge, als es ihnen zugestanden hätte, wenn sie nur von den männlichen

Bürgern angemessen überwacht worden wären (*Politik* 1313b35, 1319b30). Diese unheilige Allianz von Sklaven und Frauen unter dem Schutz der Demokratie erinnert an Thukydides' Bericht über die *stasis* in Kerkyra, während der sich Frauen und Sklaven, entgegen der üblichen Norm, in einem öffentlich-politischen Kontext zusammentaten, um die demokratische Seite zu unterstützen (3, 73-74). Dies bringt uns zu unserer letzten Interrelation von Polaritäten, nämlich »Freier vs. Sklave« und »Bürger vs. Fremder«.

»Freiheit« wurde letztlich als die Parole der Demokratie verstanden. Die Verbindung von Demokratie und Tyrannis, wie bei Aristoteles, hätte nicht von einem überzeugten Demokraten stammen können, jedenfalls nicht von einem athenischen Demokraten. Wie bereits am Mythos der Tyrannenmörder (Kap. 2) gezeigt, galt diesem die Demokratie in erster Linie als Antithese zur Tyrannis. Die Gleichsetzung von Demokratie mit Opposition zur Tyrannis läßt sich von Herodots Verherrlichung der athenischen *isegoria* (5, 78) bis zu dem athenischen Gesetz gegen die Tyrannis verfolgen, das kurz nach der Niederlage Athens gegen Philipp von Makedonien in Chaironeia und der Einverleibung in seinen antidemokratischen Bund von Korinth 337/36 verabschiedet wurde. Da man glaubte, die athenische Demokratie sei durch Befreiung von der despotischen Tyrannis entstanden, waren athenische Demokraten wahrscheinlich besonders militant, was das Hochhalten jenes Grundsatzes betraf, den Aristoteles allen griechischen Demokraten zuschrieb, daß nämlich das erste Prinzip die *eleutheria* sei. Anders gesagt: die einzig notwendige und hinreichende Bedingung, um Bürger in einer Demokratie zu sein, war die Geburt als freier Bürger – nicht die aristokratische Geburt und auch nicht großer Reichtum (Thukydides 2, 37, 2). Außerdem war es eine der zentralen Botschaften, die Thukydides in seiner Grabrede des Perikles vortrug, daß der Bürgerstatus in einer Demokratie – im Gegensatz zur Tyrannis – ein Maximum an Freiheit bedeute; Freiheit, zu tun und zu leben, wie man wollte, unabhängig vom Diktat anderer.

Diese streng ideologische Konstruktion der Freiheit durch die Vertreter der athenischen Demokratie konnte tatsächlich einige historische Plausibilität beanspruchen. So hatte Solon 594 – noch vor der Einführung der Demokratie – die Schuldknechtschaft von Bürgern verboten und dergestalt die Statusgrenze zwischen Bürgern und Fremden in Athen klar definiert. Dieses Gesetz wurde unter der Demokratie beibehalten und wahrscheinlich bis zu ihrer Niederlage gegen Makedonien 322 nicht ernsthaft verletzt. Aristoteles wäre nicht der gewesen, der er war, wenn er den demokratischen Freiheitsslogan nicht karikiert hätte, indem er ihn in die Nähe eines Anarchismus rückte, der unumschränkte Freiheiten forderte, ohne sich um die gesellschaftlichen Konsequenzen zu kümmern; er ging sogar so weit zu behaupten, daß ein radikaler Demokrat in seiner Eigenschaft als radikaler Libertärer die Verpflichtung zur Gesetzestreue als eine Form von Sklaverei auffasse (*Politik* 1310a25-36). Das Gegenteil war richtig. Zur Zeit des Aristoteles hielten die athenischen Demokraten bemerkenswert beharrlich an der Unantastbarkeit der Gesetze fest und waren sehr vorsichtig in bezug auf Änderungen jeder Art. Die athenischen Oligarchen aber, in deren Namen Aristoteles hier sprach, ließen sich nicht durch Tatsachen irre machen.

Unter mehreren uns bekannten Beispielen antidemokratischer Propaganda in Athen gebührt vielleicht Xenophons harmlos klingenden *Erinnerungen an Sokrates* (1, 2, 40-46) der Ehrenplatz. Das Hauptziel dieses fiktiven Dialogs zwischen dem Erzdemokraten Perikles und seinem opportunistischen Schützling Alkibiades besteht darin, Perikles zu dem Eingeständnis zu bewegen, daß die demokratische Entscheidungsfindung auf der Grundlage von Mehrheiten, mit deren Hilfe die arme Masse der Bürgerschaft die begüterte Minderheit zwinge, sich Entscheidungen zu unterwerfen, die ihren Interessen zuwiderlaufen, in Wirklichkeit eine verhüllte Form der Tyrannis sei. Dies geschieht bezeichnenderweise anläßlich der Debatte über das Erlassen von neuen Gesetzen – angeblich ein leichtfertiger und launenhafter Zeitvertreib für Demokraten. Ein aufgebrachter Perikles sagt da: »Mein lieber Alkibiades, in deinem Alter war ich auch sehr spitzfindig in solchen Angelegenheiten.« »Ich wollte, ich hätte dich auf dem Gipfel deiner Macht getroffen, Perikles«, lautet die freche Erwiderung des Alkibiades, der das letzte Wort behält.

Für einen überzeugten Oligarchen war die Demokratie also ungefähr das Gegenstück zur »Diktatur des Proletariats«, und ein Oligarch, der unter einem demokratischen Regime leben mußte, fühlte sich und seine reichen Klassengenossen durch die arme Mehrheit der Bürger tatsächlich versklavt (Thukydides 4, 86, 2). Es gab jedoch noch eine andere, soziologische Methode, mit deren Hilfe sich die Oligarchen der Ideologie der Sklaverei als einer Waffe im Klassenkampf gegen ihre demokratischen Feinde vor Ort bedienten, und zwar indem man gewisse Tätigkeiten als ›servil‹ definierte, d. h. als nur für Sklaven geeignet. Wer solchen Tätigkeiten nachging, war folglich auf die Stufe eines Sklaven herabgedrückt und dementsprechend unfähig zur Ausübung seiner Staatsbürgerschaft. Einige oligarchische Extremisten gingen sogar so weit, jede produktive Arbeit als sklavisch zu stigmatisieren, da sie den Arbeiter jener totalen Muße beraube, die das Hauptmerkmal eines wahrhaft freien Mannes war (siehe oben). Die meisten Oligarchen aber trafen zwei Unterscheidungen: zwischen der Arbeit für sich selbst und der für andere und zwischen Landwirtschaft und banausischem Handwerk.

Entscheidend war, daß man selbständig beschäftigt war, solange man überhaupt beschäftigt sein mußte, denn Arbeit für einen anderen ähnelte auf prekäre Weise der Arbeit um eines anderen willen, was wiederum leicht in Zwangsarbeit für einen anderen übergehen konnte. Lohnarbeit, besonders längerfristige, konnte leicht als etwas ausgelegt werden, das faktischer Sklaverei ähnelte, ja gleichkam. Derartig feinsinnige Unterscheidungen verdankten sich letztlich dem Bedürfnis, sich so weit wie möglich von der realen, legalen Sklaverei zu distanzieren, zumal in einer Gesellschaft, die (jedenfalls ideologisch) auf Sklaverei beruhte. Eine der treffendsten Illustrationen hierfür findet sich abermals in Xenophons *Erinnerungen an Sokrates* (2, 8). Ein gewisser Eutheros, der ganz gut vom athenischen Reich profitiert hatte, mußte nach seinem Sturz 404 eine harte Zeit durchmachen; er konnte sich kaum mit handwerklichen Gelegenheitsarbeiten über Wasser halten. ›Sokrates‹ riet ihm daher, sich eine bequemere und sicherere Beschäftigung zu suchen, die er bis ins hohe Alter hinein fortsetzen konnte, nämlich Oberaufseher oder Vermögensverwalter eines Großgrundbesitzers zu werden. Der Herr bewahre mich, lautete Eutheros' spontane Erwiderung, denn das wäre gleichbedeutend mit Sklaverei. Diese Haltung fußte teilweise auf der Tatsache, daß Aufseher (*epitropoi*) manchmal selbst Sklaven oder, üblicher noch, Freigelassene waren, aber sie war auch von dem ideologischen Vorurteil bestimmt, Freiheit bedeute, keinerlei dauernde Verpflichtung gegenüber irgendeiner anderen Person zu haben.

Was die Unterscheidung zwischen landwirtschaftlicher und handwerklicher Arbeit betraf, waren die meisten Oligarchen der Ansicht, daß die Landbestellung, jedenfalls als bäuerlicher Eigentümer, bei weitem überlegen und vertretbar war – ›die Schule des Soldaten‹. Die schwere Arbeit des Rodens von Dornensträuchern jedoch, die der Bodenbestellung voranging, konnte immer noch als »Plackerei, eines Sklaven würdig« (*ponos douloprepes*: Herodot 1, 126, 5) abgetan werden, und Aristoteles sprach nicht allein für sich selbst, als er dafür eintrat, daß die landwirtschaftlichen Haupterzeuger seines Idealstaates barbarische Sklaven sein sollten (*Politik* 1330a20). Während jedoch gewöhnlich die Landwirtschaft an sich von der Herablassung der Oberschicht verschont blieb, war dies beim Handwerk, wie qualifiziert es auch immer war, nicht der Fall: zum Teil deshalb, weil auch ausgebildete Handwerker (Töpfer, Waffenschmiede, Schuhmacher usw.) normalerweise Sklaven waren, betrachtete man ihre Tätigkeiten als im wesentlichen unvereinbar mit der Freiheit eines echten Bürgers.

Herodot beispielsweise war sich nicht sicher, ob die Griechen ihre Haltung zu solchen *technai* von den Ägyptern übernommen hatten, wie praktisch alle anderen Barbaren; er war sich jedoch sicher, daß alle Griechen gelernte Handwerker (*cheirotechnai*) verachteten, die Spartaner am meisten, die Korinther am wenigsten (2, 167). Daraus folgt jedoch nicht zwingend, daß die Handwerker selbst, wenn sie Griechen waren und den Bürgerstatus besaßen, diese negative Konstruktion übernommen hätten; sogar Xenophon brachte es über sich, gewisse Handwerksformen zu loben (*Oikonomikos* 4, 20-25). Aristoteles aber bestätigt Herodot anläßlich seiner Debatte, ob *banausoi* überhaupt Bürger sein sollten, so als gäbe es einen immanenten Widerspruch zwischen der Existenz als Bürger und der Betätigung in einem banausischen Handwerk (*Politik* 1277b35). Wenigstens in diesem Fall können wir sicher sein, daß Aristoteles getreulich die Ideologie der herrschenden Klassen wiedergab und daß die Ideen der Herrschenden zugleich auch die in Griechenland herrschenden Ideen waren.

Freiheit und Unabhängigkeit externalisiert

Von dem metaphorischen Umgang mit Sklaverei innerhalb der *polis* wende ich mich schließlich der Metaphorik der Sklaverei in den Beziehungen zwischen den *poleis* und damit hauptsächlich Thukydides zu (dessen Auskünfte über die tatsächliche Sklaverei vergleichsweise unergiebig sind). *Autonomia* und *eleutheria* waren die Hauptslogans der zwischenstaatlichen Diplomatie in Griechenland zur Zeit des Ausbruchs des Peloponnesischen Krieges. Sie basierten offensichtlich auf dem, was nach Meinung der Griechen »Bürgerstatus« und »Besitz einer Verfassung« bedeuteten. *Autonomia* hieß wörtlich »das Recht, die eigenen *nomoi* zu erlassen und zu vollstrecken«, während *eleutheria* primär die externe Freiheit betraf, die Freiheit von auswärtiger Intervention in die inneren Angelegenheiten des eigenen Staates, Souveränität also in diesem spezifischen Sinne. In der propagandistischen Praxis aber waren die beiden Begriffe austauschbar, zumindest wenn wir Thukydides wörtlich nehmen dürfen. Das endgültige spartanische Ultimatum 432/31 nämlich lautete bei ihm folgendermaßen: »Sparta wünscht den Frieden; vorausgesetzt, daß ihr, Athener, die Hellenen unabhängig (*autonomoi*) laßt« (1, 139, 3). Der redaktionelle Kommentar des Thukydides lautete: »Die öffentliche Meinung stand zum weitaus größten Teil hinter den Spartanern, vor allem weil sie verkündeten, ihr Ziel sei es, Hellas zu befreien (*eleutherousin*)« (2, 8, 4).

Athen wurde also von Sparta als tyrannische Stadt hingestellt, zweifellos eine bewußte Ironie, bedenkt man den Abscheu der Athener vor jeglicher Tyrannis im eigenen Staat. Thukydides ließ sowohl Perikles als auch Kleon dieser Meinung beipflichten (2, 63, 2; 3, 37, 2) und erlaubt sich selbst die ausführlichste Reflexion darüber im »Melier-Dialog« (5, 84-116). Vor dem Hintergrund dieser Auffassung und im Gegensatz zu ihr hatte Herodot –

mit einigem Zögern – sein eigenes abschließendes Urteil über die Rolle Athens als »Retter von Hellas« während der vorangegangenen Perserkriege mit einigem Zögern formuliert (7, 139, 1. 5).

Trotz des Eindrucks, den Thukydides zweifellos zu vermitteln suchte, waren nicht alle Griechen oder zumindest nicht die Mehrheit, aber doch (wie Herodot implizierte) sehr viele von ihnen der Ansicht, Athen sei eine tyrannische Stadt. Denn diese Sicht wurde hautsächlich von den »sogenannten oberen Schichten« (*kaloikagathoi*) der von Athen abhängigen Staaten des Delisch-attischen-Seebundes geteilt, während die unteren Schichten derselben das demokratische Athen sogar als Zufluchtsort vor der eigenen Oberschicht begreifen mochten. Außerdem war Sparta keineswegs unschuldig, was die Verletzung der Autonomie seiner eigenen Bundesgenossen im Peloponnesischen Bund anging, sei es bei der Unterstützung der Oberschichten gegen demokratische Umsturzversuche von unten (Thukydides 1, 19), sei es durch spezifische und gewaltsame Militärintervention im Interesse der besitzenden Schicht, wie etwa 385 in Mantineia (Xenophon *Hellenika* 5, 2, 7). Kurz, Thukydides sprach in dieser Angelegenheit mit gespaltener Zunge; sein Nachrichtenteil harmonierte nicht immer mit seiner Herausgeberkolumne.

Thukydides war freilich nicht der einzige Grieche, der im zwischenstaatlichen Bereich zweierlei Maß anlegte. Allgemein läßt sich sagen, daß die eifersüchtige Wahrung der Freiheit und Souveränität des eigenen Staates weder theoretisch noch praktisch damit unvereinbar war, einen anderen Staat seiner Freiheit und Unabhängigkeit zu berauben. Andererseits waren die ehrgeizigsten und skrupellosesten Politiker bereit, sogar die Freiheit und Unabhängigkeit ihres eigenen Staates zu opfern, wenn nur ihr alles beherrschender Wunsch nach Machtausübung befriedigt wurde. Der *locus classicus* bei Thukydides für dieses Syndrom ist bei Thukydides das Verhalten der oligarchischen Extremisten im Athen des Jahres 411. Nachdem sie rasch an Unterstützung für das Regime der Wenigen einbüßten, das sie mit Hilfe einer Schreckensherrschaft etabliert hatten, wandten sie sich an Sparta. Worum es ihnen zuallererst zu tun war, war die Erhaltung der eigenen oligarchischen Herrschaft, verbunden mit der Kontrolle über das Reich; sollte letzteres aber für Sparta nicht akzeptabel sein, wollten sie wenigstens die Flotte und die Stadtbefestigungen und die lokale Selbstbestimmung (*autonomeistai*, ein Euphemismus für die Aufrechterhaltung ihrer Oligarchie, was – wie sie glaubten – den pro-oligarchischen Spartanern nur recht sein konnte) behalten. Wenn aber auch dies unakzeptabel war, so verließen sie sich zumindest darauf, daß die Spartaner ihnen nach der Übernahme Athens persönliche Amnestie gewähren würden (8, 91, 3). Kurzum, im klassischen Griechenland war die Freiheit bemerkenswert teilbar.

7
Wissen, wohin man gehört

Götter versus Menschen

> »Niemand hat ohne die Götter Tugend erlangt,
> keine *polis*, kein Sterblicher. Gott ist der All-Kluge.
> Für die Sterblichen ist nichts frei von Sorge.«
>
> (Simonides)

Die Griechen hatten kein Wort dafür

Die Griechen hatten kein eigenes Wort für das, was bei uns »Religion« heißt (abgeleitet vom lateinischen *ligare,* »binden«, im Sinne von Ehrfurcht, die die Menschen angesichts übermenschlicher und übernatürlicher Erscheinungen ergreift und in Bann hält). Sie unterschieden auch nicht in der gleichen Weise wie wir zwischen einem »sakralen« und einem »profanen« oder »weltlichen« Bereich. Ihr Vokabular für Heiligkeit und Frömmigkeit war eher auf Konzepte der Angemessenheit und der Ordnung ausgerichtet und diente dazu, Personen und Dingen ihren spezifischen und bleibenden Ort zuzuweisen.

Für diejenigen von uns, die in monotheistischen Kulturen aufgewachsen sind, stellt der Polytheismus vielleicht das größte Hindernis für das Verständnis der griechischen Religion dar. Ihre Welt war »voll von Göttern«, wie Thales von Milet (um 600) gesagt haben soll. Oder, wie in sehr viel neuerer Zeit Carlo Levi über die nur unvollständig christianisierten Bauern von Gagliano in Süditalien schrieb: In ihrer Vorstellungswelt gab es keinen Raum für Religion, »weil für sie alles am Göttlichen Anteil hat, alles nicht nur auf einer symbolischen Ebene, sondern wirklich göttlich ist« (*Christus kam nur bis Eboli*).

Natürlich bestimmt sich das Verhältnis von paganer und christlicher Tradition in wichtigen Aspekten ebenso durch Kontinuität wie durch Diskontinuität. Nicht nur ist das Christentum im östlichen, griechischsprachigen Teil des römischen Reiches entstanden, es hätte strenggenommen unter anderen Bedingungen gar nicht entstehen können. Wichtiger als der gemeinsame Entstehungshintergrund sind jedoch die Unterschiede, die das entwickelte Christentum gegenüber dem Paganismus aufweist, denn sie betreffen Kern und Wesen der Sache. Die wesensmäßige Differenz muß sogar sehr deutlich herausgestellt werden, wenn man die griechische Religion nicht im Licht christlich geprägter Vorannahmen mißverstehen will. Es seien daher zu Beginn dieses Kapitels einige der auffälligsten Gegensätze zwischen griechischem Paganismus und Christentum aufgeführt (Christentum hier in idealtypischer Verallgemeinerung verstanden, unter Absehung von allen dogmatischen und konfessionellen Aufspaltungen zwischen und innerhalb der einzelnen christlichen Gemeinschaften).

Das Christentum ist, wie die eine seiner Wurzeln, das Judentum, ein geistiger Monotheismus. Es basiert auf einem die Vernunft transzendierenden, tief emotionalen Offenbarungsglauben. Demgegenüber haben die Griechen die Götter ihrer jeweiligen Lebensgemeinschaften einfach ›anerkannt‹, d. h. sie verehrten sie in der für gebührend erachteten Weise. Ihre Glaube war in erster Linie eine Sache frommen Respekts und realisierte sich im Vollzug kultischer Handlungen. Der christliche Offenbarungsglaube und seine zentrale Bedeutung knüpft sich an den Besitz heiliger Texte, an einen professionellen Priesterstand, an eine institutionalisierte Kirche (realiter: an verschiedene Kirchen). Die Griechen brauchten für ihre Polisreligion weder heilige Bücher noch Dogmen, der Begriff der Ketzerei war ihnen unbekannt, und sie hatten keine Berufsstand von Priestern oder Priesterinnen (anders als die Christen haben sie Frauen in der Funktion von Priesterinnen nicht nur anerkannt, sondern als unentbehrlich erachtet).

Das Christentum hat bereits von seinem Gründer her zwischen der Religion und allen anderen Sphären sozialer Interaktion und persönlicher Erfahrung eine scharfe Grenze gezogen, am deutlichsten zwischen Religion und Politik oder, wie es später hieß, zwischen Kirche und Staat (»man gebe dem Kaiser, was des Kaisers ist und Gott, was Gottes ist«). Diese Aufspaltung hatte sowohl historisch wie auch historiographisch enorme Konsequenzen (vgl. unten). Die Griechen unterschieden zwar zwischen dem, was sie »das Göttliche« (*to theion*) oder »die Sache des Gottes, resp. der Götter« (*ta tou theou/ton theon*) nannten, und dem, was sie für ganz und gar oder doch vorwiegend menschlich hielten, ihre *polis* aber war (anders als Augustins *Civitas Dei*) eine Stadt der Götter und der Menschen zugleich: Religion und Politik (und Wirtschaft, Krieg, usw.) waren für sie unauflöslich vermischt.

Daß das Christentum eine solche Trennungslinie ziehen konnte, lag vielleicht in erster Linie daran, daß Religion für den Christen eine wesentlich individuelle, persönliche und private Angelegenheit ist, ein Verhältnis zwischen der unsterblichen Seele des Einzelnen und dem Allmächtigen. Im Gegensatz dazu war die griechische Religion in charakteristischer Weise ausgerichtet auf die Beziehungen zwischen einem menschlichen Kollektiv und den Göttern und realisierte sich in kollektiven, offiziellen und öffentlichen Ritualen, vor allem in Festen. Der Moral wird in den jeweiligen Systemen des Christentums und der paganen Religion ein sehr unterschiedlicher Ort zugewiesen. Während die Christen ihren ethischen Code für im strengen Sinne christlich halten, d. h. für unmittelbar auf den Grundsätzen der Kirchenväter basierend, besaßen die Griechen keine Instanz mit vergleichbarer moralischer Autorität.

Und schließlich heißt es im berühmten Kapitel 15 von Edward Gibbons »Verfall und Untergang des römischen Reiches«: »Die Doktrin eines zukünftigen Himmelreichs war für die ergebenen Anhänger des Polytheismus in Griechenland und Roms kein zentraler Glaubensartikel«, während »die Segnungen christlicher Kommunion die des ewigen Lebens waren«. Die Griechen hatten zwar Jenseitsvorstellungen, und viele von ihnen waren in Mysterienkulte initiiert, was sie jedoch die meiste Zeit und vor allem anderen beschäftigte, war das Hier und Jetzt, das leider so vergängliche Erdenleben. Ein sehr einleuchtender Grund, die Prioritäten so zu setzen, ergab sich für sie daraus, daß sie als Menschen *per definitionem* sterblich waren. Entsprechend dem für die Griechen üblichen Denkmuster polarer Gegensätze aber war Unsterblichkeit das wesentliche Merkmal ihrer Götter: sie waren »auf immer ohne Tod und Alter«, wie die Dichter zu wiederholen nicht müde wurden.

Die griechische Religion als System kultureller Selbst-Definition

Wenn Christentum und (klassischer) griechischer Paganismus sich so wesentlich voneinander unterscheiden, ja gegensätzlich zu einander verhalten, könnte man sich mit einigem Recht fragen, ob es sinnvoll ist, letzteren überhaupt als Religion zu beschreiben. Nach der fünf Punkte umfassenden Definition von Religion, die Clifford Geertz aufgestellt hat (Geertz 1973b/1983), würde sich die Waagschale eindeutig auf die Seite einer positiven Antwort neigen – auch wenn man nicht bereit sein mag, sämtliche Bestandteile dieser Definition, einschließlich ihrer Phraseologie, *in toto* zu übernehmen. Geertz versteht Religion als Symbolsystem, das »Stimmungen und Motivationen«

bereithält, durch die das Denken und Handeln in bestimmter Weise disponiert wird; dieses System formuliert die Konzeption einer allgemeinen Seinsordnung (griechisch *kosmos*); es verankert diese Stimmungen, Motivationen Vorstellungen in einem festen Gruppenzusammenhang; es fügt die disparaten Erscheinungen des Alltagslebens in einer kohärenten Totalität zusammen, die von übergreifender Bedeutung erfüllt ist.

Auch Herodot hätte, wäre er unser Zeitgenosse und mit symbolischer Anthropologie vertraut gewesen, eine solche Definition vermutlich hilfreich gefunden, um sich ein andernfalls ganz und gar unverständliches Phänomen zu erschließen. Jedenfalls deckt sie sich mit seiner Bestimmung des Griechentums (*to Hellenikon*, 8, 144, 2), die wir schon im Zusammenhang mit der Polarität Griechen-Barbaren herangezogen haben, die jedoch im gegenwärtigen Kontext genauer untersucht zu werden verdient. Im Winter 480/79 versuchte der persische Oberbefehlshaber, Athen aus der kleinen und wenig stabilen griechischen Allianz herauszulösen, und benutzte dabei seinen Vasall, den König Alexander I. von Makedonien, als Mittelsmann. Nach Herodot (8, 143) erteilten die Athener Alexander eine kompromißlose, scharfe Absage: »Solange die Sonne ihre gewohnte Bahn zieht, wird es kein Bündnis zwischen uns und Xerxes geben. Nein, ohne Einhalt werden wir uns ihm weiterhin entgegenstellen, im Vertrauen auf den Beistand der Götter und Heroen, die er mißachtete, als er ihre Tempel (*oikoi*, wörtlich: »Häuser«) und Standbilder (*agalmata*) niederbrannte«. Der Vorschlag, den Alexander ihnen unterbreitet hatte, war nicht nur Verrat in den Kategorien der menschlichen Werteskala, sondern *athemista*, d. h. ein Verstoß gegen das göttliche Gesetz, also gottlos.

Nachdem sie den Persern diese Abfuhr erteilt hatten, beeilten sich die Athener, so der weitere Bericht Herodots, ihre spartanischen Verbündeten zu beruhigen, die fürchteten, Athen könne dennoch durch persisches Gold abtrünnig gemacht werden. Sie beteuerten – man hört noch einmal die indischen Kallatier aus Herodots Parabel »Der Brauch ist König« (3, 38) –, daß kein Gold der Welt sie dazu bringen könnte, die Seite zu wechseln, und auch kein noch so schönes, fruchtbares Land (was Attika nun ja wirklich nicht war) – denn mit den Medern sympathisieren hieße ja »ganz Hellas in die Sklaverei zu führen«; ein schöner Beleg für die Gleichung Griechenland = Freiheit und persische Barbaren = Sklaverei. Denn, so führten sie an (8, 144, 2), zahlreich und bedeutend seien die Gründe, die sie daran hinderten, zuallererst aber seien es die folgenden zwei: (1) konkret: die *agalmata* und die *oikemata* der Götter, die Xerxes frevelhaft niedergebrannt hatte, mußten gerächt werden; (2) allgemein: »die Tatsache, daß sie Griechen waren«, und hierfür führten sie drei Konstituenten an, die teilweise, aber nicht ausschließlich ›religiös‹ waren: (a) Bluts- und Sprachverwandtschaft, (b) Gemeinsamkeit des religiösen Opferrituals (*theon hidrymata koina kai thysiai*, wörtlich »gemeinsame Einrichtungen und Opfer für die Götter«) und (c) Gemeinsamkeit der Lebensweise (*ethea homotropa*). Hier also sehen wir Religion in angemessener Weise ins Zentrum gestellt, zwischen der sprachlich und ›rassisch‹ bestimmten Ethnizität einerseits und der sehr spezifischen Form religiöser Ergebenheit andererseits, die sich aus dem Reziprozitätsprinzip ableitete (»Eine Hand wäscht die andere«), das ihrer Meinung nach die Beziehung zwischen Göttern und Menschen regelte. Wenn heilige Stätten von Menschen zerstört wurden, war das für die Griechen immer ein Grund, im Namen der Götter Rache und Vergeltung zu üben, ohne daß es dazu weiterer Rechtfertigung bedurft hätte.

Der Ursprung der Götter

Diese sehr deutliche Illustration der kulturellen Bedeutung der klassischen griechischen Religion als einer expliziten Ideologie bildet nur den Ausgangspunkt unseres Versuchs, den Beitrag der Religion an der Ausformung der geistigen Welt der Griechen zu verstehen. Bis an die Zähne mit theoretischen Überlegungen bewaffnet, können wir nun versuchen, an drei sich überschneidenden und nicht leicht auseinanderzuhaltenden Fronten auf eine Reihe akademischer Schlachtfelder vorzurücken: erstens, die Frage nach dem Ursprung der Götter; zweitens, die nach dem das Wesen der griechischen Götter; schließlich, die Rolle der Theologie in der griechischen Historiographie.

Im Verlauf seines ausführlichen Berichts über Ägypten behauptet Herodot kühn, daß »die Namen fast aller Götter aus Ägypten zu den Griechen gelangt seien«. Diese Behauptung gehörte zu seiner weitergreifenden These über die Ursprungsrichtung aller religiösen Bräuche der Griechen (*nomaia*), die immer von Ägypten nach Griechenland wies und niemals umgekehrt (2, 50, 1; 2, 49, 3). Martin Bernal (1987/1992: 168 f.) diente Herodots Behauptung unmittelbar als eines der ausschlaggebenden Beweismittel für seine generelle These, die besagt, daß die klassische griechische Kultur in ihrer Gesamtheit ein direktes Transplantat ägyptischer und phönizischer Einwanderer war (vgl. auch Kap. 3). Aber bevor man sich in dieser Weise auf Herodot stützen kann, gilt es zunächst zu klären, welche Implikationen seiner Behauptung zugrundeliegen: Was wollte er über die Ursprünge der griechischen Religion aussagen und welchen historiographischen Status besitzt seine Aussage?

Offenkundig wollte er nicht sagen, die Griechen hätten »ägyptische« Namen für ihre Götter entliehen oder übernommen, denn er gibt ja regelmäßig den ägyptischen Namen als Äquivalent für den jeweiligen griechischen an (z. B. 2, 42, 5: die Ägypter nennen Zeus »Ammon«). Er wollte also vermutlich sagen, daß die Götter selbst aus Ägypten nach Griechenland gekommen waren – oder zumindest die Vorstellung bzw. Idee von ihnen. Diese Annahme bestätigt sich einige Kapitel später in der berühmten Passage (2, 53, 2): »Homer und Hesiod haben zuerst die Stammbäume der Götter aufgestellt und den Göttern ihre Beinamen gegeben, ihnen ihre Ehrenrechte (*timai*) und ihre Wirkungsbereiche (*technai*) zugeteilt und ihre Gestalten (*eidea*) beschrieben.« Homer und Hesiod haben also die Götter nicht aus dem Nichts heraus erfunden, sondern sie haben sie für die Griechen sozusagen wiedererfunden, indem sie sie so beschrieben und definierten, daß sie für Griechen verständlich waren und von ihnen verehrt werden konnten. Oder anders gesagt: Die Ägypter hatten das (oder ein) Pantheon erfunden, das die Griechen dann sehr viel später übernahmen und im buchstäblichen Sinn transfigurierten und transformierten.

Dies ist für sich genommen schon eine bemerkenswerte Aussage, wenn auch nicht in der Weise, wie von Bernal angenommen. Wie meistens in Buch 2, besteht Herodots Interesse und sein Vergnügen auch hier darin, dem griechischen Ethnozentrismus empfindliche Schläge zu versetzen. Um es in den Worten zu sagen, die Platon hundert Jahre später für seine eigenen, ganz andersgearteten Zwecke gebraucht hat (*Timaios 22b*): Herodot hat seinen griechischen Adressaten gewissermaßen zu verstehen gegeben, daß sie bloße Kinder waren im Vergleich zu den Ägyptern, die seit unvordenklicher Zeit existierten und den Griechen einst als Lehrer einige der grundlegenden ›griechischen‹ Elemente ihrer Kultur vermittelt hatten. (Botschaft: Barbaren waren nicht, *ipso facto*, alle gleichermaßen geringzuschätzen). Mit anderen Worten: In Wirklichkeit ging es gar nicht um den ›wahren‹ Ursprung der griechischen Götter, denn in gewissem Sinn wollte Herodot beides sagen: Die Götter waren und waren nicht »made in Greece«.

Das war aber keineswegs die einzige Botschaft – Herodot hatte insgeheim zwei Anliegen, die er gleichzeitig ins Spiel zu bringen suchte. Das zeigt sich, wenn man zum Vergleich mit 2, 53, 2 die Aussagen heranzieht, die als das früheste Argument für die natürliche Religion gefeiert worden sind, die man aber angemessener als den ersten uns bekannten Versuch einer humanistischen, rationalistischen Erklärung und einer – in scharfem Kontrast zu Herodot stehenden – Widerlegung des polytheistischen Pantheons der Griechen auffassen sollte: ich meine die theologische Polemik, die Xenophanes von Kolophon gegen die Amoralität der überlieferten Religion und die anthropomorphe Natur der Götter gerichtet hat.

»Homer und Hesiod«, so lauten die uns erhaltenen Hexameter des Xenophanes, »haben den Göttern alles zugeschrieben, was bei den Menschen schändlich ist und getadelt wird: zu stehlen, die Ehe zu brechen und sich gegenseitig zu betrügen« (Fragment 166). »Aber die Sterblichen meinen, die Götter seien geboren und hätten Kleider, Sprache und Körper, wie sie selbst« (Fragment 167). »Die Äthiopier sagen, ihre Götter seien stumpfnasig und schwarz, und die Thraker behaupten, die ihren hätten hellblaue Augen und rote Haare« (Fragment 168). »Aber wenn Rinder und Pferde und Löwen Hände hätten oder mit ihren Händen malen und Bildwerke (*erga*) vollenden könnten, wie das die Menschen tun, dann würden die Pferde die Göttergestalten (*ideai*) den Pferden und die Rinder sie den Rindern ähnlich malen und sie würden die Statuen der Götter mit einem solchen Körper meißeln, wie sie ihn jeweils auch selber haben« (Fragment 169)[1].

Was auch immer es bedeuten mag, daß Herodot Xenophanes an keiner Stelle erwähnt – für mich steht außer Zweifel, wie er auf seinen radikalen Relativismus reagiert hätte: mit entsetzter Abwehr, ähnlich wie die indischen Kallatier, als man ihnen vorschlug, ihre Verwandten zu kremieren (3, 38). Denn von dem doch noch relativ milden Protest des Xenophanes gegen die religiösen Projektionen der Griechen, die ihren Göttern nicht nur menschliche Gestalt, sondern auch menschliche Sitten zuschrieben, war es kein großer Schritt zum offenen Atheismus, d.h. zur Leugnung der Existenz der überlieferten Götter und zur Vernachlässigung ihres Kultes. Herodot, weit entfernt von der atheistischen Haltung seines jüngeren Zeitgenossen Diagoras von Melos, war nicht einmal bereit, den philosophischen Agnostizismus des vermutlich mit ihm befreundeten Protagoras in Erwägung zu ziehen. Protagoras hatte geschrieben: »Was die Götter betrifft, kann ich weder sagen, ob sie sind oder nicht sind, noch welche Gestalt sie haben. Der Gegenstand ist von seinem Wesen her dunkel und das Leben ist zu kurz.« Protagoras leugnete also nicht strikt die Existenz der Götter (in welcher Form oder Gestalt auch immer), sondern er bestritt, daß ein einzelner Mensch zu wahren Anschauungen über den Kosmos gelangen könne, so daß aus seiner Sicht die Götter am besten aus dem rationalen, auf den menschlichen Horizont bezogenen Forschen und Reden ausgeschlossen würden. Herodot, der zwar den ethischen Relativismus des Protagoras im Hinblick auf die sozialen Gewohnheiten der Menschen, einschließlich ihrer religiösen Praktiken, teilte, wies gleichwohl unerschütterlich auch den leisesten Anflug eines Zweifels an der tatsächlichen und unabhängigen Existenz der überlieferten griechischen Götter von sich. Ja, abgesehen von den

---

1 Xenophanes wird im folgenden zitiert nach G. S. Kirk, J. E. Raven u. M. Schofield, Die vorsokratischen Philosophen, übers. v. K. Hülser, Stuttgart 1994.

Stellen, an denen er ausdrücklich seinen Glauben beteuert (wie z. B. an die Gültigkeit der Orakel, 8, 77), kann sein Werk insgesamt als unausgesprochener Protest gegen eine solchermaßen atheologische Haltung gelesen werden. Die relativistische Argumentation, die er im Hinblick auf den Unterschied zwischen dem griechischen und dem ägyptischen Pantheon vertritt, postuliert zugleich doch eine kulturübergreifende Fortdauer des Götterglaubens als solchen.

Herodots religiöser Spiegel

Bevor wir uns dem Thema Anthropomorphismus zuwenden oder vielmehr: zu ihm zurückkehren, wollen wir uns noch etwas eingehender mit der von Herodot betriebenen vergleichenden Ethnographie religiöser Bräuche beschäftigen. Vielleicht fällt so Licht auf die Art und Weise, in der er seinen historiographischen Spiegel gehandhabt hat. Dabei sind zwei Themen für uns von besonderem Interesse: der Umgang mit den Toten und das Tieropfer. Ergänzend zu seiner Monographie über Herodot (1988, zuerst 1980) hat Hartog dem Bericht Herodots über die Begräbnisriten für die skythischen Könige eine besondere Untersuchung (Hartog 1982) gewidmet, durch die er seine allgemein-komparativistische These veranschaulichen wollte, die lautet: »Sage mir, wie du stirbst, und ich sage dir, wer du bist«. Hartog ging es darum, ein breites Spektrum unterschiedlicher barbarischer Begräbnisriten zu vergleichen, von den ungriechischsten bis zu den griechischsten. An den Anfang stellte er ein Zitat aus einem Werk des Satirikers Lukian (2. Jh. n. Chr.): »Die Griechen verbrennen (scil. die Körper ihrer Toten), die Perser beerdigen sie, die Inder legen sie unter Glas, die Skythen essen sie auf, die Ägypter mumifizieren sie« (*Über das Trauern* 21). Diese Aussage ist sachlich nicht richtig, denn die Griechen kannten sowohl Feuer- als auch Erdbestattung, aber sie entspricht der Logik des polarisierenden ethnographischen Diskurses, die sich auch in Herodots Parabel über Griechen und indische Kallatier findet (3, 38). Nicht-Griechen sind ›Andere‹ – also muß auch ihr Umgang mit den Toten ›anders‹ sein.

Dementsprechend war es Lukian auch völlig gleichgültig, daß bei ihm die Skythen ihre Toten verzehrten, während bei Herodot Anthropophagie ein Begräbnisritual der indischen Kallatier war. Hartog aber hat sich wiederum gerade für die Begräbnisriten interessiert, die laut Herodot die Skythen für ihre Könige vollzogen. Er wollte zum einen zeigen, wie die Skythen durch das Begräbnis ihrer Könige ihre Beziehung zu ihrem Lebensraum definierten (*l'espace de la mort*), und zum anderen, welche kontrastierende Funktion diese Riten in Herodots Diskurs über die ›Andersheit‹ von Griechen und Skythen hatten. Bei den Begräbnisriten treffen wir, wie zu vermuten war, auf einen klassischen Fall der Konstruktion des Anderen als der ›verkehrten Welt‹. Bei einem griechischen Begräbnis wurde nämlich der Leichnam im Haus des Verstorbenen aufgebahrt (*prothesis*) und die Trauergäste kamen dorthin, um ihm die letzte Ehre zu erweisen, anschließend wurde der Körper auf einen Wagen gelegt und in einer Prozession (*ekphora*) zur Bestattung auf einen Friedhof außerhalb der Stadt geleitet, wo zugleich ein Leichenschmaus abgehalten wurde. Bei einem skythischen Königsbegräbnis hingegen wurde angeblich mit dem Körper genau umgekehrt verfahren: Er wurde von den nächsten Verwandten auf einen Wagen gelegt und dann der Reihe nach bei allen Freunden herumgefahren, in jedem Haus wurde für ein Gastmahl Halt gemacht, über eine Periode von insgesamt vierzig Tagen, bevor er schließlich zur Ruhe gebettet wurde. Falls sein Publikum nicht ganz verstanden haben sollte, worauf es ihm ankam, wurde Herodot explizit: »Die Skythen hassen alle fremden Gebräuche, insbesondere die der Griechen« (4, 76, 1). Das gab ihm den Anknüpfungspunkt für die traurigen Erzählungen vom Tod zweier relativ aufgeklärter, d. h. ›hellenisierender‹ Skythen, die bedauerlicherweise wegen ihrer Assimilationsneigungen umgebracht worden waren (4, 76-80).

Ähnlich wie die »Bräuche der Frauen« (vgl. Kap. 4) stellt Herodot sein Spektrum barbarischer Begräbnisrituale nicht als einfache Inversion, geschweige denn als direkten Gegensatz zwischen den im doppelten Wortsinn barbarischen Skythen und den kultivierten Griechen dar. Denn bei der Rede von »den Griechen« handelte es sich um keine homogene Kategorie, die den Bedürfnissen einfacher Polarisierung genügt hätte – dies mit aller Deutlichkeit herausgestellt zu haben, ist nicht zuletzt das große Verdienst Herodots. Um noch einmal Hartog (1982: 150) zu zitieren: »Die großartigen und in mancher Hinsicht singulären Begräbnisriten für die skythischen Könige fordern immer wieder den Vergleich mit Sparta heraus« – mit Sparta, das vom Standpunkt ethnischer ›Reinheit‹ eine vollkommen griechische Stadt war, in der jedoch den Erbkönigen pompöse Begräbnisehren zuteil wurden, die Herodot selbst in allen Details und in ostentativ ethnographischem Stil beschrieben hat (6, 58). Er benutzt dabei, abgesehen von dem ausdrücklichen und allgemein vergleichenden Hinweis »wie es die meisten Barbaren tun« einen sprachlichen Trick, um geschickt die ungriechische Atmosphäre dieser Zeremonien zu evozieren. Anstelle des üblichen Wortes *threnos* verwendet er nämlich für die Totenklage der Spartanerinnen den Ausdruck *oimoge*, der zwar in der attischen Tragödie geläufig ist, von Herodot sonst aber nur im Zusammenhang mit Persern gebraucht wird. Mit anderen Worten: Die Begräbnisriten, die die Spartaner für ihre Könige vollzogen, werden nicht nur als fremdartig, weil weder »republika-

nisch« noch »hellenisch« beschrieben, vielmehr werden sie ganz spezifisch
mit dem Geruch des orientalischen Despotismus imprägniert.

Die Perser bieten Herodot auch noch in einer anderen Angelegenheit von
fundamentaler Bedeutung die Möglichkeit des Vergleichs und der Kontra-
stierung mit den Griechen, und zwar in der des Opferrituals (1, 131-32).
Wiederum haben wir es mit einem komplexen Vergleich zu tun, der seine
volle Aussagekraft erst erhält, wenn man als zusätzliches Vergleichsmoment
den sehr viel ausführlicheren Bericht heranzieht, den Herodot der Opferpraxis der Skythen gewidmet hat (4, 60, 3). Da Hartog (1988: 173-92) letzterem jedoch mehr als Genüge getan hat, beschränke ich mich im Folgenden auf den Perserbericht. »Die Perser«, notiert Herodot, »errichten keine
Altäre, denn das halten sie für töricht«, obwohl sie bestimmten, nicht-
menschenähnlichen Gottheiten (der Sonne, dem Mond, den Winden etc.)
Tieropfer (*thysie*) darbringen, und zwar »auf folgende Weise: Sie errichten
keine Altäre [emphatische Wiederholung], sie zünden kein Feuer an, sie
spenden keine Weihgüsse; es ertönt kein *aulos*, es gibt keine Kränze und
keine geweihten Gerstenkörner«. Herodot kommt es hier darauf an, daß
die Perser zwar Tieropfer vollziehen, aber anders als die Griechen. Anders
als bei einem griechischen Opfer, das nicht von einem Priester vollzogen
werden mußte, wurde von den Persern kein Opfer für gültig erachtet, das
nicht von einem Magier, einem professionellen Mitglied der Priesterschaft,
ausgeführt worden war (das galt in Wirklichkeit für die Meder, nicht für die
Perser – aber Herodot macht hier, entsprechend der allgemeinen Tendenz
der Griechen, keinen Unterschied). Es wurde nicht, wie bei einem griechischen Opfer, unterschieden zwischen einem Anteil für die Götter und
einem, der für den Verzehr der Menschen bestimmt war. Und die Innereien
wurden nicht vom übrigen Fleisch getrennt, um sie zu grillen, während der
Rest gekocht wurde. Stattdessen wurde alles Fleisch gekocht, und der
Magier konnte damit nach Belieben verfahren, denn er war nicht wie sein
griechischer Kollege dazu verpflichtet, einen Teil davon oder alles unter die
Opferteilnehmer zu verteilen.

Den Grund für sein Insistieren auf der kulturellen Signifikanz dieser Serie
von polarisierten Oppositionen deutet Herodot sehr allgemein in seiner Definition des Griechentums an; und wenn es ein religiöses Ritual gab, das
einen Griechen im konventionellen und normativen Sinn zum Griechen
machte, dann war es die Berechtigung zur Teilnahme an einem blutigen
Tieropfer, das einen Akt der Kommunion im strengen Sinn des Wortes darstellte. Für den vollberechtigten (d. h. erwachsenen, männlichen) Bürger
einer *polis* war es der Eckpfeiler städtischer Identität: über die Teilnahme
am Opfer definierte sich sehr präzise, was es hieß, Mitglied und Träger dieser besonderen politischen und sozialen Organisation zu sein. Neben dieser

gemeinschaftsbezogenen Bedeutung hatte das Opfer aber auch eine kosmische, ontologische Funktion und eine symbolische Bedeutung: durch dieses Ritual wurde den Menschen insgesamt ein Bereich »zwischen den Tieren und den Göttern« zugewiesen (Vernant 1980b). Wir könnten Hartogs »sag mir, wie du stirbst« also durch ein weiteres, ebenso signifikantes Merkmal griechischer Identität ergänzen: »sag mir, wie (und was) du tötest«.

Aber auch hier ist der Ausdruck »Griechen« als Unterscheidungskategorie zu ungenau, denn es gab durchaus Griechen, wenn auch eine schmale Minderheit, die die totale Abstinenz von tierischem Fleisch zum Tugendideal erhoben und dies als wesentlichen Zug ihrer religiösen Identität betrachteten – und zwar waren das vor allem die Mitglieder der Orphischen und der Pythagoreischen Sekten. Das blutige Tieropfer kennzeichnete also nicht einfach den Griechen als solchen oder vielmehr: nicht allein den Griechen im Gegensatz zum Barbaren, sondern es war ein Kennzeichen staatsbürgerlicher Identität. Denn Griechen, die erklärte Vegetarier waren, verweigerten sich zugleich bewußt der vollen, auch rituell begründeten Mitgliedschaft in der Bürgergemeinde der *polis*. Die griechische Religion, das wird auch hier wieder deutlich, war wesentlich eine Sache der Bürger und der Stadt.

Nochmals zur Debatte über den Anthropomorphismus

Herodot wurde leider zu früh geboren, um von den Erkenntnissen der Pariser Schule um Vernant und Detienne über das griechische Opfer zu profitieren – er war nur teilnehmender Beobachter! Immerhin aber hat er, interessanterweise, eine Erklärung gewagt für die unterschiedliche Opferpraxis von Griechen und Persern. Nachdem er zuerst betont hat, daß letztere die Errichtung von Altären (und auch zwei andere wichtige Elemente, die jedoch nicht ganz so unverzichtbar zur rituellen Praxis der Griechen gehörten, nämlich Statuen und Tempel) für reine Torheit hielten, fuhr Herodot fort (1, 131, 1): »Das kommt, wie mir scheint, daher, daß sie sich die Götter nicht menschenähnlich dachten, wie die Griechen es tun.« Diese anscheinend unumstrittene Auffassung bringt uns sehr direkt zur zweiten Frage, die ich in diesem Kapitel angehen will.

In einem einflußreichen Essay über die religiösen Haltungen der Griechen beschrieb A. D. Nock (1972b) ihre Götter als »Griechen in Großformat« und wollte damit sagen, daß wir den griechischen Anthropomorphismus sowohl wörtlich als auch sinngemäß ernst nehmen müssen: In den Augen der Griechen, so Nock, waren ihre Götter wesentlich Über-Menschen, im Kern sehr ähnlich wie sie selbst, aber gleichsam auf eine Leinwand kosmischer Größenordnung projiziert. Wird diese Vermutung nun durch die griechische Historiographie bestätigt? Sind die Götter bei Xenophon, Thukydides und Herodot übermenschlich dimensionierte Akteure, die sich auf der gleichen Bühne bewegen? Um eine Ausgangsbasis zu schaffen, beginne ich bei den mehr oder weniger herkömmlichen Überlegungen und Entwürfen des Aristoteles.

Dem Stagiriten zufolge (*De caelo* 270b5-10) haben alle Menschen irgendeine Vorstellung von den Göttern und alle, die an die Existenz von Göttern glauben, weisen ihnen übereinstimmend den obersten Rang in ihrer Werteskala zu. Aristoteles war, obwohl Philosoph, kein Atheist, Agnostiker oder Skeptiker. Er war sogar bereit, die Verbreitung von Mythen zu akzeptieren, sofern sie von den Göttern handelten (*Metaphysik* 1074b1-14). Vielleicht erklärt gerade das, warum er Mythen zu schätzen begann, je älter er wurde (Fragment 668). Geht man einmal von der Übereinstimmung seiner eigenen Ansichten mit den *phainomena* (den »Erscheinungen«) und den *endoxa* (den »gängigen Meinungen«) seiner Gesellschaft über die Existenz und Notwendigkeit der Götter aus, dann war der ideale Staat, den er am Schluß seiner *Politik* im Ansatz skizziert hat, unvermeidlich ein Staat der Götter und der Menschen gleichermaßen. Den Stand der Priester betrachtete er z. B. als notwendigen Bestandteil seines idealen Staates, denn »es ist nur richtig und angemessen, daß die Götter von Bürgern verehrt werden« (1329a27ff); die Tempel von Utopia sollten sich in den Zentren der öffentlichen Aufmerksamkeit befinden, nahe bei den gemeinsamen Speiselokalen der obersten Behörden in der Mitte der Stadt (1331a24-31), während auf dem Land (*chora*) Heiligtümer von Göttern und Heroen überall verstreut sein sollten (1331b17-19).

Andererseits muß man sagen, daß Aristoteles das religiöse Element seiner idealen Staatsverfassung nicht besonders hervorgehoben hat. Er verwendete weit mehr Raum und geistige Energie auf so alltägliche Fragen wie den geeigneten Ort für die Anlage einer Stadt, ihre Nahrungsmittelversorgung, ihr Erziehungswesen, die Organisation der gemeinsamen Mahlzeiten, den Umgang mit Sexualität, Heiratsregeln und Eugenik. Den Gegensatz hierzu – und der Kontrast war von Aristoteles sicherlich intendiert – bildet der Idealstaat, den Platon gewissermaßen als seine zweite Wahl (nach der *Politeia*) in den *Gesetzen* konstruiert hat. In direkter Erwiderung auf die Doktrin des Protagoras geht »der Athener« (eine Stellvertreterfigur, hinter der sich der 80jährige Platon selbst verbirgt) von dem Grundsatz aus, daß »Gott das Maß aller Dinge« ist, oder, wie es ein führender Religionswissenschaftler unserer Zeit formuliert hat: »In der Theorie ist Platons Gesetzesstaat eine Theokratie« (Burkert 1985/1977: 489). Wer von beiden, Platon mit seiner theistischen Fixierung oder Aristoteles mit seinen weltlichen Präokkupationen stand der hellenischen Norm näher?

Erwartungsgemäß wohl Aristoteles. Allerdings entbehrt seine Darstellung der gewöhnlichen Polisreligion in der *Politik* nicht der ironischen Untertöne. Aristoteles war realistisch genug, um zu erkennen, daß Religion für weltliche, politische Zwecke benutzt werden konnte. Ebensowenig überraschend, aber für unserer Belange wichtiger ist, daß Aristoteles' Auffassung der Götter – oder der Göttlichkeit, des Göttlichen – sehr viel intellektualistischer, vergeistigter und philosophischer war als die seines *phronimos* (seines überdurchschnittlich klugen und wohlüberlegten Mannes).

Er geht über Herodot hinaus und nimmt Xenophanes wieder auf, wenn er zu Anfang der *Politik* (1252b26-28) betont, daß die Menschheit, vermutlich zumal die griechische Menschheit, die Götter in doppeltem Sinne anthropomorph auffaßt: nicht nur im Hinblick auf ihre Gestalten (*eide*), sondern auch auf ihren Lebensstil (*bioi*) – hier trifft Nocks These von den Griechen in Großformat sehr genau. Aristoteles' eigene Auffassung weicht davon jedoch bedeutend ab: wie in *Über die Welt* (397b10-401b24) faßt er auch in der *Politik* (1326a32) Gott als »eine göttliche Kraft« (*theia dynamis*) auf, die »alles zusammenhält«, als das alles durchdringende Prinzip des *kosmos*. An anderer Stelle gibt er seiner Auffassung eine noch spezifischer intellektualistische Kontur, indem er Gott mit Geist identifiziert (Fragment 49). Außerdem betont Aristoteles, soweit er sich dazu bereit findet, in anthropomorphisierender Alltagssprache über die Götter zu sprechen, immer wieder die qualitative Differenz zwischen Göttern und Sterblichen. Die Stelle, an der die wechselseitige Inkommensurabilität und die unüberwindliche Kluft zwischen beiden vielleicht am deutlichsten formuliert ist, findet sich in den *Magna Moralia* (1208b27-31), wo er bemerkt, Menschen könnten mit Göttern nicht befreundet sein oder gar »Zeus lieben«. Denn gleichgültig wie fromm ein Mensch sein mag (»fromm« im üblichen griechischen Sinn des Vollzugs ritueller Handlungen, wie Weihungen, Gebete, Teilnahme an Opferhandlungen usw.), eine eigentliche Reziprozität kann zwischen den beiden Parteien nicht bestehen, denn die Ungleichheit zwischen ihnen ist zu groß (vgl. *Nikomachische Ethik* 1122b20-2).

Allerdings sollte man die Unterschiede zwischen der Aristotelischen Auffassung und der anthropomorphen Sichtweise der gewöhnlichen Griechen nicht überbewerten. Denn das Ritual des Tieropfers etwa diente zwar auf der symbolischen Ebene als Mittel der Kommunikation zwischen Sterblichen und Göttern, zugleich aber war es ein Kennzeichen der unüberbrückbaren Kluft zwischen beiden Parteien. Der Prometheusmythos, wie ihn Hesiod in der *Theogonie* und in den *Werken und Tagen* erzählt, spricht sinnbildlich von dieser Getrenntheit der Sphären. Denn um opfern zu können, war die Menschheit auf die Hilfe des unsterblichen Titanen Prometheus angewiesen, aber sogar Prometheus war, als er im Auftrag der Menschen handeln wollte, gezwungen, zuerst das Feuer zu stehlen, um den Menschen das Opfern zu ermöglichen und dann Zeus zu betrügen, so daß dieser den bloßen Fettgeruch des geopferten Tiers als Anteil der Götter akzeptierte.

Xenophon war sich, ebenso wie Aristoteles, klar darüber, daß die Menschen in ihrer Physis nicht wirklich waren wie die Götter, aber er formulierte es nicht so ausdrücklich, aus Angst, als unfromm verschrien zu werden, wie es schon seinem Mentor und Lehrer Sokrates widerfahren war – der bekanntlich im Jahre 399 zum Tode verurteilt und hingerichtet worden war, weil er »die Götter der Polis nicht gebührend anerkannt und neue, unbekannte Götter eingeführt habe«. Einer direkten Leugnung (scil. des herkömmlichen Götterglaubens) kommt er am nächsten in einem etwas langatmigen Dialog in platonischem Stil, in seinen *Erinnerungen an Sokrates* (4, 3): Hier ermahnt sein Sokrates den Euthydemos, nicht herumzuhängen und darauf zu warten, »bis du die Götter in physischer Gestalt erblickst«, sondern ihre Präsenz und ihr Eingreifen in die menschlichen Angelegenheiten aus ihren Taten zu erschließen. Daß die Götter, trotz ihrer Unsichtbarkeit, tatsächlich agierten, untermauert Xenophons Sokrates mit einer Argumentation *per analogiam*: »Wie die Götter ist auch der menschliche Geist unsichtbar, und doch hat vor allem anderen Menschlichen er Anteil am Göttlichen (d. h. im Denken sind die Menschen am ehesten wie die Götter) und es ist evident, daß er uns beherrscht, auch wenn er unsichtbar ist«.

Xenophon war nun aber ganz ungebrochen überzeugt vom Wirken der Götter: Sie nahmen nicht nur hier und da Einfluß auf die Angelegenheiten der Menschen, diese waren vielmehr insgesamt von ihnen gelenkt. Menschliche Willens- oder Entscheidungsfreiheit war als historischer Faktor für den Autor der *Hellenika* praktisch bedeutungslos. Aber wenn Xenophons Götter oder »das Göttliche« (*to daimonion*) auch von nicht-menschlicher Gestalt und über-menschlicher Macht waren, waren sie (oder es) doch bemerkenswerterweise menschlicher Empfindung fähig. Als die Thebaner bei Leuktra über die Spartaner gesiegt hatten – Xenophon zufolge aus religiösen Gründen –, da warnt sie Jason, der Tyrann des thessalischen Pherai, davor, allzu selbstbewußt zu werden: »denn der Gott, so scheint mir, findet Gefallen daran, die Kleinen zu erheben, die Großen aber zu Fall zu bringen« (*Hellenika* 6, 4, 23); die zweifellos bewußt ironische Pointe lag darin, daß Jason selbst wenig später durch Mord aus dem Weg geschafft wurde.

Für Xenophon war das nicht bloß eine rhetorische Figur. Ein anderes Beispiel für den Anthropomorphismus der *Hellenika* zeigt besonders deutlich, inwiefern selbst die frömmsten und gottesfürchtigsten Griechen, wenn sie im Zweifel waren, wie sie handeln sollten, menschliche Wertvorstellungen auf die Götter projizierten. 388, während des Korinthischen Krieges, leitete der spartanische König Agesipolis II. die militärischen Operationen gegen Argos (*Hellenika* 4, 7). Da er darauf brannte, mit den Heldentaten seines älteren Mitkönigs Agesilaos zu wetteifern, war er nicht bereit, sich einen Strich durch die Rechnung machen zu lassen, als Argos zum Schein eine heilige Waffenruhe ausrief (*ekecheiria*) – ein Trick, den es auch im Peloponnesischen Krieg eingesetzt hatte (Thukydides 5, 54). Also nahm er die obligatorischen spartanischen Grenzüberschreitungsopfer (*diabateria*) vor, und als sich ihm die Vorzeichen günstig zeigten, brach er westwärts durch Arkadien nach Olympia auf, wo sich ein Orakelheiligtum des Zeus befand. Es war gerade einmal ein Dutzend Jahre her, daß die Priester dieses Heiligtums einem anderen spartanischen König die Anrufung des Orakels untersagt hatten – mit der Begründung, so heißt es, »daß es ein alter und festverankerter Grundsatz sei, daß Griechen in einem innergriechischen Krieg das Orakel nicht befragen sollten« (*Hellenika* 3, 2, 22). Dieser Grundsatz scheint 388 irgendwie in Vergessenheit geraten zu sein, und Agesilaos erfuhr, nachdem er ordnungsgemäß geopfert hatte, vom Gott (Zeus), daß »es richtig und gerecht war, einen unrechtmäßig erklärten Waffenstillstand abzulehnen«.

Um sich aber doppelt abzusichern und wohl auch, um bei seinen außerordentlich frommen Truppen keinen Raum für Zweifel zu lassen, beschloß Agesipolis die Gegenprobe zu machen, indem er auch noch das Orakel des Apollon in Delphi befragte. Man beachte aber die ausgeklügelte Form, in der er seine Anfrage formulierte. Statt die Frage zu wiederholen, die er Zeus in Olympia gestellt hatte, fragte er Apollon, ob er in der Angelegenheit heiliger Waffenruhen derselben Meinung sei wie sein Vater. Da nach allgemeingriechischer Auffassung (z.B. Lysias 19, 55), ganz wie für die Juden des Pentateuch, Kindestreue ein ehernes Gebot war, lief das folglich darauf hinaus, daß Apollon keine andere Wahl blieb, als mit Ja zu antworten.

Der weitere Gang der Dinge zeigt, daß Agesipolis sehr klug gewesen war, als er sich solchermaßen bei den Göttern rückversicherte. Als er nämlich soeben seine Truppen über die Grenze auf argeisches Land geführt hatte, »ließ es der Gott beben« – eine andere Art zu sagen, daß Poseidon ein Erdbeben verursacht hatte. Die abergläubischen Spartaner stimmten auf der Stelle den Paean (auf Apollon) an, um weiteren Götterzorn abzuwenden, und glaubten, Agesipolis werde sich nun sofort zurückziehen. Stattdessen deutete er jedoch das Erdbeben als positives Vorzeichen, da Poseidon es ja nach und nicht vor dem Überschreiten der Grenze hatte beben lassen. Nach einigem Zögern ließen sich die Truppen, da er sich auf die vereinte Autorität der Orakel des Zeus und des Apollon berufen konnte, von dieser Sicht überzeugen, und sie versammelten sich zum Opfer für Poseidon. Offenkundig aber hatten sie – wie es die meisten Griechen, einschließlich Xenophons, an ihrer Stelle auch getan hätten – das Erdbeben zunächst automatisch als feindlichen Akt eines ›größeren‹ (und zehr zornigen) Griechen aufgefaßt.

Es muß allerdings betont werden, daß in dem scheinbar kasuistischen Verhalten des Agesipolis nichts Unorthodoxes oder gar Irreligiöses lag. Eben weil die Götter als (größere) Menschen gedacht wurden, ging man auch davon aus, daß sie denselben Diskursformen zugänglich waren, wie sie auch für zwischenmenschliche Beziehungen gültig waren. Allerdings brauchte es außergewöhnliches Zutrauen und enorme Willensstärke, oder aber übermächtigen Ehrgeiz, um die Beziehungen zum Göttlichen in dieser Weise zu handhaben. Eher entsprach die Nikias des Thukydides griechischer Norm, der – zum offenkundigen Mißfallen des rationalistischen Historikers, nicht zuletzt im Hinblick auf die katastrophalen Konsequenzen solcher Sucht – »in exzessiver Weise der Divination (*theiasmos*) und Ähnlichem ergeben war« (Thukydides 7, 50, 4). Bemerkenswerterweise machte Thukydides am ehesten Konzessionen an den volkstümlichen Glauben an ein wirksames Eingreifen der Götter in der letzten Rede, die er dem Perikles in den Mund legte, als die große Pest ihren Höhepunkt erreicht hatte: »Die *daimonia* [Dinge, die die *daimones* schicken] müssen wir nach Notwendigkeit ertragen [d. h. weil wir nichts gegen sie tun können], was uns aber der Feind tut, müssen wir mit männlicher Tapferkeit ertragen« (Thukydides 2, 64, 2). Aber selbst hier ist nicht die Rede von anthropomorph gedachter Intervention, sondern lediglich von abstrakten *daimonia*, die für den historischen Perikles wie für Thukydides selbst aller Wahrscheinlichkeit nach bloße rhetorische Figuren waren.

Mit Herodot kehren wir nun aber wieder in die Vorstellungswelt Xenophons zurück, die durch die Überzeugung eines anthropomorphen Agierens der Götter getragen war. Aus einer Vielzahl einschlägiger Beispiele wähle ich nur drei aus. Erstens, um beim Thema menschlicher Übel zu bleiben, die Erzählung vom schrecklichen Ende der Königin Pheretima von Kyrene, die durch aus ihren Eingeweiden hervorgegangene Maden bei lebendigem Leibe aufgefressen wurde. Ein solches Ende sollte nach Ansicht Herodots (4, 205) ein sichtbarer Beweis für die Menschen sein, »daß leidenschaftlicher Rachedurst Neid und Vergeltung der Götter auf sich zieht«. Mein zweites Beispiel bezieht sich auf eine der zahlreichen kultischen Neuerungen, die durch den an ein Wunder grenzenden Sieg der Griechen über die Perser 480-79 veranlaßt worden waren. Im Jahre 480 wurden die Athener durch ein Orakel aufgefordert, bei ihrem Schwiegersohn Hilfe zu suchen – doch wer konnte das sein? Der athenische Mythos gab die Antwort: Es war Boreas, der personifizierte Nordwind, der die Tochter des athenischen

Urkönigs, Erechtheus, geheiratet hatte. Herodot ging nicht so weit zu sagen, weil die Athener dem Boreas geopfert hätten, sei der Nordwind »mit Gewalt über die Barbaren hergefahren« (7, 189), aber genau das war die Auffassung der Athener; und sie ließen den Worten Taten folgen, bauten ihm am Ufer des Illissos einen Tempel und führten so eine neue Gottheit in ihr offizielles Pantheon ein. Die Perser waren also nicht die einzigen, die den Winden opferten – wenn sie es auch in sehr anderer Weise taten.

Und nun unser letztes Beispiel für die Vorstellung der Götter als ›Griechen in Großformat‹ bei Herodot. Unmittelbar vor der Seeschlacht von Salamis spürte man sowohl an der Küste, als auch auf dem Meer ein Erdbeben. Solche warnenden göttlichen Zeichen pflegten bei größeren Schlachten gehäuft aufzutreten, wie der Fliegenschwarm um den Honigtopf. Ungewöhnlicher, aufregender und daher berichtenswert aber war für Herodot ein weiteres angebliches Vorzeichen, und zwar eines, das sogar ganz unzweifelhaft die bevorstehende Niederlage der Perser angekündigt hatte (Herodot 8, 65). Tatsächlich war es so außergewöhnlich, daß Herodot glaubte, seinen Gewährsmann nennen zu müssen: einen ›medisierenden‹, d. h. zu den Medern übergelaufenen Exil-Athener, der unpassenderweise Dikaios (»der Gerechte«) hieß – einer von nur drei Fällen namentlicher Zitation im ganzen Werk. Eine Staubwolke, so Dikaios, sei über den Thriasischen Feldern im Westen Attikas aufgestiegen und habe sich von Eleusis ostwärts nach Athen bewegt. Da aber die gesamte Bevölkerung Attikas evakuiert worden war, konnte diese phantasmagorische Staubwolke nicht von Menschen verursacht worden sein, und doch drang aus ihr ein Klang, der sich anhörte wie der mystische Hymnos auf Iakchos (Dionysos), den die Eingeweihten der Eleusinischen Mysterien sangen. Woraus unvermeidlich zu schließen war, und Herodot hat das implizit akzeptiert, daß es die Götter Attikas selbst (Demeter, Persephone und Dionysos) waren, die da marschierten, um ihren Besitz, die heiligen Plätze Athens, gegen die barbarische Entweihung zu verteidigen.

Der Hand Gottes Einhalt gebieten

Der dritte und letzte Aspekt der Polarität »Götter versus Menschen«, den ich hier untersuchen will, betrifft zugleich eine der, wenn nicht sogar die zentrale Frage der griechischen Geschichtsschreibung insgesamt. Wie haben Herodot, Thukydides und Xenophon das Verhältnis von Religion und Geschichte gedacht und analysiert? D.h., inwieweit glaubten sie, daß es auf die Götter (oder auf Gott resp. das Göttliche) ankam, daß die Götter auf Ereignisse und Prozesse innerhalb der menschlichen Sphäre Einfluß nahmen, dergestalt, daß diese ohne über-menschliche Intervention anders oder gar nicht stattgefunden hätten? Dabei muß man sich in Erinnerung rufen, daß es in der religiösen Vorstellungswelt der klassischen Griechen keine scharfe Unterscheidung zwischen profaner und sakraler Sphäre gab und also auch keine theoretische Unterscheidung zwischen profaner und sakraler Geschichtsschreibung. Letztere war vielmehr ein spezifisch christlicher Beitrag zur historiographischen Tradition, und die daraus entstandene Kluft wurde erst wieder überbrückt, als Voltaire und Gibbon dies zum zentralen Anliegen ihres aufklärerischen Ansatzes machten.

Ich beginne mit Xenophon, der als Historiker am unmittelbarsten theurgisch gedacht hat, und dem *locus classicus* für seine generelle Perspektive. Als die Spartaner 382 mitten im Frieden die Akropolis von Theben besetzten, brachen sie den Eid, mit dem sie im Namen der Götter geschworen hatten, daß sie den anderen Griechenstädten ihre Unabhängigkeit lassen wollten. Sie hatten solchermaßen einen hochkarätigen Meineid begangen. Und genau deswegen wurden sie, Xenophon zufolge, in der Schlacht von Leuktra 371 von den Thebanern vernichtend geschlagen. Und dies war nur eine von vielen Gelegenheiten, »die man aus der Geschichte der Griechen und der Nicht-Griechen anführen könnte, um zu zeigen, daß die Götter sich gegen Unfromme (*asebountes*) oder gegen solche, die sich Freveltaten (*anhosia*) zuschulden kommen lassen, nicht gleichgültig zeigen« (*Hellenika* 5, 4, 1).

In einer zynischen Lesart könnte man diese weitgreifende Verallgemeinerung Xenophons so auffassen, als wolle er die Verantwortung für die Niederlage von der militärischen Unterlegenheit der Spartaner auf die unwiderstehliche Macht der Götter verschieben. Aber Xenophon wäre der letzte gewesen, der dafür in Kauf genommen hätte, daß er die von ihm favorisierten Spartaner des Meineids bezichtigen mußte. Zweifellos hat er, selbst ein Mann von mehr als nur demonstrativer Frömmigkeit, überall in der menschlichen Geschichte die Hand der Götter am Werk gesehen, und er glaubte an ihre Wirksamkeit im strikten Sinne, d. h. daß sie die Hauptereignisse so und nicht anders geschehen ließen. Sein Glaube war so stark, daß er imstande war, sogar einen Bürgerkrieg (*stasis*) zwischen Griechen, die doch die gleichen Götter in ganz der gleichen Weise verehrten, als göttlichen Eingriff zu erklären. 392 hatten Feinde des an der Macht befindlichen oligarchischen Regimes von Korinth während eines religiösen Festes ihre (in den Augen Xenophons) unschuldigen Gegner hingeschlachtet und einen politischen Putsch veranstaltet. Das neue Regime schloß ein enges Bündnis mit Argos und zwang Agesilaos, den spartanischen Einsatz im Korinthischen Krieg zu verstärken. So geschah es denn, während der Kampf um die Langen Mauern Korinths tobte, daß »die Götter ihnen (d. h. den

Spartanern) eine Aufgabe (*ergon*) gaben, wie sie sie sich nicht einmal in ihren Gebeten zu erflehen gewagt hätten«, nämlich die anti-spartanischen Korinther in Massen hinzumetzeln. »Wie sollte man«, so Xenophons rhetorische Frage (*Hellenika* 4, 4, 12), »das nicht für das Wirken der Götter (*theion*) halten«? Vielleicht war das als eine nachdrückliche Erwiderung auf immerhin mögliche Zweifel an der göttlichen Sendung dieses Massakers gedacht. Wahrscheinlicher aber ist, daß aus dieser Frage nur besonders deutlich die Vorstellung spricht, die Xenophon mit vielen anderen Griechen teilte, nämlich daß die Götter selbst sich hier eingeschaltet hatten, um Unfrömmigkeit zu strafen. Aus einer weitergreifenden historischen Perspektive erscheint allerdings der Rekurs auf »die Hand der Götter als ein Mittel, um das Streben nach Wahrheit einzuschläfern« (Cawkwell 1979: 45).

Für den hochmoralischen Xenophon hatte profane historische Wahrheit jedoch nicht die erste Priorität. Das trennt ihn gleichermaßen von Herodot wie von Thukydides. Herodot seinerseits stimmte zwar durchaus mit Xenophon überein, was die zentrale Stellung der Götter in seiner Geschichte betrifft: es gibt kaum einen längeren Abschnitt, in dem nicht auf die Götter Bezug genommen wird oder in dem Einstellung und Verhalten der Menschen gegenüber den Göttern keine Rolle spielen. Die Frage ist aber, ob er auch die bisweilen etwas simplizistische Sicht Xenophons von göttlicher Intervention und Verursachung teilte: Waren die Götter für Herodot der hauptsächliche oder gar ausschlaggebende Faktor für die Erklärung der Ereignisse und des Ausgangs der Perserkriege?

Zweifellos ging Herodot davon aus, daß nicht nur Orakel (vgl. oben), sondern auch Wunder (1, 78, 1), Vorwarnungen (6, 27) und Träume (1, 34, 1-2) gottgesandte Zeichen waren, die tatsächlich die Zukunft voraussagten. Er war, wie wir sahen, ebenfalls bereit, sich für ein direktes und wirkungsmächtiges Eingreifen der Götter in menschliche Angelegenheiten, insbesondere für den Vollzug erforderlicher Vergeltung, zu verbürgen. Verschiedene seiner Hauptfiguren, wie z.B. der lydische König Kroisos (1, 13, 2; 1, 91, 1), sind für ein schlechtes Ende bestimmt, und eben Kroisos gegenüber läßt Herodot Solon seine klassisch anthropomorphisierende Auffassung von der »Eifersucht der Götter« entwickeln, »die es lieben, die Angelegenheiten der Menschen in Verwirrung zu bringen« (1, 32, 1). An einer Stelle spricht Herodot sogar durch den Mund des Kroisos ganz mechanistisch vom Rad des menschlichen Schicksals, das niemals stillsteht und niemandem erlaubt, anhaltend glücklich zu sein (1, 207, 2). Aber bei alledem war Herodot bemerkenswerterweise niemals (oder nicht nur) Fatalist oder theurgischer Determinist, so daß seine Theologie geschichtliches Handeln und dementsprechend historische Verantwortung der Menschen ausgeschlossen hätte. Es ist sehr scharfsinnig bemerkt worden (Gould 1989: 80),

»daß wir, um Herodots Auffassung der Götter zu verstehen, zwischen übernatürlichen Erklärungen einzelner Ereignisse, die bestimmte Individuen betreffen, und einer allgemeinen Theorie historischer Verursachung unterscheiden müssen«.

Diese Annahme läßt sich am besten überprüfen, wenn wir uns ansehen, wie Herodot die Entscheidung des Xerxes zur Invasion in Griechenland 480/81 präsentiert. Durch eine Folge von Träumen (7, 12-19) werden die Faktoren, die Herodot als ausschlaggebend für die Entscheidung ansieht, gewissermaßen inszeniert und die Unwahrscheinlichkeit einer persischen Niederlage betont. Aber obwohl diese Träume gottgesandt sind, verursachen sie die Unternehmung doch nicht unmittelbar. Das Traumgesicht des Xerxes »führt lediglich dazu, daß ein bereits bestehender Plan nicht aufgegeben wird«, dieser Plan selbst aber wird so ausschließlich aus menschlichem Kalkül abgeleitet, daß wir darin auch heute »ein rational vollauf befriedigendes Erklärungsschema sehen können« (Ste. Croix 1977: 143-45). Herodot konnte also, um es zusammenzufassen, wichtige historische Ereignisse in einem rein menschlichen Denkhorizont erklären, ohne daß seine Frömmigkeit ihm solche Erklärungen als vollkommen befriedigend hätte erscheinen lassen. Die Worte, die er Themistokles anläßlich des griechischen Siegs bei Salamis in den Mund legt, geben – auch wenn Herodot nahelegt, daß der um Listen nicht verlegene Themistokles selbst kaum daran glaubte – doch den Kern seiner eigenen Auffassung wieder: »Nicht wir haben diesen Sieg errungen, sondern die Götter und Heroen, die eifersüchtig darüber wachten, daß nicht ein einzelner Mensch über Asien und Europa herrschen sollte – ein Mensch noch dazu, der gottlos (*anhosios*) und vermessen (*athastalos*) ist« (8, 109, 3).

Nun also, zum Schluß, noch einmal Thukydides. Was auch immer er genau meint, wenn er von »dem Menschlichen« (*to anthropinon*, 1, 22, 4) oder »der Natur der Menschen« (*he anthropon physis*, 3, 82, 2) sprach, das rhetorische Gewicht dieser Wendungen, die in analytischen Schlüsselstellen gebraucht werden, ist unmißverständlich: Thukydides will seinen Peloponnesischen Krieg ganz bewußt als menschliche, nicht-göttliche Angelegenheit erklären. Das soll nun nicht heißen, daß die Menschen nach Ansicht des Thukydides die volle Kontrolle über ihr Schicksal besessen hätten. Selbst der in so hohem Maße hellsichtige Perikles konnte einen Schicksalsschlag (*tyche*) wie die große Pest in Athen nicht vorhersehen. Aber auch wenn Thukydides seinen Perikles die Pest als *daimonion* beschreiben läßt, war das doch weit entfernt von einem Rekurs auf göttliche Intervention und Verursachung in der Manier Herodots oder gar Xenophons. Nirgends gibt Perikles, und wichtiger noch: Thukydides selbst, den Glauben an das Vermögen menschlicher Vernunft preis, auch nicht gegenüber unerwarteten und unvorhersehbaren Zufällen und ungeachtet des tragischen Grundtons, der das Werk als Ganzes durchzieht. Mehr noch, im Melier-Dialog, in dem Thukydides die Sprecher Athens auf den schönen Schein »wohlklingender Worte« (*kala onomata*, 5, 82) verzichten läßt, um die ungeschminkte Realität zwischenstaatlicher Beziehungen zu enthüllen, glaubt man Thukydides selbst zu hören, wenn es heißt, die Götter könnten nichts daran ändern: »Vermutungsweise glauben wir es von den Göttern (*to theion*), mit Sicherheit wissen wir es von den Menschen (*to anthropeion*), daß sie mit Naturnotwendigkeit wo immer möglich herrschen wollen« (5, 105, 2). So lautet die kaltblütige Antwort der Athener auf den leidenschaftlichen und vergeblichen Appell der Melier an das Eingreifen der Götter, um sie vor der drohenden Vernichtung zu retten – der Vernichtung, mit der sie kurz darauf von Athen und einem Teil seiner Verbündeten heimgesucht wurden; d. h. also, selbst die Götter stehen unter dem Zwang dieser Notwendigkeit, dieses universellen Natur»gesetzes« (*nomos*).

Die Bedeutung und die Wucht dieser Abweisung des Göttlichen durch »die Athener« in einem fiktiven Dialog wird bekräftigt durch die erstaunlich wenigen Stellen, an denen sich Thukydides in den narrativen Passagen seines Werks auf Religion bezieht. Unter ihnen gibt es höchstens eine, an der Thukydides sich zu historiographischen Zwecken nicht ganz so kategorisch von der Annahme göttlicher Intervention distanziert (2, 17, 1-2). Kurz, Thukydides wäre sicherlich der gleichen Ansicht gewesen wie sein Zeitgenosse, der Verfasser einer unter dem Namen des Hippokrates überlieferten medizinischen Abhandlung über Epilepsie, betitelt »Über die heilige Krankheit«, der zu Beginn seine Karten auf den Tisch legte, indem er bestritt, daß es irgendetwas spezifisch Göttliches an dieser sogenannt »heiligen« Krankheit gebe, denn die Krankheiten seien alle gleichermaßen heilig – oder auch nicht; und er hätte auch einem anderen hippokratischen Autor zugestimmt, der in einer Abhandlung über Jungfrauen-Krankheiten ganz entschieden erklärte, er sehe die Abhilfe für menstruelle Schwierigkeiten nicht in Opfern für Artemis, sondern in der Verheiratung (*Peri Parthenion* 468, 17 ff. ed. E. Littré). Das Göttliche war für diese Autoren kein ursächliches Unterscheidungsmerkmal und konnte daher als Erklärungsmoment außer Acht gelassen werden. In diesem – und nur in diesem – Sinne können wir Thukydides als den Begründer der »wissenschaftlichen Geschichtsschreibung« bezeichnen.

Epilog

>»Wir alle sind Griechen. Unsere Gesetze,
>unsere Literatur, unsere Religion, unsere Kunst
>haben ihren Ursprung in Griechenland.«
>
>P. B. Shelley, Vorwort zu *Hellas* (1822)

Andersheit versus Klassizismus

Es lag mir fern, »die großen und wunderbaren Taten« der klassischen Griechen (Herodot) in diesem Buch herunterzuspielen. Im Hinblick auf Geschichtsschreibung, Politik, Theater, Philosophie und viele andere Bereiche, in denen die geistigen Bestrebungen einer Gesellschaft sichtbar
werden, sind sie zweifellos groß. Auch will ich die Berechtigung des Epithetons »klassisch« keineswegs in Abrede stellen: »Das Besondere der Griechen war das, was man gern als das Klassische bezeichnet; Vorbild für
Viele; anziehend durch all das, was – in den beschränkten Dimensionen der
Polis-Welt – an Meisterschaft und In-Frage-Stellung, an gemeisterter In-
Frage-Stellung, an Kommensurabilität und Größe gegenüber dem Geschehen erreicht, erfahren und dargestellt wurde ...« (Meier 1983: 47). Was ich
jedoch bezweifle, ist die Gültigkeit und die Nützlichkeit einer umfassenden
Identifikation unseres kulturellen Selbst mit dem der alten Griechen. So
sehr ich Shelley bewundere, seine Griechenbegeisterung führte ihn in die
Irre. Es besteht ein grundlegender Unterschied zwischen Identität, die zu
einem beträchtlichen Teil konstruiert und nicht vorgegeben ist, und »Ursprung«. Mir ging es vor allem darum, zu zeigen, was uns an der griechischen Kultur heute fremd und unvertraut ist und so die Verführungskraft
einer allzu schnellen Identifikation mit den klassischen Griechen zu brechen, die ihren Höhepunkt im nachaufklärerischen Deutschland, im Second Empire Frankreichs und im viktorianischen Britannien erreicht hat
und die noch heute Anhänger besitzt – zum Teil sicher eher aus politischen
als aus rein akademischen Gründen.

163

Andererseits besteht natürlich die Gefahr, ins entgegengesetzte Extrem zu verfallen und die »Andersheit« einer Kultur überzubetonen, aus deren Überlieferung wir uns bewußt ein Erbe konstruiert haben. Zwar bleibt sich die menschliche Seele niemals gleich, anders als die frühen Gesellschaftshistoriker der Aufklärung angenommen haben und manche modernen Altertumswissenschaftler auch heute noch glauben möchten. Aber zumindest in der Ideologie und der Rhetorik von Freiheit, Gleichheit und Demokratie sind wir den Griechen so stark verpflichtet, daß die kulturelle Verbundenheit deutlich zu Tage liegt.

Ich möchte jedoch darauf insistieren, daß unsere Mentalität und unser geistiges Koordinatensystem als ganzes letztlich grundlegend anders ist als das der Griechen, und ich werde versuchen, das am Beispiel des attischen Theaters noch einmal vor Augen zu führen, das Shelley ebenfalls zu unserem kulturellen Erbe gerechnet hat und auf das kürzlich Enoch Powell[1] sein Augenmerk gerichtet hat. Athen war natürlich nicht Griechenland, auch wenn die Athener sich gern so gesehen hätten, und ich habe mich in diesem Buch bemüht, jeden ›Athenozentrismus‹ zu vermeiden. Das attische Drama aber hat erklärtermaßen versucht, allgemein-griechische Erfahrungen zu formulieren, und es wurde nicht nur vor Bürgern Athens aufgeführt, sondern auch vor Nicht-Athenern – ja zum Teil für diese geschrieben. Unsere zeitgenössisches »Wieder-Erleben« (George Steiner) des attischen Dramas, besonders der Tragödie schließt sowohl authentische als auch mythische Elemente des griechischen Erbes ein.

Ein religiöses Theater

Das attische Drama überwindet, wie schon das Epitheton »klassisch« andeutet, in seiner Wahl der Themen und in ihrer Behandlung die ihm historisch gegebenen kulturellen Schranken. In den vergangenen Jahrzehnten wurden zumal Euripides' *Medea* und Aristophanes' *Lysistrata* feministisch gedeutet, Euripides' *Bacchen* wurden als Siegeslied der emanzipatorischen Zivilisationskritik interpretiert, und die *Antigone* des Sophokles hat dem Nachdenken über Bürgerkrieg und Totalitarismus Impulse vermittelt. Kurz gesagt, das klassische griechische (attische) Drama vermag auch heute noch, uns anzusprechen und uns nützlich zu sein. Ja, es ist uns scheinbar so nah und vertraut, daß die Hauptaufgabe für jeden modernen Regisseur und auch für den modernen Gelehrten darin bestehen muß, seine Fremdheit vor

---

1 Enoch Powell (1912-1998), britischer Gräzist und konservativer Politiker.

Augen zu führen. Diese Aufgabe wird erleichtert, wenn man sich von vorn-herein klarmacht, daß für das attische Theater die religiöse Dimension un-ausweichlich im Zentrum stand.

Die Religion der klassischen Griechen gehört jedoch, bei allem Respekt vor Shelley, nicht zu dem, was wir von ihnen als Erbe übernommen haben. Sie war eine Religion der griechischen *polis*, und als solche an kulturelle Rahmenbedingungen gebunden, die die römische Eroberung der griechi-schen Welt und die Christianisierung des römischen Reiches nicht überlebt haben. Der wesentliche religiöse Bedeutungsgehalt des attischen Dramas, das ursprünglich ausschließlich im Rahmen religiöser Feste aufgeführt wurde, die die Stadt Athen zu Ehren des Dionysos organisierte, kann in den andersgearteten Kontext des modernen Bühnendramas nicht übertragen werden. Insofern könnte die Überschrift, die kürzlich über der Besprechung einer traditionellen japanischen Kabuki-Aufführung in London stand: »Crash-Kurs in kultureller Andersheit«, durchaus ein passender Untertitel für dieses abschließende Kapitel sein.

Nicht daß das religiöse Element des attischen Theaters so eindeutig zu bestimmen wäre. Das beginnt schon bei der widersprüchlichen Identität des Theatergottes selbst. Das attische Drama, zumindest die Tragödie, hatte wenig mit Dionysos zu tun. Es gab sogar eine antike Wendung: »nichts zu tun mit Dionysos«, was so viel hieß wie »unangemessen sein«. Forscher, die demgegenüber eine starke innere Verbindung zwischen Dionysoskult und Tragödie behaupten wollen, müssen anders argumentieren – z. B. indem sie auf die beiden gemeinsame Erfahrung von Fremdheit und Verwandlung verweisen. In unterschiedlicher Weise machen sowohl die Teilnehmer des dionysischen Kults als auch die dramatischen Darsteller eine »ekstatische« Erfahrung, eine Erfahrung des »Außer-sich-Seins« – sie treten aus ihrem ge-wohnten Selbst heraus, unterstützt durch künstliche Hilfsmittel, wie etwa die Maske. Die Verbindung der Komödie zu Dionysos war schon etymolo-gisch viel offensichtlicher: *komoidia* hieß wörtlich: »Lied zur Begleitung des weinberauschten, dionysischen *komos* oder Schwarmzuges«. Die Komödie wurde jedoch erst 15 Jahre nach der Tragödie in das Programm der Großen oder Städtischen Dionysien aufgenommen.

Aber selbst wenn man eine solche innere Verbindung zugesteht, bleibt die schwierige Frage der Ursprünge von Tragödie und Komödie sowie ihrer Verknüpfung mit dem Satyrspiel (dem offensichtlichsten dionysischen Ele-ment des attischen Theaters) im Rahmen ein- und desselben religiösen Festes. Das gilt auch für die Darstellung des Dionysos auf der komischen Bühne, zumindest für jeden, dem die Konventionen Athens nicht vertraut sind. Man denke an die *Frösche* des Aristophanes, erstmals aufgeführt zu Beginn des Jahres 405, und zwar während des anderen, großen jährlichen

Theaterfestes von Athen, den Lenäen. Hier spielt der Gott des Festes den Protagonisten eines Meta-Dramas über die Beziehung zwischen Theater und Politik. Im Augenblick höchster Gefahr für die reale Stadt, kurz vor ihrer endgültigen Niederlage im Peloponnesischen Krieg, steigt Dionysos in die Unterwelt hinab, um den besten der verstorbenen attischen Tragiker ins Leben zurückzuholen, damit dieser die Stadt durch seinen klugen Rat »retten« könne. Es gibt zwei Chöre, den Nebenchor der Frösche, die dem Stück den Namen gaben, und den Hauptchor der Athener, die als Eingeweihte der Eleusinischen Mysterien figurieren (Aristophanes hat diese Besetzung gewählt, weil die Eingeweihten glaubten, daß ihnen die Einweihung in die Mysterien ein besseres Leben in der Unterwelt gewähren könne). Dieser Eingeweihten-Chor wird von Aristophanes genausowenig lächerlich gemacht wie die Vorstellung des Dichters als Lehrmeister der Öffentlichkeit. Hingegen läßt er keine Gelegenheit aus, über Dionysos zu spotten, der als weibischer Feigling und als völlig unempfindlich für die dramaturgischen Feinheiten der Aischyleischen und der Euripideischen Tragödie vorgestellt wird.

Moderne Gelehrte haben diese Darstellung des Dionysos mit der Zunahme des Atheismus, des Agnostizismus oder, allgemeiner, des Rationalismus im Athen des späten 5. Jahrhunderts erklärt – eine Entwicklung, die man mit der Wirkung von Sophisten wie Protagoras (von dessen Einfluß auf Herodot und Thukydides schon die Rede war) in Verbindung brachte. Eine solche Erklärung verträgt sich allerdings schlecht mit dem panischen Schrecken und der anschließenden Hexenjagd, die im Athen des Jahres 415 durch Religionsfrevel, wie etwa die angebliche Profanierung der Eleusinischen Mysterien, ausgelöst wurden, und ebensowenig mit dem augenscheinlichen Respekt, den Aristophanes diesem Kult in den *Fröschen* erweist. Plausibler ist die Erklärung, die von einer spezifischen Lizenz der Komödie ausgeht: von einem streng begrenzten Vorrecht, sich im Rahmen eines religiöses Festes über die Götter zu mokieren, für dessen Dauer die übliche Rangfolge und die normale Frömmigkeit aufgehoben oder in ihr Gegenteil verkehrt waren. Dagegen könnte man jedoch einwenden, daß in mindestens zwei Fällen gesetzliche Schritte unternommen wurden, um die Verspottung realer Personen (zeitgenössische Politiker) zu verhindern oder wenigstens zu beschränken – warum sollten die Götter, insbesondere der Schutzgott des Festes, nicht den gleichen Schutz genossen haben? Mit anderen Worten: wir haben es hier mit einem tiefverwurzelten Zug athenischer Religiosität zu tun, der mit modernen Kategorien religiösen Verstehens nur schwer zu erfassen ist.

Eine weitere Schwierigkeit besteht darin, den Einfluß auszuloten, den die drei großen Tragiker auf die religiöse Wahrnehmung der gewöhnlichen

Athener und die Ausübung ihres Glaubens ausübten. Im Medium des Mythos, angesiedelt in einer vermeintlich historischen, aber weit zurücklie-
genden und in der Regel nicht-athenischen Vergangenheit, gelang es Aischylos,
Sophokles und Euripides, Diskussionen über die zentralen Wertvorstellungen der zeitgenössischen Gesellschaft, über Ehre, Gerechtigkeit und nicht
zuletzt über das richtige religiöse Verhalten, dramatisch in Szene zu setzen:
die moralischen und politischen Implikationen nicht endender Blutrache in
der *Orestie* des Aischylos, die widerstreitenden Verpflichtungen gegenüber
Verwandten und Göttern in Sophokles' *Antigone*, der Status von Frauen
und von Barbaren in Euripides' *Medea* – um nur weniges zu nennen. Sie
brachten diese Diskussionen nicht nur auf die Bühne, sie stellten dadurch
auch die anhaltende Gültigkeit dieser Wertvorstellungen in Frage, im wört-
lichen wie im übertragenen Sinne.

Unter modernen Forschern ist es üblich gewesen, die Bearbeitung der
Mythen durch die Tragiker in einem primär künstlerischen oder psycholo-
gischen Verständnishorizont zu verorten und ihre religiösen, rituellen Elemente herunterzuspielen. Die attische Religion war jedoch nicht auf Texte
und Dogmen festgelegt, und die Dramatiker waren so befähigt wie jeder
andere Bürger, über die Angelegenheiten zwischen Göttern und Menschen
zu sprechen und zu ›predigen‹ – ja, man erwartete es von ihnen sogar; das
schloß auch Plädoyers für die Einführung neuer Kulte ein, wie z. B. den der
gebändigten, in Eumeniden (»Wohlgesinnte«) verwandelten Erinnyen, für
den Aischylos sich in seinem gleichnamigen Stück eingesetzt hat. Niemand
käme auf den Gedanken, von unseren wenigen modernen Tragikern Ver-
gleichbares zu erwarten; ebensowenig könnten wir uns vorstellen, daß
Shakespeare eine solche Rolle im elisabethanischen England oder zur Zeit
Jakobs I. wahrgenommen hätte.

Ein politisches Theater

Andererseits würde uns Shakespeare als politischer Dramatiker nicht ganz
so abwegig erscheinen. Dabei müßten wir aber den Unterschied zwischen
dem institutionalisierten, öffentlichen und städtischen Charakter des
athenischen Theaters, das ein im vollsten Sinne des Wortes nationales Theater war, und dem privaten Theaterunternehmen Shakespeares beachten, das
von seinem Wesen her keinerlei aktuellen Bezug zum öffentlichen politischen Handeln besaß. Noch größer ist die Kluft zwischen den politischen
Implikationen des attischen Dramas und unserem zeitgenössischen Theater.

Spätestens seit den 530er Jahren, der vermutlichen Blütezeit des Schau-
spieler-Dramatikers Thespis, hat es in Athen in irgendeiner Form tragische

oder komische Darbietungen gegeben. In neuerer Zeit hat sich allerdings die Ansicht durchgesetzt, daß die Institution der Großen oder Städtischen Dionysien als eines regelmäßigen Tragödienfestivals erst nach der Etablierung der Demokratie im Jahre 508/7 geschaffen wurde; und zwar vor allem als politisch-religiöses Fest der Befreiung von der Tyrannis der Peisistratiden (ca. 545-510) und von der Angst vor einer drohenden spartanischen oder persischen Fremdherrschaft. Die Komödie wurde sicher nicht vor 486 ins Programm aufgenommen, und es war wohl kein Zufall, daß gerade ein Jahr vergangen war, seitdem man bei der Ernennung der Archonten vom aristokratischen Wahlverfahren zum demokratischen Losverfahren übergegangen war.

Die ersten großen Vertreter der dionysischen Tragödie waren Phrynichos und Aischylos. Beide haben sowohl mythische Vorlagen neu bearbeitet als auch ausdrücklich zeitgenössische politische Themen behandelt, und zwar in Zusammenhang mit dem Widerstand gegen Persien. Als Phrynichos sein Stück *Der Fall von Milet* aufführte (Herodot 6,21), wurde er jedoch zu einer Strafe verurteilt, weil er im Publikum übermäßig starke Gefühle der Trauer hervorgerufen hatte. Dieses Urteil wurde vermutlich von der athenischen Volksversammlung gefällt, die – zumindest später – in unmittelbarem Anschluß an das Festival im Theater des Dionysos abgehalten wurde. Phrynichos hatte die Grenze zwischen Repräsentation und Realität überschritten. Das hat Aischylos sorgfältig vermieden, als er 20 Jahre später seine kaum weniger aktuellen *Perser* aufführte, in denen Themistokles und die Schlacht von Salamis im Mittelpunkt standen, ohne jedoch ausdrücklich erwähnt zu werden. In ähnlicher Weise hat Aischylos in den *Hiketiden* (vermutlich 463) und in der *Orestie* (458) seine politischen Überzeugungen weitgehend verdeckt gehalten und dennoch diejenigen, die es hören wollten, zu einem radikalen Wechsel in der Innen- und Außenpolitik Athens ermutigt. Damit war das Paradigma der politischen Tragödie etabliert.

Die politische Komödie war eine spätere Entwicklung, bei der Kratinos (um 450) offensichtlich eine maßgebliche Rolle gespielt hat. Sie hat sich zwar später entwickelt, ging aber sehr viel weiter als die Tragödie: die brennenden politischen Tagesfragen lieferten das Material der Handlung wie auch der vielfältigen gesellschaftlichen und ideologischen Anspielungen. Als Vertreter der Alten Komödie steht für uns Aristophanes in einsamer Größe da, er hatte jedoch Rivalen, wie den älteren Kratinos und den jüngeren Eupolis, und auch Nachfolger. Als er in den 380er Jahren starb, befand sich die alte Form der ungeschminkt politischen und ihren Spott gezielt persönlich wendenden Komödie, wie sie sich uns in den *Rittern* (424) und den *Wespen* (422) zeigt, bereits auf dem Rückzug. An ihre Stelle trat die Situationskomödie, die wiederum gegen Ende des 4. Jahrhunderts durch die Charakterkomödie Menanders abgelöst wurde. Von dieser leitet sich die vorherrschende Tradition unserer modernen Komödie ab. Die Institution des Theaters büßte jedoch ihren politischen Charakter nicht ein und blieb ein zentrales Merkmal der Demokratie des 4. Jahrhunderts. Die hitzigen Debatten in der athenischen Volksversammlung über die Theatergelder (eine Abgabe, die es den Ärmsten ermöglichen sollte, das geringe Eintrittsgeld zu bezahlen) liefern dafür ein hinreichendes Zeugnis, ebenso wie Platons verächtliche Bemerkungen über die Theatrokratie der athenischen Massen in den *Gesetzen* (701a) und das Aufsehen, das Demosthenes mit der öffentlichen Anklagerede gegen seinen Rivalen und politischen Gegner Meidias erregte, der ihn im Theater geohrfeigt hatte.

Aber nur für das athenische Theater des 5. Jahrhunderts können wir ganze Stücke in ihrem politischen Kontext und ihren Aufführungsbedingungen verorten: das gilt für die Auswahl der Stücke, der Intendanten und der Schauspieler für die jährlichen Theaterfestivals durch die zuständigen städtischen Beamten; die langen Probezeiten; die vorbereitenden Werbemaßnahmen; die religiöse Prozession zu Beginn des Festes, in der die Statue des Dionysos in sein Heiligtum neben dem Theater zurückgebracht wurde; die einleitenden, religiösen und politischen Rituale unmittelbar vor Beginn des Spiels; die Aufführungsdauer, die sich über drei oder mehrere Stücke erstreckte, die Nominierung der Stücke durch eine Laienjury, die sich aus den theaterbesuchenden Bürgern rekrutierte, und die abschließende Volksversammlung, in der die Durchführung des gesamten Festivals geprüft wurde. Aufgrund dieser genaueren Kenntnis ist es uns möglich, Unstimmigkeiten, manchmal auch Widersprüche zwischen dem Inhalt der Stücke und den öffentlichen Ritualen, die sie begleiteten, wahrzunehmen. Während durch diese Rituale bürgerliche Solidarität, Harmonie und Einheit betont werden sollten, »stellten die Tragödien und Komödien [...] in gewisser Weise eine Infragestellung eben dieses Diskurses dar« (Goldhill 1990: 126).

Eine offene Gesellschaft?

Haben wir hier also eine wirklich ›offene‹ Gesellschaft vor uns, in der echte Redefreiheit herrschte? Ein Modell also, das Bewunderung und Nachahmung erheischt? Leider nicht ganz. Denn die hochgerühmte athenische Freiheit war bei genauerem Hinsehen überaus restriktiv, ein kostbares Gut, das rigoros rationiert wurde. Es blieb einer kleinen Minderheit der attischen Bevölkerung vorbehalten, der durch Abstammung privilegierten Gruppe erwachsener, männlicher Bürger, zu der im Durchschnitt nicht mehr als annähernd 30 000 von insgesamt 200-250 000 Einwohnern gehörten.

Es war zudem eine teuer erkaufte Freiheit – und das gilt nicht nur für Athen, sondern in unterschiedlichem Maße auch für alle die Hunderte von anderen griechischen Gemeinwesen. Denn sie war erkauft durch den Ausschluß der vielen Anderen: der freien ortsansässigen Fremden, der Frauen (Griechinnen wie Barbarinnen) und vor allem der Sklaven (die hauptsächlich barbarischer, aber auch griechischer Herkunft waren). Der Ausschluß dieser verschiedenen Außenseitergruppen, des kollektiven ›Anderen‹, war die grundlegende Bedingung und die fundamentale Voraussetzung für die Errungenschaften der klassischen griechischen Kultur, nicht zuletzt auch für die Erfindung der Geschichtsschreibung und die besondere Weise, in der sie sich ihrer bedienten. Wenn wir also, Shelley in Ehren, doch nicht wirklich alle Griechen sind, dann können wir uns durchaus beglückwünschen – und, in Maßen, vielleicht auch bedauern.

Nachwort
zur deutschen Ausgabe

Die beiden englischen Ausgaben des vorliegenden Buches (1993 und 1997) fanden breite, weithin zustimmende Beachtung. Mein vielleicht interessantester und treuester Leser (und Briefpartner) war ein Insasse des Ione-State-Gefängnisses in Kalifornien (der angesichts der Umstände besser ungenannt bleibt). In Anbetracht der zustimmenden wie ablehnenden Reaktionen, von denen selbstverständlich einige hilfreicher waren als andere (besondere Erwähnung verdient Weiler 1996), nehme ich die höchst willkommene Tatsache einer deutschen Ausgabe zum Anlaß, nochmals Gründe, Motive und Ziele dieses Buches darzulegen.

Natürlich ist es vermessen, ein Buch »Die Griechen« zu betiteln. Kein Autor kann allen Ernstes hoffen, den bemerkenswerten Errungenschaften der antiken Griechen gerecht zu werden, selbst wenn er sich – wie im vorliegenden Fall – bewußt auf den relativ kurzen Zeitraum von zwei Jahrhunderten (ca. 500 bis 300 v. Chr.) beschränkt. Für den genannten Zeitabschnitt gilt dies sogar in besonderem Maße, denn es sind gerade diese zwei Jahrhunderte, die wir modernen »Westler« (aber nicht nur im Westen) als »klassisch« bezeichnen, d. h. als in gewisser Weise paradigmatisch für unsere eigene Kultur (oder unsere verschiedenen Kulturen) betrachten. So oder so stellt sich die Frage, von welchen Griechen denn eigentlich die Rede ist; oder vielmehr: von *wessen* Griechen? Eines jedenfalls ist mir im Laufe des vergangenen Jahrzehnts deutlich geworden, daß nämlich Wissenschaftler wie Laien unterschiedlicher nationaler Provenienz unter dem Druck der eigenen Geschichte, der zeitgenössischen wie der vergangenen, sehr verschiedene, oft unvereinbare oder sogar diametral entgegengesetzte Vorstellungen von dem Charakter und den Errungenschaften der antiken Griechen entwickelt haben. Ebenso macht es für die Art, wie sie wahrgenommen und repräsentiert werden, einen bedeutenden Unterschied, ob der betreffende Interpret ein Mann oder eine Frau, Christ oder Nicht-Christ, Orientale oder Westler ist. Kurz, unvermeidlicherweise sind »die Griechen« – bis zu einem gewissen Grad und in gewisser Hinsicht – eine relative (ja relativistische) Konzeption.

In manchen Kreisen genießt der Relativismus allerdings einen schlechten Ruf. »Ethischer Relativismus« etwa kann als Synonym für Immoralität interpretiert werden. Da ich persönlich jedoch nicht glaube, meine Arbeit als Historiker – oder die irgendeines anderen – könne überhaupt wertfrei sein, erscheint mir der Relativismus als durchaus ergiebiger Ansatz, um eine antike Kultur, Zivilisation oder Gesellschaft zu verstehen, die einen Grundstein unserer eigenen (d. h. »westlichen«) Zivilisation bildet, gleichzeitig aber ein zutiefst fremdes Konstrukt bleibt. Um diese gemäßigt relativistische Herangehensweise zu charakterisieren, verwende ich den Begriff »Anthropologisierung«. Und zwar nicht etwa, weil ich in dem Glauben befangen wäre, daß die klassischen Griechen sich substantiell auf dem gleichen kulturellen Niveau bewegten wie jene nicht-westlichen Gesellschaften, die heutzutage von Anthropologen durch teilnehmende Beobachtung erforscht werden; ganz zu schweigen von der Annahme, sie seien in irgendeinem deskriptiven Sinne »Wilde« gewesen. (Schon allein ihre Entdeckung des *Politischen*, diese höchst elaborierte Konzeption und Praxis der Griechen, reicht aus, um die Unangemessenheit einer solchen Auffassung zu demonstrieren.) Anthropologisierung scheint mir vielmehr ein wertvolles heuristisches Mittel zu sein, weil sie eine Haltung sympathetischer (nicht einfühlender) Bescheidenheit fordert, aus der heraus der moderne Betrachter die geistige und religiöse Welt der antiken Griechen mit ihren eigenen Augen und (in Übereinstimmung mit ihren) Werten zu sehen versucht – soweit dies konzeptionell wie pragmatisch überhaupt durchführbar ist.

Eine Folge dieses Vorgehens besteht darin, daß die antiken Griechen insgesamt – wenigstens für mich – sehr viel weniger vertraut, wenngleich nicht weniger bewundernswert und einflußreich erscheinen, als es die oft beschworene (und mißbrauchte) Vorstellung (oder der Mythos) von griechischer Größe nahelegen will. Dies erscheint offenbar nicht nur mir so: Eine vor kurzem erschienene Untersuchung hat ausführlich und mit einiger Überzeugungskraft die These vertreten, daß die griechische Obsession für den idealen männlichen Körper letztlich das Produkt eines leidenschaftlichen und schamfreien Homoerotizismus war, der den *mainstream* der griechischen Kultur charakterisierte – in Athen nicht weniger als in Sparta (Stewart 1997). Sollte diese Behauptung zutreffen, so steht sie, milde ausgedrückt, in eklatantem Widerspruch zu jedem christlichen Verständnis der westlichen Kulturtradition, um nur ein Beispiel zu nennen.

Die Griechen und wir entstand aus einer mehrjährigen Vorlesungsreihe, die ich während der späten achtziger und frühen neunziger Jahre in Cambridge vor Examenskandidaten der *faculty of classics* gehalten habe. Die

Anlage des Buches verrät seine ursprüngliche pädagogische Absicht. Es ist nicht nur ziemlich kurz, sondern verfährt auch bewußt selektiv. Es beabsichtigt, ebenso viele Fragen aufzuwerfen, wie es Lösungen anbietet. Wäre es als umfassende Monographie konzipiert worden, hätte es mit Sicherheit anders ausgesehen. Neben den sieben hier behandelten Polaritäten wären zweifellos noch weitere einer eingehenden Betrachtung unterzogen worden: z. B. Alte vs. Junge, Reiche vs. Arme. Sicherlich wäre dann jenem Ansatz mehr Raum gegeben worden, der im Abschnitt *Sparta im Spiegel* (S. 77 f.) lediglich angedeutet ist, und zwar im Hinblick auf die Frage, wie unterschiedlich Griechen das Griechische, je nach ethnischer Zugehörigkeit, repräsentieren konnten. Durch diese Ergänzungen, und indem ich die Kategorie des erwachsenen männlichen Idealbürgers, der als normativer Maßstab für das Selbst fungiert, an welchem die Andersheit der Anderen gemessen wird, ein Stück weit ›dekonstruiert‹ hätte, wäre wohl noch deutlicher geworden, in welchem Maß »die Griechen« ein idealtypisches Konstrukt waren und (sind).

Es war jedoch nicht so sehr meine Auswahl der Polaritäten, die Kritik provoziert hat, sondern vielmehr das Polaritätsmodell als solches. Noch immer gilt es nämlich Skeptiker davon zu überzeugen, daß es für die Griechen eine vorrangige Denkgewohnheit war, ihre grundlegenden Kategorien und Konzeptionen sozialer und geistiger Art in Form binärer Gegensatzreihen zu entwickeln. Andere hingegen haben mit mehr Recht eingewandt, daß, selbst wenn solche binären Oppositionen für das Denken der Griechen grundlegend, zentral oder auch nur wichtig waren, wir uns nicht unter Ausschluß aller Grenzfälle auf sie allein konzentrieren dürfen. Wieder andere haben die Konzeption der Andersheit oder Alterität als zu undifferenzierte Verständniskategorie kritisiert. Diesem letztgenannten Einwand kann ich nur mit Bedauern zustimmen: allzu oft, so scheint mir, werden die Begriffe »anders« und »das Andere« sorglos und unscharf gebraucht und auf Kategorien angewandt, denen sie nicht angemessen sind (McNiven 1995 ist ein extremes Beispiel). Ich habe meinerseits versucht, deutlich zu machen, daß »das Andere« ein sozialpsychologisches Konstrukt ist (und sein sollte), durch das sich das Selbst mittels Umkehrung oder Entgegensetzung definiert. Was die zuerst genannte Kritik angeht, daß nämlich das binäre Denken für die Griechen kein oder jedenfalls nicht der charakteristische Modus sozialer Klassifizierung war, so muß sich der Beweis aus der Sache selbst ergeben. Mir jedenfalls scheint das Schema weiterhin gültig zu sein und einen vorzüglichen Zugang zum Verständnis der griechischen Mentalität zu schaffen. Gerade weil es meiner Ansicht nach in der Regel gültig ist, lohnt es sich, jene Grenzfälle weiter zu untersuchen, die als Ausnahmen die Probe auf die Regel machen.

Sollte ich jedoch in meinem Buch den Eindruck erweckt haben, daß das binäre Raster für uns – und die Griechen – ohne Probleme mechanisch anwendbar (gewesen) sei, so wäre dies ein Irrtum, für den ich mich uneingeschränkt entschuldige. Um die Komplexitäten der Anwendung kurz zu illustrieren, mag ein Beispiel genügen: die Beziehung eines erwachsenen männlichen Bürgers zu seiner Ehefrau und die Art, wie er sie wahrnahm. Dabei wollen wir um der Argumentation willen voraussetzen, daß die Frau Griechin ist und einen vergleichbaren sozialen Status und Hintergrund besitzt wie der Mann. Einerseits war sie eine Frau und ihm daher – von Natur aus und unabänderlich – unterlegen. Es war darum auch nur angemessen, daß sie von ihm als Ehegatten und Vorsteher des *oikos* beherrscht wurde. (Wenn die Lawine von Untersuchungen zur griechischen Haltung gegenüber Geschlecht und Sexualität, unbeschadet aller Streitigkeiten, eines deutlich gemacht hat, dann ist es die Tatsache, daß die Griechen normativ und mit Hilfe ihrer ›Wissenschaft‹ das männliche Gattungswesen als dem weiblichen überlegen klassifizierten, und der Mann darum von Geburt an dazu bestimmt war, ihr *kyrios* zu sein, d. h. sich ihr gegenüber als Herr aufzuführen.) Andererseits war dieselbe Ehefrau sowohl frei als auch griechisch und daher den – männlichen wie weiblichen – unfreien Sklaven und Nicht-Griechen fraglos überlegen. Auch das war von Natur aus so, obgleich im Falle der griechischen Ehefrau der physische Unterschied durch ihre kulturelle Konditionierung (*paideia*) noch verstärkt wurde. Ihrem Ehemann gegenüber war demnach die Geschlechtspolarität die entscheidende Determinante ihrer gesellschaftlichen Stellung, während zur Bestimmung ihres Sozialstatus in Relation zu allen anderen Personengruppen die rechtliche Kategorie der Sklaverei (mit ihrem ideologischen Korrelat, dem polaren Gegensatz von Freiheit und Knechtschaft) und die biologische und kulturelle Kategorie der griechischen Abstammung die bei weitem wichtigsten waren. Gleichwohl konnten sich Konflikte ergeben, wie beispielsweise im Athen des 5. Jahrhunderts, als sich für die herrschende Gruppe der männlichen Bürger die dringende Notwendigkeit ergab, die athenischen Frauen von anderen, eingewanderten Griechinnen hierarchisch abzugrenzen. Die Fülle mythischer Hilfsmittel (besonders der Mythos der Autochthonie), die auf die schwelende Krise angewandt wurden, belegt, wie problematisch solche Rangabstufungen waren.

Vielleicht darf ich an dieser Stelle meine Wertung all dieser Polaritäten des Denkens und der Repräsentation, die für die Bestimmung der griechischen bzw. hellenischen Identität ausschlaggebend waren, einflechten. Ich hege nämlich keinen Zweifel (vgl. Cartledge 1993a), daß die Polarität Freiheit vs. Sklaverei grundlegend und gewissermaßen archetypisch war. Viele Kulturen räumen der Freiheit in ihrer gesellschaftlichen Vorstellungswelt

einen besonderen Platz ein; das gilt auch für die Kultur, in der ich selbst aufgewachsen bin *(Britons never never never shall be slaves* wie es in der ›Na-
tionalhymne‹ *Rule Britannia* heißt; vgl. Skinner 1997). Aber in keiner mir
bekannten westlichen Kultur hatte die Freiheit so viele Nuancen, einen derart hohen kulturellen Stellenwert und eine so zentral determinierende ideologische Funktion wie im klassischen Griechenland. Diese ideologische und
faktische Gegebenheit setzte allerdings in der griechischen Welt das Vorhandensein einer großen Anzahl rechtmäßiger Sklaven voraus; diese waren
normalerweise Nicht-Griechen und aller persönlichen Rechte beraubt;
zudem wurde ihre politische Gleichstellung mit den herrschenden Bürgern
ihres ›Gastlandes‹ systematisch verhindert. Gegen Mitte des 5. Jahrhunderts gab es in Griechenland und besonders im imperialen und demokratischen Athen eine erhebliche Anzahl solcher Sklaven. Auf der Existenz dieser Kaufsklaven basierte letztlich auch die Konzeption und Kategorie des
Griechischen im umfassenden Sinn – repräsentiert durch das Ideal politischer Selbstverwaltung und moralischer Selbstkontrolle, wie es die erwachsenen männlichen griechischen Bürger praktizierten.

Die Forschung schreitet unterdessen rasch voran, und zwar auf allen
möglichen Gebieten, die direkt oder indirekt für *Die Griechen und wir* re-
levant sind, besonders im Hinblick auf Fragen, die mit den Bedeutungen der
Ethnizität (vgl. Hall 1997) verbunden sind. Auch jetzt wieder sieht sich die
Forschung dazu gezwungen, zu definieren und ›auszuhandeln‹, was denn
unsere persönliche Identität oder unsere Identitäten eigentlich ausmacht
(vgl. Raphael 1997). Ich selbst habe beispielsweise versucht, die Konstruktion griechischer Identität durch das Medium der Geschichtsschreibung
von Herodot bis Polybios und über diesen hinaus weiter zu untersuchen
(Cartledge 1997). In Anbetracht der laufenden Forschungen habe ich deshalb unter den Rubriken *Hinweise zur weiteren Lektüre* und *Bibliographie*
einige der neueren Veröffentlichungen hinzugefügt, die für die zweite revi-
dierte englische Ausgabe (1997) zu spät kamen, um noch berücksichtigt zu
werden. In Anbetracht der unvermeidlich ethnischen Dimension des Themas habe ich auch auf einige neuere deutschsprachige Veröffentlichungen
verwiesen, die in einer englischen Ausgabe vielleicht unangebracht gewesen
wären, aber für die Zielgruppe der deutschen Leser unverzichtbar sein
könnten.

Abschließend möchte ich mich bei Herrn Dr. Oliver Schütze für die In-
itiative zur Übersetzung bedanken, bei Herrn Dr. Reinhard Brenneke und
Frau Dr. Barbara von Reibnitz für deren kompetente Umsetzung, bei Herrn
Prof. Hölkeskamp (Köln) für zahlreiche, wertvolle bibliographische Hin-
weise und bei Herrn Prof. Kai Brodersen (Mannheim) für die fachliche
Betreuung des gesamten Projektes.

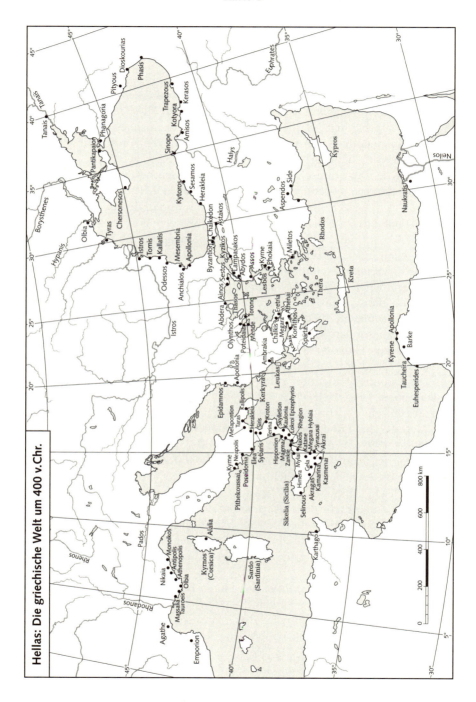

Karte 1

Hellas: Die griechische Welt um 400 v.Chr.

Dioskourias
Phasis
Pityous
Phanagoria
Trapezous
Kotyora
Kerasos
Tanaïs
Sinope
Amisos
Pantikapaion
Chersonesos
Kytoros
Sesamos
Herakleia
Aspendos
Side
Borysthenes
Olbia
Tyras
Istros
Tomis
Kallatis
Mesembria
Apollonia
Byzantion
Chalkedon
Astakos
Kyzikos
Rhodos
Kypros
Naukratis
Hypanis
Odessos
Anchialos
Sestos
Lampsakos
Abydos
Pasos
Kyme
Phokaia
Miletos
Ainos
Lesbos
Istros
Abdera
Thasos
Torone
Eretria
Kreta
Olynthos
Mende
Chalkis
Athenai
Theia
Kyrene
Apollonia
Poteidaia
Megara
Korinthos
Barke
Ambrakia
Sparta
Apollonia
Leukas
Taucheira
Kerkyra
Euhesperides
Epidamnos
Kallipolis
Herakleia
Skyletion
Metapontion
Taras
Siris
Kroton
Leukroi Epizephyrioi
Elea
Terina
Kaulonia
Kyme
Neapolis
Sybaris
Rhegion
Pithekoussai
Poseidonia
Hipponion
Zankle
Naxos
Megara Hyblaia
Magma
Katane
Syracusal
Himera
Mylai
Akrai
Selinous
Gela
Kamarina
Kasmenai
Sikelia (Sicilia)
Akragas
Alalia
Nikaia
Monoikos
Antipolis
Athenopolis
Kyrnos (Corsica)
Olbia
Taurois
Agathe
Sardo (Sardinia)
Massalia
Karthago
Emporion
Rhenos
Pados
Rhodanos
Euphrates
Neilos
Halys

0   200   400   600   800 km

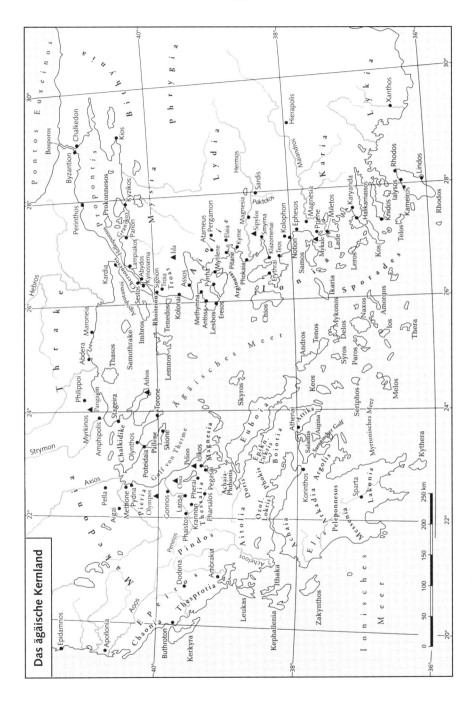

Das ägäische Kernland

Zeittafel

508/7	Etablierung der Demokratie in Athen
490	Schlacht von Marathon
486	Tod des persischen Großkönigs Dareios I., Nachfolge von Xerxes (486-465). Erster Komödien-Agon in Athen
484?	Geburt Herodots (gest. 425?)
480-479	Feldzug des Xerxes gegen Griechenland
480	Griechischer Seesieg bei Salamis; Rückzug des Xerxes
479	Weitere griechische Siege, zu Land bei Plataiai, zu Wasser und zu Land am Mykale-Gebirge in Ionien. Ende der Perserkriege
477	Erster Attischer Seebund gegen Persien
472	Die *Perser* des Aischylos (Perikles als Chorege)
Anfang der 460er	Sieg Kimons am Eurymedon in West-Anatolien; die Perser ziehen sich aus der Ägäis zurück
465	Tod des Xerxes; Thronbesteigung Artaxerxes I. (bis 424)
461-451	Weiterentwicklung der Demokratie in Athen
461	Reformen des Ephialtes und des Perikles (Abwertung des Areiopags, Einsetzung des Volksgerichts mit staatlicher Bezahlung der Richter
458	*Orestie* des Aischylos
451/0	Bürgerrechtsgesetz des Perikles
460?	Geburt des Thukydides (gest. 400?)
460-445	Athen führt Krieg gegen Sparta und gegen Persien
460-457	Bau der »Langen Mauern« von Athen bis Piräus
451	Waffenstillstand mit Sparta
449	Griechischer Sieg in Zypern; Persien muß die Kontrolle der kleinasiatischen Griechenstädte aufgeben
448?	Kallias-Frieden
445	Dreißigjähriger Frieden zwischen Athen und Sparta. Athen ist neben Persien und Karthago die dritte Großmacht im Mittelmeerraum

443-429	Aufstieg des Perikles
	Bauprogramm der Akropolis (Parthenon)
	Kulturelle Blütezeit, vor allem in Athen (Herodot, Protagoras, Anaxagoras, Hippodamos, Pheidias)
441?	*Antigone* des Sophokles
431-404	Peloponnesischer Krieg
430-429	Große Pest in Athen; Tod des Perikles
428	Geburt Xenophons (gest. 354?)
427	Geburt Platons (gest. 347?)
424	Thronbesteigung Dareios II.
421	Nikias-Frieden
415-413	Sizilien-Expedition; katastrophale Niederlage Athens
413-404	Dekeleischer und Ionischer Krieg; Persien gibt Sparta entscheidende finanzielle Unterstützung
411	*Lysistrata* des Aristophanes; oligarchischer Putsch in Athen
404	Niederlage Athens; oligarchisches Regime (bis 403)
404-371	Spartas übernimmt die Großmachtrolle Athens
405/4	Tod Dareios II.; Thronbesteigung Artaxerxes II. (404-359)
405-367	Dionysios I., Tyrann von Syrakus
395-386	Korinthischer Krieg; Königsfrieden
385?	Platon gründet die Akademie
384	Geburt des Aristoteles (gest. 322)
371	Schlacht bei Leuktra
371 -362	Aufstieg Thebens
362	Tod des Epaminondas in der Schlacht bei Mantineia
359	Thronbesteigung Philip II. von Makedonien (gest. 336)
355-322	Karriere des Demosthenes (geb. 384)
338	Schlacht von Chaironeia
336	Beginn des Griechisch-Makedonischen Feldzugs gegen Persien
	Ermordung Philipps, Nachfolge Alexanders d. Gr. (gest. 323)
335?	Aristoteles gründet das Lykeion
331	Schlacht von Gaugamela
330	Alexander wird Nachfolger Dareios III. als Persischer Großkönig
322	Beendigung der Athenischen Demokratie durch Makedonien

Hinweise zur weiteren Lektüre

Die folgenden Vorschläge zur weiteren Lektüre sind bewußt selektiv. Sie konzentrieren sich auf neuere englischsprachige Arbeiten, mit Schwerpunkt auf der Geschichtsschreibung der Griechen (und zwar sowohl im Hinblick auf den Gegenstand Geschichtsschreibung als solchen als auch auf die Textanalyse).

Allgemein

Es gibt in allen wichtigen Sprachen zahlreiche Überblicksdarstellungen zur griechischen Antike, allerdings keine aus neuerer Zeit. Dover 1980 (»Nebenergebnis« einer sich mit Unterbrechungen über zwei Jahre erstreckenden Mitarbeit an einer BBC-Fernseh-Serie über die klassischen Griechen) beginnt ebenfalls mit einem Kapitel über Alterität und Gegensatz, betitelt »Die Griechen und Andere«; ich habe allerdings entschiedener als er versucht, die Griechen zu verfremden und zu anthropologisieren. Meiner Darstellung der klassischen Griechen des 5. und 4. Jahrhunderts v. Chr. am nächsten steht Hartog 1988, der aber schwerpunktmäßig nur eine meiner Quellen, Herodot, behandelt und sich nur mit einer der von mir behandelten Polaritäten beschäftigt, nämlich Griechen vs. Barbaren. Diese wird auch behandelt von E. Hall 1989, die sich auf die Gattung der attischen Tragödie konzentriert, aber in der Darstellung wesentlich weiter ausgreift. Zum Thema der Historiographie im allgemeinen, der Neuzeit wie der Antike, kann Arnaldo Momigliano von niemandem übergangen werden; ebenso wie Woodman 1988 lege ich allerdings mehr Gewicht auf die rhetorischen und literarischen Eigenschaften der Geschichtsschreibung (die seinige und die meinige nicht ausgenommen) als er (1981) getan hat; vgl. White 1973, 1978, 1989; La Capra 1983; Gearhart 1984; Kramer 1989. Woodman arbeitet allerdings mit dem überholten, streng wissenschaftlichen Begriff der Geschichtsschreibung, den Berlin 1980 überzeugend kritisiert hat; vgl. Atkinson 1978. Neuere Arbeiten Zaicev 1993; Georges 1994; Vernant 1995 (Hg.); Cartledge 1997b und Cartledge (Hg.) (1998).

Prolog

Die Entstehung dieses Buches (S. 1-4)

Ethnizität: Glazer u. Moynihan 1975; Degler 1983; Tonkin, McDonald u. Chapman 1989. Das letztgenannte Werk enthält ein von dem Anthropologen und Historiker Roger Just verfaßtes Kapitel über Ethnizität im modernen Griechenland (ein heikles politisches Thema, das aus wissenschaftlicher und kultureller Perspektive von dem Anthropologen Michael Herzfeld (bes. 1987) umsichtig diskutiert worden ist.

Das sozialpsychologische (nicht philosophische) Problem der Identität in der Gegenwart ist aus autobiographischer Perspektive beispielhaft behandelt von Hoffmann 1989; vgl. die erschreckende Liste der Leitfiguren des modernen Selbstzweifels (Heidegger, Wittgenstein, Gramsci, Sartre, Foucault, Derrida, und zuletzt Bachtin) bei Geertz 1985. Zu Levinas und seinem Begriff der »Alterität« (nicht einfach »Differenz«) vgl. Levinas 1989. Identität(en) in der Antike: Meyer u. Sanders 1982; Schnapp 1988. Der heuristische Wert des Begriffs »Mentalität« (im Sinn der Annales-Schule: James 1984: 146-75) ist zu gering eingeschätzt von G. E. R. Lloyd 1990. Vgl. auch J. M. Hall 1995a, 1995b, 1997; Leontis 1995.

Die Griechen und ›wir‹ (S. 4-5)

Das griechische »Erbe«, im Sinne dessen, was wir bewußt als solches gewählt haben, im Unterschied zur Gesamtheit dessen, was die Griechen uns als Hinterlassenschaft anzubieten haben: Finley 1981i, Thomas, C. G. (Hg.) 1988; Easterling 1989; Taplin 1989. (Für die entgegengesetzte, ethnozentrische Auffassung von »Erbe« vgl. Livingstone 1921.) Zum spezifischen Problem von Freiheit und Sklaverei habe ich die hier und in Kap. 6 vorgetragenen Überlegungen präzisiert in Cartledge 1993a; vgl. jetzt auch das Nachwort zu dieser Ausgabe. Neuere Arbeiten zum Thema vgl. Dover (Hg.) 1992; Morris, I. (Hg.) 1994; Settis (Hg.) 1996 sowie Louden u. Schollmeier (Hgg.) 1997.

Die griechischen ›Wilden‹ (S. 5-6)

Constant 1988: 307-28 ist eine kommentierte englische Übersetzung der Rede, die Benjamin Constant 1819 vor der Athenée Royale, Paris, gehalten hat (»De la liberté des Anciens comparée à celle des Modernes«). Einen Forschungsüberblick über die (hauptsächlich französische) Historische Anthropologie der Antike gibt Di Donato 1990, vgl. Christ 1996. Zu ›Anthropologisierung‹ vgl. auch Gernet 1968; Nippel 1990; zu Lafitau als Wegbereiter vgl. Pagden 1986: 198-209. Lévi-Strauss' strukturalistische Methode hat ihren vielleicht dichtesten Ausdruck gefunden in Lévi-Strauss

1976, eine ältere Übersetzung ist abgedruckt und eingehend diskutiert bei Leach (Hg.) 1967; vgl. außerdem Thom 1995: Kap. 4.

Wessen Erbe? (S. 6-7)
Zu antiker und moderner Demokratie vgl. bes. Finley 1985b, Dunn 1993 und Stahl 1997; zum Aufkommen der ›Politik‹ und zur ›Entdeckung des Politischen‹ bei den Griechen vgl. Meier 1980; Farrar 1988 und Cartledge 1996. Rahe 1984 ist ein umstrittenes Plädoyer für ein Studium der Griechen, das der politischen Geschichte im engeren Sinn den Vorrang gibt vor einer breiter gefächerten kulturwissenschaftlichen (soziologischen, ökonomischen, geistes- und mentalitätsgeschichtlichen und kulturpolitischen) Perspektive. Vgl. auch die oben unter *Die Griechen und ›wir‹* aufgeführten Titel. In jüngster Zeit Dunn (Hg.) 1992, 1993, 1996; Ober u. Hedrick (Hgg.) 1996.

1 Signifikant Andere. Wir versus Sie

Eine vergleichende Perspektive (S. 9-10)
Komparatismus als historiographische Methode vgl. ausführlicher: Cartledge 1985b und Golden 1992.

Griechenland: Probleme der Verallgemeinerung (S. 10-12)
Rhodes 1986 vermittelt einen Eindruck von der Vielfalt der Verfassungen in der ›griechischen‹ Welt (weit über 1000 verschiedene politische Gemeinwesen von Georgien am Schwarzen Meer bis zur Straße von Gibraltar). Die unscharfen Ränder im Norden Griechenlands: Hall, E. 1989: 134-39 (Thrakien), 164-65 (Makedonien). Aristoteles als eingetragener *metoikos* (Metöke, ortsansässiger Fremder) in Athen: Whitehead 1975. Aristoteles als Naturwissenschaftler vgl. vor allem: Kullmann 1991; seine Teleologie: G. E. R. Lloyd 1987: 319-29. Sein Gebrauch »herkömmlicher« und »anerkannter« Meinungen: Barnes 1980; Owen 1986. Arbeiten zur griechischen Historiographie: neben den umfangreichen und vielfältigen Arbeiten von Momigliano vgl. knapp Bury 1909; allgemein Fornara 1983; hauptsächlich wegen der Bibliographie, Meister 1990. Der Anteil, den das Publikum an der Erzeugung der Geschichtsschreibung hatte, wird herausgearbeitet von Starr 1968, und wird vorausgesetzt in Hartogs Konzeption von Herodots »griechischen Adressaten«; für Thukydides vgl. Ridley 1981. Mündlichkeit in der griechischen Kultur: Thomas, R. 1989, 1992. Ergänzend zum Obigen vgl. Hornblower (Hg.) 1994; Ulf (Hg.) 1996 und bes. Ampolo 1997.

Wer waren die Griechen? (S. 12-13)
Polarität in der Geschichte (S. 13-16)
Polarität als theoretisches Diskursmodell der Griechen: G. E. R. Lloyd 1966; vgl. Vidal-Naquet 1986c. Unterkategorien (rechts-links, hell-dunkel, schwarz-weiß): G. E. R. Lloyd 1973; Vidal-Naquet 1986b; Fontaine 1986-7; Radke 1936. *Nomos-physis*: Heinimann 1945. Binäre symbolische Klassifikation in der Anthropologie nach Robert Hertz: Needham 1973; vgl. Arens 1979 (es sind immer die »Anderen« die Kannibalen). Grenzen des Polaritätenmodells: Needham 1987; insbesondere des strukturalistischen Polaritätenmodells: Gellner 1985b. Sophistik: de Romilly 1992; man beachte aber Dodds 1973c. Der griechische Irrationalismus: Dodds 1951.

Interpretatorische Milde (S. 17-18)
Probleme interkultureller ›Übersetzung‹: Winch 1987; Geertz 1988; Ardener 1989. Vgl. außerdem Horton und Finnegan 1973. Die Arbeiten von Geertz (1973a, 1982, 1987, 1988) zeigen, was auf dem Wege sympathetischen (nicht empathetischen) kulturübergreifenden Verstehens versucht und erreicht werden könnte; vgl. Biersack 1989. (Einige) Viktorianer und ihre griechische Antike: Clarke 1989; Knox 1990b.

2 Die Vergangenheit erfinden: Mythos versus Geschichte

Geschichte versus Fiktion (S. 19-20)
Definitionen (S. 20-21)
Veyne 1984 ist eine systematische, aber nicht durchgängig überzeugende Kritik der gängigen Entgegensetzung von Geschichte und Fiktion; vgl. Veyne 1988. Zwei gute Aufsatzsammlungen zur ›traditionellen‹ Auffassung des Problems in der griechischen Geschichtsschreibung: Fondation Hardt 1958; Walbank 1985a. Ein ›Meisterdenker‹ über einen anderen: Syme 1962 über Thukydides; vgl. Bowersock 1965; eine gegenteilige Auffassung, die den Anteil fiktionaler Erfindung bei Thukydides betont: Woodman 1988: Kap. 1. Eine ausgewogene Position vertreten Dover 1973, 1988c; Hornblower 1987, wobei beide der literarischen Leistung des Thukydides Rechnung tragen. Loraux 1980 besteht darauf, daß Thukydides wegen seines prämodernen Umgangs mit den Quellen »kein Kollege« sein könne. Einflußreiche moderne Definitionen der Geschichte von beiden Enden des ideologischen Spektrums: Collingwood 1946/1993 (idealistisch) und Carr 1986 (materialistisch); Bloch 1954 ist eine klassische Verteidigung des Berufs des Historikers; umsichtige Überblicke über das schwer überschaubare Gebiet bei Iggers 1984/85 und Tosh 1991. Begriff und Verwendung von *mythos*:

besonders hilfreich als Überblicksdarstellung eines Anthropologen ist P. S. Cohen 1969; aber vgl. auch Adair 1986 (Mythen der Massenkultur); Griffin 1986 (hauptsächlich literarische Mythen); Samuel u. Thompson 1990 für Mythen im weiteren Sinn. Ackerman 1973 ist ein forschungsgeschichtlicher Überblick, der auch Kirk 1970 abdeckt. Zum Mythos in der griechischen Antike vgl. ergänzend Kirk 1974; Burkert 1979, 1987; Bremmer 1987a, 1987b; Edmunds (Hg.) 1990 und Buxton 1994. Neuere Arbeiten zum Thema im allgemeinen: Binder u. Effe (Hgg.) 1990; Gill u. Wiseman (Hgg.) 1993; Hornblower 1994; Gehrke (1994).

Mythos als Geschichte (S. 22-27)
R. Thomas' Arbeit über *oral tradition* bei den Griechen (1989) und Mündlichkeit in der Antike (1992) ist auch hier wichtig; vgl. Grote 1873; Goody u. Watt 1968; O. Murray 1987; Evans 1991: 89-146. Eine nützliche Sammlung und Interpretation modernen komparatistischen Materials hat der Afrikanist Vansina 1973 und 1985 vorgelegt; vgl. auch Henige 1982; vgl. auch die Hinweise zur Sammlung und Beurteilung mündlicher Zeugnisse für anthropologische Feldforscher bei Evans-Pritchard 1937; zu den Erfahrungen der mit mündlicher Überlieferung in entwickelten städtischen Gemeinschaften arbeitenden Historiker: Tosh 1991, Kap. 10. »Mythos-Geschichtsschreibung« komparativ: Dundes 1985; McNeill 1986. Zu Herodots Alkmeoniden-Exkurs insgesamt vgl. Hart 1982: 1-16; R. Thomas 1989: 264-72. Einzelfragen: How und Wells 1928: Appendix 15; McNeal 1985, und Hall, E. 1989: 168-72 (Ethnizität der Pelasger); Rosivach 1987, Zeitlin 1989 (athenische Autochthonie); Vernant u. Detienne 1978 (zum Konzept der griechischen *metis*); Gould 1980, Walcot 1985 und Lefkowitz 1986 (Repräsentation der Frauen im griechischen, vor allem attischen Mythos). Vgl. auch Hölscher 1988; Welwei 1990; Assmann 1992; Loraux 1993; Steiner, D.T. 1994; Hall 1997: 51-56 (athenische Autochthonie); Stewart 1997: 167-77 (Vergewaltigungsmotiv).

Mythos in der Geschichte (S. 27-29)
»Fluch« der Alkmeoniden: Parker 1983: 16-17; Thomas, R. 1989: 272-81. Religiöse Mentalität der Spartaner: Parker 1989. Verwendung von Mythen in Geschichtsschreibung und Tragödie allgemein: vgl. jeweils Wardman 1960 und Knox 1979 – obwohl Knox die Differenz der historischen Zeitebenen entgeht, auf die Herodots Athener bei Plataiai verweisen; zu diesem Gesichtspunkt vgl. van Leyden 1949-50. Es ist nicht nebensächlich, daß Herodot keine Kenntnis mündlich tradierter Ereignisse beansprucht, die mehr als drei Generationen zurückreichen: Henige 1982: 110-11. Vgl. auch Stahl 1987; Stein-Hölkeskamp 1989; Vernant u. Vidal-Naquet 1988.

Mythos versus Geschichte (S. 29-33)
Zu Mythos und Logos vgl. Detienne 1986. Zum Sieg der Vernunft über den Mythos vgl. neben Finley 1986c, Starr 1968, und Vernant 1983b; vgl. auch Wilde 1909, A. S. Cook 1976, G. E. R. Lloyd 1979: Kap. 3 (»The Development of Empirical Research«) und 4 (»Greek Science and Greek Society«), und Brillante 1984. Man beachte aber, daß es auch eine Vernunft des Mythos gibt: Vernant 1980d. Zu Hekataios: Pearson 1939; van Leyden 1949-50. Herodot als *logios*: Evans 1991, der außerdem, zusammen mit Gould 1989, die Kohärenz und Beweiskraft von Herodots Kausalitätsdenken bestätigt. Der Mythos der athenischen Tyrannenmörder: Jacoby 1949: 152-68; Taylor 1981; Day 1985; R. Thomas 1989: 257-61. (Nicht alle gehen mit Thukydides davon aus, daß Hipparchos nicht als Tyrann ermordet worden sei.) Zur Methodologie des Thukydides (1, 20-22): Canfora 1977; vgl. Howie 1984.

Ein archäologischer Mythos (S. 33-35)
Ergänzend zu Finley 1986c vgl. R.M. Cook 1955. Ktesias und der Historiker von Oxyrhynchos: Cartledge 1987: 186, 66-7; Auberger 1991. Aristoteles wird zu Recht als Antiquar bezeichnet (Huxley 1973), obwohl mit für einen Philosophen ungewöhnlichem historischen Sinn (Weil 1960; Huxley 1972); er gab, im Widerspruch zu seinen Prinzipien, der Dichtung den Vorzug vor der Geschichtsschreibung (Ste. Croix 1975a). Dichtung vs. Geschichte allgemein: Gomme 1954.

3 Barbarische Weisheit: Griechen versus Barbaren

Allgemein
Abgesehen von der bestechenden Behandlung des Themas bietet Hall, E. 1989 eine sehr nützliche Bibliographie; vgl. allgemein Drews 1973; Momigliano 1975; Browning 1989. Neuere Veröffentlichungen: Speyer 1989; Burkert 1992; Raaflaub (Hg.) 1993; Georges 1994; Hartog 1996; West 1997.

Die Konstruktion ethnischer Identität (S. 36-38)
Als politischer Polemiker war Bernal (1987-91) äußerst erfolgreich; als Historiker ist er zwar nicht ganz unplausibel, aber als Althistoriker offensichtlich ein Amateur (er lehrt moderne chinesische Staatskunde) – vgl. u. a. die wissenschaftlichen Reaktionen auf Bernal 1987-91: I bei Peradotto u. Levine 1989, und jetzt Hall, E. 1992; Thompson 1996: 113-121; Ampolo

1997: 140-149. Zum griechischen Vokabular des »Barbarischen« vgl. auch Toynbee 1969: 58-63; Weiler 1974. Zur gemischten Ethnizität der Karer vgl. Hornblower 1982: 14; zum ethnischen Status von Halikarnassos, Hornblower 1982: 10 und Anm. 48, 14 Anm. 69.

Die Erfindung des Barbarischen (S. 38-41)
Für den Prozeß im allgemeinen und den Beitrag der *Perser* des Aischylos im besonderen vgl. Hall, E. 1989 passim; vgl. auch Bacon 1961; Bovon 1963; Weiler 1968; Baslez 1986. »Orientalism« ist ein fester Bestandteil des wissenschaftlichen Sprachgebrauchs geworden dank Edward Said (1978/1995, 1985); vgl. Kabbani 1986. Über den Begriff »Nation« herrscht hingegen keine Überstimmung (Tonkin, McDonald u. Chapman 1989), obwohl die Fachleute sich einig darüber sind, daß die Griechen keine waren und keine hatten: Finley 1986b; Walbank 1985a: 1-19. Der griechische Kroisos und *xenia*: Herman 1987: 19. Delischer Bund/Attisches Reich: Meiggs 1972; Miller 1997. Ergänzend Gellner 1983; Anderson 1991; Hobsbawm 1992; Ignatieff 1993; Cartledge 1995, 1997b und Nippel 1996.

Abweichende Stimmen (S. 41-42)
Antiphon der »Sophist«: Hall, E. 1989: 218-21. Antiphon der oligarchische Politiker (wahrscheinlich ein- und derselbe Antiphon): Cartledge 1990c.

Pan-Hellenismus (S. 42-45)
Politischer Pan-Hellenismus: Perlman 1976. Die Makedonischen Könige und die olympischen Spiele: Herodotus 5. 22 (zu Alexander I., genannt »der Philhellene«, an den 8, 143 bewußt adressiert ist). Xenophons Laufbahn: Anderson 1974; Cawkwell 1972, 1979; Nickel 1979; Cartledge 1987: 57-61 und Waterfield u. Cartledge (Hgg.) 1997. Initiation in die Eleusinischen Mysterien: Burkert 1985/1977: 426-32. Vgl. auch Badian 1994 und Ulf 1997.

Einige Barbaren sind gleicher als andere (S. 45-48)
Griechen als Söldner im Dienst orientalischer Barbaren: Momigliano 1975/1979: 148. Ktesias: Auberger 1991. Agesilaos-Pharnabazos Gespräch: Gray 1989: 52-58. Historische Voraussetzungen von *xenia*: Herman 1987.

Ein rechtschaffener Barbar (S. 48-50)
Die *Kyrupädie* als Roman: Heiserman 1977; Tatum 1989; vgl. allgemein Due 1989; Gera 1993. Fälschlich als historischer Tatsachenbericht interpretiert: Hirsch 1985. Griechen und Juden: Momigliano 1975/1979: 118-45. Vgl. Walser 1984 und Miller 1997.

Zivilisation und Wildnis (S. 50-54)
Schatten des Parthenon: Green 1972. Persisches Reich: J. M. Cook 1983.
Thukydides (nicht) über Persien: Andrewes 1961. Herodots Autoreferentialität: Dewald 1987. Thukydides' Verbindungen zu Thrakien: Herman 1990: 349-50. Skythen auf der komischen Bühne Athens: Vogt 1974: 8 und Anm. 21; vgl. allgemein Long 1986.

Den Spiegel vorhalten (S. 54-55)
Zur Spiegel-Metapher im allgemeinen vgl. die Vorbehalte bei Pocock 1985: 29; zu Hartogs (1988) Spiegel insbesondere Dewald 1990. Leser-/Hörerschaft Herodots: Momigliano 1978; Flory 1980; vgl. auch Thompson 1996 und Sparkes 1997.

Herodots ägyptisches Raster (S. 55-58)
Der Bericht über Ägypten ist Wasser auf die Mühlen von Fehling 1989; ausgeglichenere Stellungnahmen bei Redfield 1985; A. B. Lloyd 1990; vgl. allgemein Froidefond 1971; Hartog 1986. Exkurse zu einem anderen ›Herodoteischen‹ Historiker (Ammianus Marcellinus): Matthews 1989: 462-64. Vergleich mit der Neuen Welt: Chiapelli, Benson und Chiapelli (Hg.) 1976.

»Der Brauch ist König« (S. 58-59)
Benutzung Pindars: Evans 1965. Protagoras' »Der Mensch ist das Maß aller Dinge«: Farrar 1988: 44-98 (die dem Lehrsatz eine demokratische Tendenz unterlegt).

»Herodots Gesetz« *(des orientalischen Despotismus)* (S. 59-60)
Momigliano 1979; Cartledge 1990b; Evans 1991: 8-40 (»The imperialist impulse«). Herodot über die Skythen: neben Hartog 1988 vgl. A. B. Lloyd, 1990; zum polarisierten Gegensatz von nomadischen Hirten und seßhaften Bauern vgl. Briant 1982: 9-56.

4 Geschlecht und Geschichte: Männer versus Frauen

Allgemein
Westliche und sonstige Haltungen gegenüber Frauen: Rosaldo u. Lamphere 1974; MacCormack u. Strathern 1980; Keuls 1986; Scott 1988. Ursprünge der westlichen Haltung in Griechenland: Arthur 1984. Wichtig für dieses Kapitel insgesamt sind auch Pomeroy 1975/6; Lefkowitz 1981; Cameron u. Kuhrt 1983; Lévy 183; Gallo 1984; Peradotto u. Sullivan (Hgg.) 1984; duBois 1988; G. Clark 1989; Halperin, Winkler u. Zeitlin (Hgg.) 1990;

Pomeroy (Hg.) 1991; Schmitt Pantel (Hg.) 1992. Neuere Veröffentlichungen: Dettenhofer (Hg.) 1994; Fantham u. a. 1994; Reeder (Hg.) 1995; Zeitlin 1996; Stewart 1997.

Die Schöpfungsgeschichte als Mythos (S. 61-62)
Laqueurs Annahme einer »ein-geschlechtlichen« Auffassung bei den klassischen Griechen (1989) ist umstritten. Die Natur vs. Kultur-Debatte im Kontext der Biologie: Jordanova 1980; vgl. Ortner 1974.

Das »zweite« Geschlecht (S. 62-63)
Titel und Untertitel von Sanday u. Goodenough 1990 verdanken sich dem Einfluß von de Beauvoir; vgl. Moi 1989 und die Sondernummer der *Yale French Studies* (Nr. 72, 1987). Frauen in der christlichen Tradition: Ranke-Heinemann 1990/91.

Männliche (An-)Ordnungen (S. 63-64)
Anthropologie des modernen Griechenland: Dubisch 1986, bes. du Boulay 1986, Friedl 1986, und Herzfeld 1986; vgl. auch du Boulay 1974.

Die Frau bei Aristoteles (S. 64-67)
S. R. L. Clark 1982 zum Thema allgemein; vgl. zum wissenschaftlichen Aspekt besonders Horowitz 1979; G.E.R. Lloyd 1983: 94-105; Said 1983; Dean-Jones 1991, Sissa 1992. Hippokratische Frauen: G.E.R. Lloyd 1983: 62-86; Rousselle 1980, Hanson 1991. Aristotelische Teleologie: G. E. R. Lloyd 1987: 319-29. Rechts-links-Polarisierung: Needham 1973; G. E. R. Lloyd 1973; Vidal-Naquet 1986b. Der ›feministische‹ Platon wird dekonstruiert von Zeitlin 1990: 90-6. Vgl. auch Dean-Jones 1991, 1994.

Das Schweigen der Frauen bei Thukydides (S. 67-71)
Aristoteles über die Frauen in Sparta: Cartledge 1981b. Das Schweigen des Thukydides: Wiedemann 1983; Harvey 1985; Loraux 1989c; Cartledge 1993. Frauen und Krieg: Schaps 1982; Loraux 1989d. Herodots vielfache Bezugnahmen auf Frauen: Dewald 1981. Zu Thukydides 3, 74, 2 vgl. Loraux 1989c. Das attische Bürgerrechtsgesetz: Davies 1977/8; Loraux 1981; C. B. Patterson 1981; vgl. für verschiedene Aspekte der rechtlichen Stellung der Athenerinnen Ste. Croix 1970; Gould 1980; Just 1989. Vgl. aber Versnel 1987; D. Cohen 1991 (zur Möglichkeit, soziale Rollen zu ›verhandeln‹). »Misogynie« bei Aischylos: Zeitlin 1984. Die Bezeichnung *hai Attikai*: C. B. Patterson 1986; vgl. Mossé 85. Keine öffentliche Namensnennung bei ehrbaren Athenerinnen: Schaps 1977. Ergänzend vgl. Boegehold 1994.

Frauen auf der Bühne (S. 71-73)
Allgemein: Winkler u. Zeitlin 1990, bes. Zeitlin 1990. Komödie: Gardner 1989; Cartledge 1990a: 32-42. Tragödie: Zeitlin 1984; Goldhill 1986: 107-37. Antigonen: Steiner, G. 1984; eine neuere Interpretation: Sourvinou-Inwood 1989. Hybris: Fisher 1992. Vgl. auch Taaffe 1993 und Zeitlin 1996.

Ethnographie der Alterität: zwischen Mythos und Utopie (S. 73-76)
Herodot über »Bräuche«: Tourraix 1976; Rosellini u. Said 1978; vgl. allgemein Vidal-Naquet 1986e. Matronymie in Lykien: Pembroke 1965; Bryce 1986: 143-50. Der Amazonen-Typus: I. Kirk 1987. Amazonen in der Wahrnehmung der Griechen: Carlier-Detienne 1980; du Bois 1982; Tyrrell 1984 (ein allgemeiner Überblick über die Dynamik der Mann-Frau-Polarität im kulturellen Leben der Griechen bei Marilyn Arthur in *Signs*, Frühjahr 1987, 591) und Stewart 1997: 118-121, 195-199 (mit Bibliographie 251 u. 260). Attische Vasenmalerei: Lissarrague 1992/1993: 252, Abb. 61; allgemein Harvey 1988b; Berard 1989b.

Sparta im Spiegel (S. 77-78)
Das spartanische ›Trugbild‹ allgemein: Ollier 1933-43; Rawson 1969. Neuere Arbeiten Powell u. Hodkinson (Hgg.) 1994; Thommen 1996a und Millender (im Druck). Repräsentation und Status der Spartanerinnen von unterschiedlichen Standpunkten aus diskutiert bei Cartledge 1981b; Redfield 1977/8; Dettenhofer 1994.

Eine griechische Wunderfrau (S. 79-80)
Artemisia: R. Weil 1976; Munson 1988. Die *Perser* des Aischylos: Hall, E. 1989: 69-100. Militärischer Code der Griechen: Loraux 1989b; vgl. Schaps 1982.

Zwei lehrreiche Geschichten aus dem Orient (S. 80-82)
Amestris: Sancisi-Weerdenburg 1983: 27-30; Gray 1989: 15-16. Frau des Kandaules: Gray 1989: 71; Thommen 1996b: 443.

Ein bescheidener Vorschlag (S. 82-84)
Der »subtile« Xenophon: Higgins 1977. Die Frau des Ischomachos: Harvey 1984; Foucault 1985/87: 152-65. Mania: Gray 1989: 29-32; Cartledge 1993b. Ergänzend vgl. Pomeroy 1994 und Waterfield u. Cartledge (Hgg.) 1997.

Die perfekte Ehefrau (S. 84-85)
Pantheia: Tatum 1989; ihre Todesart: vgl. zum Kontrast Loraux 1988. Ich habe meine Auffassung entwickelt in Cartledge 1993b. Vgl. auch Oost 1977; North 1977; Murnaghan 1988.

5 Im Club: Bürger versus Fremde

Primat der Politik? (S. 86-89)
Marx und die Antike: Ste. Croix 1981: 19-30. Die Antwort der Annales-
Schule auf Marx: z. B. Braudel 1980. Der politische Raum der Griechen:
Vernant 1983d (*l'espace civique*), Meier 1990 (das Politische). Alkaios'
agora: Burn 1978: 242. Der Begriff *politeia*: Bordes 1982. Vgl. auch Han-
sen (Hg.) 1993; Walter 1993; Cartledge 1996.

Herodot und die Tyrannei des Nomos (S. 89-94)
Herodots Diskurs über Macht: Momigliano 1979; Hartog 1988: 322-40;
Cartledge 1990b. *Nomos* bei Herodot: Giraudeau 1984. Die griechische Erfindung der »Politik«: Finley 1983; Farrar 1988; vgl. Dunn 1993. »Perser-
Debatte«: Lasserre 1976; vgl. Dihle 1962; Raaflaub 1989; de Romilly 1992:
219, 221; Thompson 1996: 52-78. Der »kluge Ratgeber« bei Herodot: Lattimore 1939b. Ergänzend vgl. Lateiner 1989 und Gehrke (Hg.) 1994.

Thukydides und die Brauchbarkeit der Geschichte (S. 94-97)
»Die Sache der Menschen«: Cogan 1981 (obwohl seine Erklärung des grie-
chischen Ausdrucks *to anthropinon* nicht überzeugen kann). Thukydides'
Brauchbarkeit: Dover 1973: 35-44; Parry 1981: 103-13. Eine moderne
Sicht: Ehrenberg 1974b: 154-57.

Xenophon und die Privatisierung des Politischen (S. 97-99)
Griechische Historiographie und Geschichtsschreibung des Orients im Vergleich: Momigliano 1991: 1-28. Xenophons Auffassung von Geschichte: Sordi
1950-51; Henry 1967; Cawkwell 1979; Cartledge 1987: 61-5; Gray 1989.
Neuere Arbeiten: Dillery 1995 und Waterfield u. Cartledge (Hgg.) 1997.

Der orientalische Despotismus in neuer Bewertung (S. 99-100)
Ideologie der Monarchie im 4. Jahrhundert allgemein: Ehrenberg 1974c.
Die Monarchie in der *Kyrupädie*: Carlier 1978.

Unwillige Söldner (S. 101-102)
Söldner im 4. Jahrhundert: Cartledge 1987: 314-30; Garlan 1989a: 143-72.
Xenophons geplante Kolonie: Nussbaum 1978.

Aristoteles und die teleologische Polis (S. 102-103)
Mulgan 1977; Keyt u. Miller (Hgg.) 1991; Lord u. O'Connor (Hgg.) 1991.
Der Korinthische Bund und der griechische Föderalismus: Larsen 1968,
Harding 1985: Nr. 101. Als neuere Darstellung vgl. Stalley 1995.

Wer war griechischer Bürger? (S. 103-105)
Der Staatsbürger bei Aristoteles: Mossé 1967; Pecirka 1967; S. R. L. Clark
1975; Huxley 1979: 40-50; Lévy 1980; Whitehead 1991. Status der Metöken in Athen: Whitehead 1977, 1986. Außenseiter in der griechischen *polis*:
Baslez 1984; Whitehead 1984; Lonis 1988.

stasis, nicht Stasis (S. 105-108)
Griechische *stasis*: Lintott 1982; Gehrke 1985, 1987; Loraux 1991. Aristoteles' binäre Klassifikation : Ste. Croix 1981: 69-81. *stasis* bei Thukydides: Wassermann 1947: Macleod 1983b; Loraux 1986b; Connor 1991: 60-
65. *stasis* bei Xenophon: Gray 1989: 94-106. Vgl. auch Manopoulos 1991;
Berger 1992 und bes. Loraux 1997.

Ein Diskurs staatsbürgerlicher Harmonie (S. 108-110)
Zur Gattung des *epitaphios* vgl. Loraux 1986a; zum *Menexenos* vgl. Coventry 1989. Zu den Wertvorstellungen, die in der Grabrede angesprochen
wurden vgl. auch Walcot 1973 und Loraux 1982.

6 Von unmenschlicher Unterjochung: Freier versus Sklave

Allgemein
Wichtig sind für das Kapitel insgesamt verschiedene Arbeiten von Finley
(bes. 1979, 1980) sowie die beiden von ihm herausgegebenen Sammel-
bände (1968, 1987); Wiedemann 1987; Garlan 1988. Vergleichend: Cartledge 1985a; Archer (Hg.) 1988.

Sklaverei beginnt zu Hause (S. 111-113)
Sklaverei im 20. Jahrhundert: Sawyer 1986. Aristoteles und die amerikanischen Indianer: Hanke 1959; Huxley 1980; Pagden 1986: 27-56.

Ideologie oder Philosophie? (S. 113-118)
Römische Sklaverei: Buckland 1908; Bradley 1994. Antike Ideologie der
Sklaverei: Schlaifer 1968; Ste. Croix 1975b; Finley 1980; Ste. Croix 1981:
409-52; S. R. L. Clark 1985; Just 1985. Die Aristotelische Doktrin: schwache Verteidigung bei Fortenbaugh 1977; besser ist Schofield 1990, aber er
gibt dem Anti-Konventionalismus des Aristoteles zu großes Gewicht;
Schlaifer 1968: 130-32 und Smith 1991 machen die logischen Sprünge
deutlich; vgl. knapp Lloyd 1991b: 365-66 zum Verhältnis von Wissenschaft
und Moral bei Aristoteles. Ergänzend zu den Genannten jetzt bes. Garnsey
1997.

Aristoteles macht sich gemein (S. 119-120)
Zeitgenössische Gegner des Aristoteles: Cambiano 1987. Notwendigkeit der Muße: Stocks 1936; vgl. Aymard 1967b. Griechische Auffassungen von Freiheit: Finley 1981d, Raaflaub 1985; de Romilly 1989; O. Patterson 1991.

Zwischen Freien und Sklaven (S. 120-122)
Die Formel: Finley 1981b; vgl. Lotze 1959. Die Übersetzung von Pollux 3, 83 folgt Cartledge 1979: 352. »Elemente von Freiheit«: Westermann 1968b. Heloten: Lotze 1959; Cartledge 1979: Kap. 10; Cartledge 1987: Kap. 10; Ducat 1990 (mit Vorsicht zu genießen).

Griechische Historiographie der Sklaverei (S. 122-124)
Allgemein Vidal-Naquet 1986d. Die Debatte über »Leibeigenschaft«: Ste. Croix 1981: 147-62; gegen Garlan 1988: 93-102. Kritias und die Penestai: Lintott 1982: 269-70. Neuere Arbeiten: Ducat 1994 und Garnsey 1997.

Kaufsklaven in der Schlacht (S. 124-126)
Allgemein: Welwei 1974-7. Arginusen: Garlan 1988: 1644. Kerkyra: Loraux 1989c. Chios: Garlan 1988: 171 und Anm. 70.

Keine Sicherheit durch numerische Stärke? (S. 126-127)
Athen: ausgewogen ist Westermann 1968b. Darstellungen moderner Sklaven-Gesellschaften: O. Patterson 1982: Appendix C. Thukydides' »mehr als zweimal zehntausend«: Parke 1932.

Menschenfüßler (S. 127-129)
Herodot über Sklaven: Harvey 1988a; vgl. Wiesen 1980. Versklavung von Kriegsgefangenen: Pritchett 1991: 223-45.

Barbarische Quellen (S. 129-131)
Thrakien: Finley 1981f. Die attischen Stelen: Austin u. Vidal-Naquet 1977: Nr. 75. Zur Empfehlung ethnischer Mischung der Sklaven: Ste. Croix 1981: 146. *Thratta*: Ehrenberg 1962: 172. Visuelle Repräsentation: Lissarrague 1992: 226, Abb. 37.

Sklavische Funktionen (S. 131-132)
Zur Diskussion über Sklaven in der Landwirtschaft: Jameson 1977/78 und Ste. Croix 1981: 505-09 gegen Wood 1988. Garlan 1989b ist entschieden positiv in der Frage ihrer Benutzung durch Großgrundbesitzer. Vgl. auch Jameson 1994.

Zurück zur Ideologie (S. 132-134)
Sklavisches Interregnum in Argos: Garlan 1988: 99.

Griechen: Barbaren :: Freier: Sklave (S. 134-136)
»Ungeschriebene Gesetze«: Ostwald 1986: 130, 252.

Freier: Sklave :: Männer: Frauen? (S. 136)
Griechische Auffassungen von Selbstdisziplin: North 1977; Most 1989.
Sklaven als »Kinder«: Golden 1985. Aristoteles und die weibliche *psyche*:
S. R. L. Clark 1982; Just 1985 (ausdrücklich Dover 1974 verpflichtet für
Quellensammlung und Kommentar); Vidal-Naquet 1986e/1989: 184. Der
Apostel Paulus: Ste. Croix 1981: 104-5.

Freier: Sklave :: Bürger: Fremder (S. 136-140)
Sklaverei und Bürgerstatus: Finley 1981d; Raaflaub 1983; S. R. L. Clark
1985; vgl. für den Vergleich mit Amerika Morgan 1975. Demokratischer
Respekt vor der Unantastbarkeit der Gesetze: Ostwald 1986. Kritiker der
Demokratie: A. H. M. Jones 1957: 41-72; Finley 1985b; Roberts 1994.
»Sklavische« Beschäftigungen und die Einstellungen zur Arbeit: Schlaifer
1968: 99-104; vgl. Aymard 1948, 1967b, Vernant 1983c.

Freiheit und Unabhängigkeit externalisiert (S. 140-141)
autonomia und *eleutheria*-Slogans: Ostwald 1982; vgl. Ste. Croix 1954/5.
Die imperiale *tyrannis* Athens: Tuplin 1985. Intervention der Spartaner bei
Mantineia: Cartledge 1987: 257-62. Hindernisse zwischenstaatlicher Freiheit: Larsen 1962.

7 Wissen, wohin man gehört: Götter versus Menschen

Allgemein
Insgesamt wichtig sind Gernet und Boulanger 1932; Fondation Hardt
1952; Rudhardt 1958; Nock 1972a; Gordon (Hg.) 1981; Rudhardt 1981a;
Burkert 1985; Easterling u. Muir (Hgg.) 1985; Vernant 1991a; Bruit Zaidman u. Schmitt Pantel 1992. Neuere Arbeiten: Bremmer 1996.

Die Griechen hatten kein Wort dafür (S. 142-144)
Ableitung des Wortes »Religion«: Ste. Croix 1972b. Polytheismus: Rudhardt 1966. Kontinuitäten zwischen Paganismus und Christentum: Lane
Fox 1986; Diskontinuitäten: Price 1984: 11-15. (zu Recht gibt es kein Kapitel über Religion bei Finley 1981j.) Religiöse Feste der Griechen: Cartledge 1985a; Bremmer 1996.

Griechische Religion als System kultureller Selbst-Definition (S. 144-146)
Diskussion über Geertz: Helgeland 1986. Zur Schwierigkeit, die griechische Religion angemessen zu verstehen: Rudhardt 1981b; Gould 1985; vgl. Vernant 1991d; zu Vernant; Segal 1982.

Der Ursprung der Götter (S. 146-149)
Herodot über die Namen der Götter: Linforth 1926, 1928; Lattimore 1939a; Burkert 1982. Xenophanes über die Natur der Götter: Kirk, Raven u. Schofield 1983/1994: 183-84; vgl. Dover 1988b: 152-3. Diagoras: Dover 1988b: 137-38; vgl. allgemein Fahr 1969. Agnostizismus des Protagoras: Maller 1967; Farrar 1988: 50-53.

Herodots religiöser Spiegel (S. 149-152)
Tod und Begräbnis in der Antike allgemein: Gnoli u. Vernant (Hgg.) 1982. Begräbnis der skythischen Könige: Hartog 1982. Begräbnis der spartanischen Könige: Cartledge 1987: 331-43. Blutiges Tieropfer der Griechen: vgl. die gegensätzlichen Positionen von G. S. Kirk 1981 und Vernant 1991c (beide in Fondation Hardt 1981); ebenso von Burkert 1983 und Detienne u. Vernant 1989.

Nochmals zur Debatte über den Anthropomorphismus (S. 152-158)
Die Götter bei Aristoteles: Verdenius 1960. Prometheus-Mythos: Bruit Zaidman u. Schmitt Pantel 1992: 164-69. Verurteilung des Sokrates: Garland 1992: 136-51. Frömmigkeit gegenüber den Eltern: Dover 1974: 274-5. Die Große Pest in Athen als *daimonion*: Mikalson 1984. Einführung des Boreas-Kultes in Athen: Garland 1992: 71, 163. Die »Erschaffung der Götter« im Kulturvergleich: Haldane 1985. Vgl. auch Wallace 1994.

Der Hand Gottes Einhalt gebieten (S. 158-162)
Die Rolle der Religion in der Geschichte bei Xenophon: Gray 1989: 157; Herodot: Waters 1985: 96-118; Gould 1989: 67-76; Thukydides: Stahl 1966; Oost 1975; Marinatos 1981a; Chambers 1991; Hornblower 1992. Thukydides 2, 17, 1-2: Marinatos 1981b vs. Dover 1988d.

Epilog

Andersheit versus Klassizismus (S. 163-164)
Vgl. die unter *Prolog* und *Die Griechen und ›wir‹* aufgeführten Titel.

Ein religiöses Theater (S. 164-167)
Allgemein: Goldhill 1986; Winkler u. Zeitlin (Hgg.) 1990. Religiöse Feste: Cartledge 1985a, 1990a: 1-10. Selbstrepräsentation Athens: Segal 1986; Zeitlin 1986b, 1989. Zur Annahme einer religiösen Krise im Gefolge der sophistischen »Aufklärung«: Burkert 1985/1977: 460-68; vgl. Fahr 1969. Religiöses Theater: Mikalson 1991.

Ein politisches Theater (S. 167-169)
Demokratische Wurzeln der Tragödie: Connor 1990. Demokratisches Losverfahren: Headlam 1933. Demosthenes und Meidias: Wilson 1991. Neuere Arbeiten: Meier 1988; Bleicken 1995; Segal 1995; Easterling (Hg.) 1997; bes. Cartledge 1997a und Euben 1997.

Eine offene Gesellschaft? (S. 169-170)
Zur (staats)bürgerlichen Freiheit der Griechen und ihren Grenzen vgl. bes. Finley 1981d and O. Patterson 1991.

Abkürzungen

ABSA	Annual of the British School of Athens
AC	L'Antiquité classique
AHR	American Historical Review
AJP	American Journal of Philosophy
AncW	Ancient World
Annales (ESC)	Annales (économies, sociétés, civilisations)
ASNP	Annuario della Scuola Normale di Pisa
BCH	Bulletin de correspondance hellénique
CA	Classical Antiquity
CAH	Cambridge Ancient History
CetM	Classica et Mediaevalia
CJ	Classical Journal
CP	Classical Philology
CQ	Classical Quarterly
CW	Classical World
DHA	Dialogues d'histoire ancienne
DHJ	Durham Historical Journal
EMC/CV	Echos du monde classique/Classical Views
G&R	Greece & Rome
GRBS	Greek Roman and Byzantine Studies
HPT	History of Political Thought
HSCP	Harvard Studies in Classical Philology
ICS	Illinois Classical Studies
JHI	Journal of the History of Ideas
JHS	Journal of Hellenic Studies
JWCI	Journal of the Warburg and Courtauld Institutes
LCM	Liverpool Classical Monthly
MH	Museum Helveticum
PBA	Proceedings of the British Academy
PCPS	Proceedings of the Cambridge Philological Society
PRIA	Proceedings of the Royal Irish Academy
QUCC	Quaderni urbinati di cultura classica
QS	Quaderni di storia
REG	Revue des études grecques
TAPA	Transactions and Proceedings of the American Philological Association
TLS	Times Literary Supplement

Bibliographie

Diese Auswahlbibliographie führt die im Haupttext und in den Hinweisen zur weiteren Lektüre mit Autornamen und Erscheinungsjahr zitierten Werke an. Ergänzend sind einige Titel hinzugefügt worden, die ich nicht gezielt zitieren konnte. Die Abkürzungen folgen der *Année philologique*.

ACKERMAN, R. (1973), ›Writing about Writing about Myth‹, JHI 34: 147-55.

ADAIR, G. (1986), Myths & Memories (London).

AMPOLO, C. (1997), Storie greche. La formazione della moderna storiografia sugli antichi Greci (Turin).

ANDERSON, B. (1991), Imagined Communities (London).

ANDERSON, J. K. (1974), Xenophon (London).

ANDREWES, A. (1961), ›Thucydides and the Persians‹, Historia 10: 1-18.

ANDREWES, A. u. DOVER, K. J. (1945-56 bis, 1970-81), A Historical Commentary on Thucydides, 5 Bde. (Oxford).

ARCHER, L. J. (1988) (Hg.), Slavery and Other Forms of Unfree Labour (London).

ARDENER, E. (1989), ›Comprehending Others‹ (zuerst 1977), in: The Voice of Prophecy and Other Essays, hg. v. M. Chapman, 159-85 (Oxford).

ARENS, W. (1979), The Man-Eating Myth: Anthropology and Anthropophagy (New York).

ASSMANN, J. (1992), Das kulturelle Gedächtnis. Schrift, Erinnerung und politische Identität in frühen Hochkulturen (München).

ASSMANN, J. u. HÖLSCHER, T. (Hgg.) (1988), Kultur und Gedächtnis (Frankfurt/M.).

ARTHUR, M. B. (1984), ›The Origins of the Western Attitude to Women‹ (zuerst 1973), in: Peradotto u. Sullivan (1984): 7-58.

ATKINSON, R. F. (1978), Knowledge and Explanation in History: An Introduction to the Philosophy of History (London).

AUBERGER, J. (1991) (Hg.), Ctésias: Histoires de l'Orient (Paris).

AUSTIN, M. M. u. VIDAL-NAQUET, P. (1977), Economic and Social History of Ancient Greece: An Introduction (London); deutsch: Gesellschaft und Wirtschaft im alten Griechenland, München 1984.

AYMARD, A. (1948), ›L'Idée de travail dans la Grèce archaique‹, Journal de Psychologie 41: 29-50.

– (1967a), Etudes d'histoire ancienne (Paris).

– (1967b), ›Hiérarchie de travail et autarcie individuelle dans la Grèce archaique‹ (zuerst 1943), in: Aymard (1967a): 316-33.

197

BACKHAUS, W. (1976), ›Der Hellenen-Barbaren Gegensatz und die hippokratische Schrift peri Aeron Hydaton Topon‹, Historia 25: 170-85.

BACON, H. (1961), Barbarians in Greek Tragedy (New Haven, Conn.).

BADIAN, E. (1994), ›Herodotus on Alexander I of Macedon: a study in some subtle silences‹, in: Hornblower (1994): 107-30.

BALDRY, H. C. (1965), The Unity of Mankind in Greek Thought (Cambridge).

BARKER, F. (1985) (Hg.), Europe and its Others: Proceedings of the Essex Conference on the Sociology of Literature, 2 Bde. (Colchester).

BARNES, J. (1980), ›Aristotle and the Methods of Ethics‹, Revue Internationale de Philosophie 34: 490-511.

BASLEZ, M.-F. (1984), L'Etranger dans la Grèce antique (Paris).

– (1986), ›Le Péril barbare, une invention des Grecs?‹, in: Mossé (1986): 284-99.

DE BEAUVOIR, S. (1953), The Second Sex (London) (zuerst französ., Paris, 1949); deutsch: Das andere Geschlecht. Sitte und Sexus der Frau, Hamburg 1992.

BENTLEY, M. (1997) (Hg.), The Routledge Companion to Historiography (London u. NY).

BERARD, C. (1989a) (Hg.), A City of Images: Iconography and Society in Ancient Greece (Princeton, NJ) (zuerst französ., Lausanne, 1984); deutsch: Die Bilderwelt der Griechen: Schlüssel zu einer ›fremden‹ Kultur, Mainz 1985.

– (1989b), ›The Order of Women‹, in: Berard (1989a): 89-108; deutsch: Das Reich der Frauen, a. o., 127-154.

BERGER, S. (1992), Revolution and Society in Greek Sicily and Southern Italy (Stuttgart).

BERLIN, I. (1980), ›The Concept of Scientific History‹ (zuerst 1960), in: ders., Concepts and Categories, 103-42 (Oxford).

BERNAL, M. (1987-91), Black Athena: The Afroasiatic Roots of Classical Civilization, 2 Bde. (London); deutsch: Schwarze Athene. Die afroasiatischen Wurzeln der griechischen Antike, München/Leipzig 1992.

BICKERMAN, E. J. (1952), Origines Gentium, CP 47: 65-81.

BIERSACK, A. (1989), ›Local Knowledge, Local History: Geertz and Beyond‹, in: Hunt (1989): 72-96.

BINDER, G. u. EFFE, B. (1990) (Hgg.), Mythos. Erzählende Weltdeutung im Spannungsfeld von Ritual, Geschichte und Rationalität (Trier).

BLEICKEN, J. (1995), Die athenische Demokratie. 4. Aufl. (Paderborn).

BLOCH, M. (1954), The Historian's Craft (Manchester) (zuerst französ., Paris, 1947; deutsch: Apologie der Geschichte oder: Der Beruf des Historikers, Stuttgart 1974; München 1985.

BOEGEHOLD, A. L. (1994), ›Perikles' citizenship law of 451/50 B. C.‹, in: Boegehold u. Scafuro (1994): 57-66.

– u. SCAFURO A. C. (1994) (Hgg.), Athenian Identity and Civic Ideology (Baltimore u. London).

BORDES, J. (1982), ›Politeia‹ dans la pensée grecque jusqu'à Aristote (Paris).

BOVON, A. (1963), ›La Représentation des guerres perses et la notion de barbare dans la Ire moitie du Ve siecle‹, BCH 87: 579-602.

BOWERSOCK, G. W. (1965), ›The Personality of Thucydides‹, Antioch Review 25: 135-46.

BRADLEY, K. R. (1994), Slavery and Society at Rome (Cambridge).

BRAUDEL, F. (1980), On History (London) (zuerst französ., Paris, 1969); deutsch in: Schriften zur Geschichte, 2 Bde., Stuttgart 1992-93.

BREMMER, J. (1987a) (Hg.), Interpretations of Greek Mythology (London).
– (1987b), ›What Is a Greek Myth?‹ in: Bremmer (1987a): 1-9.
– (1996), Götter, Mythen und Heiligtümer im antiken Griechenland (Darmstadt).
BRIANT, P. (1982), Etat et pasteurs au Moyen-Orient ancien (Cambridge).
BRILLANTE, C. (1984), Fra storia e mito, QUCC 16: 175-87.
BROWNING, R. (1989), ›Greeks and Others: From Antiquity to the Renaissance‹, in: ders., History, Language and Literacy in the Byzantine World, Kap. 2 (Northampton).
BRUIT ZAIDMAN, L. u. SCHMITT PANTEL, P. (1992), Religion in the Ancient Greek City (Cambridge) (zuerst französ., Paris, 1989); deutsch: Die Religion der Griechen: Kult und Mythos, München 1994.
BRYCE, T. R. (1986) The Lycians I (Kopenhagen).
BUCKLAND, W. W. (1908), The Roman Law of Slavery (Cambridge).
BURKERT, W. (1979), Structure and History in Greek Mythology and Ritual (Berkeley, Calif.).
– (1982), ›Herodot über die Namen der Götter: Polytheismus als historisches Problem‹, MH 39: 121-32.
– (1983), Homo Necans: The Anthropology of Ancient Greek Sacrificial Ritual and Myth (Berkeley, Calif.); zuerst deutsch: Homo Necans. Interpretationen altgriechischer Opferriten und Mythen, Berlin 1972.
– (1985), Greek Religion: Archaic and Classical (Oxford); deutsch: Griechische Religion der archaischen und klassischen Epoche, Stuttgart 1977.
– (1987), ›Oriental and Greek Mythology: The Meeting of Parallels‹ in: Bremmer (1987a): 10-40.
– (1992), The Orientalizing Revolution: Near Eastern Influence on Greek Culture in the Early Archaic Age (Cambridge, Mass.); zuerst deutsch: Die orientalisierende Epoche in der griechischen Religion und Literatur, Heidelberg 1984.
BURN, A. R. (1978), The Lyric Age of Greece (zuerst 1960), ND mit bibliogr. Ergänzungen (London).
BURY, J. B. (1909), The Ancient Greek Historians (London).
BUXTON, R. G. A. (1980), ›Blindness and Limits: Sophokles and the Logic of Myth‹, JHS 100: 22-37.
– (1994), Imaginary Greece: The Contexts of Mythology (Cambridge).
CAMBIANO, G. (1987), ›Aristotle and the Anonymous Opponents of Slavery‹, in: Finley (1987): 22-41.
CAMERON, A. u. KUHRT, A. (1983) (Hgg.), Images of Women in Antiquity (London) (erw. ND 1993).
CANARY, R. H. u. KOZICKI, H. (1978) (Hgg.), The Writing of History: Literary Form and Historical Understanding (Madison, Wis.).
CANFORA, L. (1977), ›La Préface de Thucydide et la critique de la raison historique‹, REG 90: 455-61.
CARLIER, P. (1978), ›L'Idée de monarchie impériale dans la Cyropédie de Xenophon‹, Ktema 3: 133-63.
CARLIER-DETIENNE, J. (1980), ›Les Amazones font la guerre et l'amour‹, Ethnographie 76: 11-33.
CARR, E. H. (1986), What is History? (2. Aufl., London).
CARTLEDGE, P. A. (1979), Sparta and Lakonia. A Regional History 1300-362 BC (London).
– (1981a), ›The Politics of Spartan Pederasty‹, PCPS 27: 17-36 (erw. in: Siems (1988): 385-415).

- (1981b), ›Spartan Wives: Liberation or Licence?‹, CQ 31: 84-105.
- (1985a), ›The Greek Religious Festivals‹, in: Easterling u. Muir (1985): 98-127.
- (1985b), ›Rebels and Sambos in Classical Greece: A Comparative View‹, in: Cartledge u. Harvey (1985): 16-46.
- (1987), Agesilaos and the Crisis of Sparta (London).
- (1990a), Aristophanes and his Theatre of the Absurd (Bristol) (neue Aufl. 1995).
- (1990b), ›Herodotus and »the Other«: A Meditation on Empire‹, EMC/CV 9: 27-40.
- (1990c), ›Fowl Play: A Curious Lawsuit in Classical Athens (Antiphon XVI, fr. 27-9 Thalheim)‹, in: Cartledge, Millett u. Todd (1990): 41-61.
- (1993), ›The Silent Women of Thucydides: 2, 45, 2 Re-Viewed‹, in: R. M. Rosen u. J. Farrell (Hgg.), Nomodeiktes. Festschr. M. Ostwald, 125-32 (Ann Arbor, Mich.).
- (1993a), ›»Like a Worm i’ the Bud«? A Heterology of Greek Slavery‹, in: G&R 40. 2: 163-80.
- (1993b), ›Xenophon’s Women: A Touch of the Other‹, in: H. D. Jocelyn u. H. Hurt (Hgg.), Tria Lustra. Festschr. J. Pinsent (Liverpool): 5-14.
- (1995), ›»We are all Greeks«?: Ancient (especially Herodotean) and modern contestations of Hellenism‹, BICS 40: 75-82.
- (1996), La Politica, in: Settis (1996): 39-72.
- (1997a) ›»Deep plays«: theatre as process in Greek civic life‹, in: Easterling (1997): 3-35.
- (1997b) ›Historiography and ancient Greek self-definition‹, in: Bentley (1997): 23-42.
- (1998) (Hg.) The Cambridge Illustrated History of Ancient Greece (Cambridge).
- u. HARVEY, F. D. (1985) (Hgg.), CRUX: Essays in Greek History Presented to G. E. M. de Ste. Croix on his 75th birthday (Exeter u. London).
CARTLEDGE, P. A., MILLETT, P. C. u. TODD, S. C. (1990) (Hgg.), NOMOS: Essays in Athenian Law, Society and Politics (Cambridge).
CAWKWELL, G. L. (1972) (Hg.), Xenophon: ›The Persian Expedition‹ (Harmondsworth).
- (1979) (Hg.), Xenophon: ›A History of My Times‹ (Harmondsworth).
CHAMBERS, M. H. (1991), ›Cornford’s Thucydides Mythistoricos‹, in: W. M. Calder III (Hg.), The Cambridge Ritualists Reconsidered (ICS Suppl. 2; Atlanta, Ga.), 61-77.
CHIAPELLI, A., BENSON, M. J. B. u. CHIAPELLI, R. L. F. (1976) (Hgg.), First Images of America: The impact of the New World on the Old (Berkeley, Calif.).
CHRIST, K. (1996), Die Griechen und die Anderen. Von der Soziologie zur Historischen Anthropologie der Antike (rez. Di Donato 1990), in: ders., Griechische Geschichte und Wissenschaftsgeschichte (= Historia Einzelschriften 106), Stuttgart 1996, 183-186.
CHRISTIANSEN, J. u. MELANDER, T. (1988) (Hgg.), Proceedings of the 3rd Symposium on Ancient Greek and Related Pottery (Copenhagen).
CLARK, G. (1989), Women in Antiquity (G&R New Surveys in the Classics, 21; Oxford).
CLARK, S. R. L. (1975), Aristotle’s Man: Speculations upon Aristotelian Anthropology (Oxford).
- (1982), ›Aristotle’s Woman‹, HPT 3: 71-91.
- (1985), ›Slaves and Citizens‹, Philosophy 60: 27-46.

CLARKE, G. W. (1989) (Hg.), Rediscovering Hellenism: The Hellenic Inheritance and the English Imagination (Cambridge).

COGAN, M. (1981), The Human Thing. The Speeches and Principles of Thucydides's History (Chicago).

COHEN, D. (1991), Law, Society and Sexuality: The Enforcement of Morals in Classical Athens (Cambridge).

COHEN, P. S. (1969), ›Theories of Myth‹, Man, NS 4: 337-53.

COLLINGWOOD, R. G. (1946), The Idea of History (Oxford).

– (1993), The Idea of History, überarb. Ausg. von Collingwood 1946 (Oxford).

CONNOR, W. R. (1977), ›A Post-Modernist Thucydides?‹, CJ 72: 289-98.

– (1984), Thucydides (Princeton, NJ).

– (1990), ›City Dionysia and Athenian Democracy‹, in: J. R. Fears (Hg.), Aspects of Athenian Democracy (CetM Diss. XI, Copenhagen), 7-32.

– (1991), ›Polarization in Thucydides‹ in: Lebow u. Strauss (1991): 53-69.

CONSTANT, B. (1988), Political Writings, hg. v. B. Fontana (Cambridge).

COOK, A. S. (1976), ›Herodotus: The Act of Inquiry as a Liberation from Myth‹, Helios 3: 23-66.

– (1988), History/Writing: The Theory and Practice of History in Antiquity and in Modern Times (Cambridge).

COOK, J. M. (1983), The Persian Empire (London).

COOK, R. M. (1955), ›Thucydides as Archaeologist‹, ABSA 50: 266-70.

CORNFORD, F. M. (1907), Thucydides Mythistoricus (London).

COVENTRY, L. J. (1989), ›Philosophy and Rhetoric in the Menexenus‹, JHS 109: 1-15.

DAVIES, J. K. (1977/8), ›Athenian Citizenship: The Descent-Group and the Alternatives‹, CJ 73: 105-21.

DAVIS, D. B. (1984), Slavery and Human Progress (New York).

- (1988), The Problem of Slavery in Western Culture (überarb. Ausg., New York).

DAY, J. W. (1985), ›Epigrams and History: The Athenian Tyrannicides, A Case in Point‹, in: Jameson (1985): 25-46.

DEAN-JONES, L. (1991), ›The Cultural Construct of the Female Body in Classical Greek Science‹, in: Pomeroy (1991): 111-37.

– (1994), Women's Bodies in Classical Greek Science (Oxford).

DEGLER, C. N. (1983), ›Can the American People be Put Together Again?‹, History Today (Aug.): 3-4.

DETIENNE, M. (1981), ›Between Beasts and Gods‹ (zuerst 1972), in: Gordon (1981): 215-28.

DETIENNE, M. (1986), The Creation of Mythology (Chicago) (zuerst französ.: L'invention de la mythologie, Paris, 1981).

– u. VERNANT, J. P. (1989) (Hgg.), The Cuisine of Sacrifice among the Greeks (Chicago) (zuerst französ.: La cuisine du sacrifice au pays grec, Paris, 1979).

DETTENHOFER, M. H. (1994) Die Frauen von Sparta. Ökonomische Kompetenz und politische Relevanz, in: Dettenhofer (1994): 15-40.

DETTENHOFER, M. H. (1994) (Hg.) Reine Männersache? Frauen in Männerdomänen der antiken Welt (Köln).

DEWALD, C. (1981), ›Women and Culture in Herodotus' Histories‹, in: Foley (1981): 91-125.

– (1987), ›Narrative Surface and Authorial Voice in Herodotus' Histories‹, Arethusa 20: 147-70.

- (1990), Rez. Hartog (1988), in: CP 85: 217-24.
- u. MARINCOLA, J. (1987), ›A Selective Introduction to Herodotean Studies‹, Arethusa 20: 9-40.
DI DONATO, R. (1990), Per una antropologia storica del mondo antico (Pisa).
DIHLE, A. (1962), ›Herodot und die Sophistik‹, Philologus 106: 207-20.
DILLER, A. (1937), Race Mixture among the Greeks before Alexander (Urbana, Ill.).
DILLERY, J. (1995), Xenophon and the History of his Times (London u. New York).
DODDS, E. R. (1951), The Greeks and the Irrational (Berkeley, Calif.); deutsch: Die Griechen und das Irrationale, Darmstadt 1970.
- (1973a), The Ancient Concept of Progress and Other Essays (Oxford); deutsch: Der Fortschrittsgedanke in der Antike und andere Aufsätze, Zürich/München 1977.
- (1973b), ›The Religion of the Ordinary Man in Classical Greece‹ in: Dodds (1973a): 140-55.
- (1973c), ›The Sophistic Movement and the Failure of Greek Liberalism‹ (zuerst 1937), in: Dodds (1973a): 92-105.
DOVER, K. J. (1973), Thucydides (G&R New Surveys in the Classics, 7; Oxford).
- (1974), Greek Popular Morality in the time of Plato and Aristotle (Oxford).
- (1980), The Greeks (Oxford).
- (1988a), The Greeks and their Legacy: Collected Papers, II (Oxford).
- (1988b), ›The Freedom of the Intellectual in Greek Society‹ (zuerst 1976), in: Dover (1988a): 135-58.
- (1988c), ›Thucydides »as History« and Thucydides »as Literature«‹, (zuerst 1983), in: Dover (1988a): 53-64.
- (1988d), ›Thucydides on Oracles‹ (zuerst 1987), in: Dover (1988a): 65-73.
- (1992), (Hg.), Perceptions of the Ancient Greeks (Oxford: Blackwell).
DREWS, R. (1973), The Greek Accounts of Eastern History (Washington, DC).
DUBISCH, J. (1986) (Hg.), Gender and Power in Rural Greece (Princeton).
DUBOIS, P. (1982), Centaurs and Amazons (Chicago).
- (1988), Sowing the Body: Psychoanalysis and Ancient Representations of Women (Chicago).
DuBOULAY, J. (1974), Portrait of a Greek Mountain Village (Oxford).
- (1986), ›Women-Images of their Nature and Destiny in Rural Greece‹, in: Dubisch (1986): 139-68.
DUCAT, J. (1990), Les Hilotes (BCH Suppl. 20, Paris).
- (1994), Les Pénestes de Thessalie (Paris).
DUE, B. (1989), The ›Cyropaedia‹. A Study of Xenophon's Aims and Methods (Aarhus).
DUNDES, A. (1985), ›Nationalistic Inferiority Complexes and the Fabrication of Fakelore: A Reconsideration of Ossian, the Kinder- und Hausmärchen, the Kalevala, and Paul Bunyan‹, Journal of Folklore Research 22: 5-18.
DUNN, J. (1979), Western Political Theory in the Face of the Future (Cambridge).
- (1992) (Hg.), Democracy The Unfinished Journey 508 BC to AD 1993 (Oxford).
- (1993), Western Political Theory in the Face of the Future, 2. Aufl. (Cambridge).
- (1996), History of Political Theory (Cambridge).
EASTERLING, P. E. (1989), The Survival of Greek (London) (1988 Inaugural Lecture, University College London).

– u. MUIR, J. V. (1985) (Hgg.), Greek Religion and Society (Cambridge).
– (1997) (Hg.), The Cambridge Companion to Greek Tragedy (Cambridge).
EDER, W. u. HÖLKESKAMP, K.-J. (1997) (Hgg.), Volk und Verfassung im vorhel-
    lenistischen Griechenland (Stuttgart).
EDMUNDS, L. (1990) (Hg.), Approaches to Greek Myth (Baltimore).
EHRENBERG, V. (1962), The People of Aristophanes: A Sociology of Old Attic
    Comedy (3. Aufl., New York).
– (1974a), Man, State and Deity: Essays in Ancient History (London).
– (1974b), ›Remarks on the Meaning of History‹, in: Ehrenberg (1974a): 143-82.
– (1974c), ›Some Aspects of the Transition from the Classical to the Hellenistic
    Age‹, in: Ehrenberg (1974a): 52-63.
EUBEN, J. B: (1997) Corrupting Youth. Political Education, Democratic Culture
    and Political Theory (Princeton).
EVANS, J. A. S. (1965), ›Despotes Nomos‹, Athenaeum 43: 142-53.
– (1969), ›Father of History or Father of Lies: The Reputation of Herodotus‹, CJ
    64: 11-17.
– (1991), Herodotus Explorer of the Past: Three Essays (Princeton, NJ).
EVANS-PRITCHARD, E. E. (1937), Witchcraft, Oracles and Magic among the
    Azande (Oxford) (gekürzter Nachdr. 1976).
– (1965), Theories of Primitive Religion (Oxford); deutsch: Theorien über primi-
    tive Religion, Frankfurt/M. 1968.
FAHR, W. (1969), ›Theous nomizein‹: Zum Problem der Anfänge des Atheismus bei
    den Griechen (Hildesheim).
FANTHAM, E. u. a. (1994), Women in the Classical World (New York).
FARRAR, C. (1988), The Origins of Democratic Thinking: The Invention of Poli-
    tics in Classical Athens (Cambridge).
FEHLING, D. (1989), Herodotus and his ›Sources‹. Citation, Invention and Narra-
    tive Art (Leeds); zuerst deutsch: Die Quellenangaben bei Herodot. Untersuchun-
    gen zur antiken Literatur und Geschichte, Berlin 1971.
FINLEY, M. I. (1968) (Hg.), Slavery in Classical Antiquity (2. Aufl., Cambridge).
– (1979), ›Slavery and the Historians‹, Histoire sociale/Social History 12: 247-61.
– (1980), Ancient Slavery and Modern Ideology (London); deutsch: Die Sklaverei
    in der Antike, München 1981/Frankfurt/M. 1985.
– (1981a), Economy and Society in Ancient Greece, hg. v. B. D. Shaw u. R. P. Sal-
    ler (London).
– (1981b) ›Between Slavery and Freedom‹ (zuerst 1964), in: Finley (1981a): 116-32.
– (1981c), ›Debt-Bondage and the Problem of Slavery‹ (zuerst 1965), in: Finley
    (1981a): 150-66.
– (1981d), ›The Freedom of the Citizen in the Greek World‹ (zuerst 1976), in: Fin-
    ley (1981a): 77-95.
– (1981e), ›The Servile Statuses of Ancient Greece‹ (zuerst 1960), in: Finley
    (1981a): 133-49.
– (1981f), ›The Slave Trade in Antiquity: The Black Sea and Danubian Regions‹
    (zuerst 1962), in: Finley (1981a): 167-75.
– (1981g), ›Sparta and Spartan Society‹ (zuerst 1968), in: Finley (1981a): 24-40.
– (1981h), ›Technical Innovation and Economic Progress in the Ancient World‹
    (zuerst 1965), in: Finley (1981a): 176-95; deutsch: Technische Innovation und
    wirtschaftlicher Fortschritt im Altertum, in: H. Schneider (Hg.), Sozial- und
    Wirtschaftsgeschichte der römischen Kaiserzeit, Darmstadt 1981, 168-95.

- (1981i), ›Was Greek Civilization based on Slave Labour?‹ (zuerst 1959), in: Finley (1981a): 97-115.
- (1981j) (Hg.), The Legacy of Greece: A New Appraisal (Oxford).
- (1982), ›Problems of Slave Society: Some Reflections on the Debate‹, OPVS 1: 201-11.
- (1983), Politics in the Ancient World (Cambridge); deutsch: Das politische Leben in der antiken Welt, München 1986.
- (1985a), The Ancient Economy (2. Aufl., London); deutsch: Die antike Wirtschaft, München 1993.
- (1985b), Democracy Ancient and Modern (2. Aufl., London; zuerst 1973); deutsch: Antike und moderne Demokratie, Stuttgart 1980, durchges. 1987.
- (1986a), The Use and Abuse of History (2. Aufl., London).
- (1986b), ›The Ancient Greeks and their Nation‹ (zuerst 1954), in: Finley (1986a): 120-33, 233-36.
- (1986c), ›Myth, Memory and History‹ (zuerst 1965), in: Finley (1986a): 11-33, 215-17.
- (1987) (Hg.), Classical Slavery (London).
FISHER, N. R. E. (1992), Hybris (Warminster).
FLORY, S. (1980), ›Who Read Herodotus's Histories?‹, AJP 101: 12-28.
FOLEY, H. P. (1981) (Hg.), Reflections of Women in Antiquity (New York).
FONDATION HARDT (1952), La Notion du divin depuis Homère jusqu'à Platon (Entretiens Hardt 1, Vandoeuvres-Genève).
- (1958), Histoire et historiens dans l'Antiquité (Entretiens Hardt 4, Vandoeuvres-Genève).
- (1962), Grecs et Barbares (Entretiens Hardt 8, Vandoeuvres-Genève).
- (1964), La ›Politique‹ d'Aristote (Entretiens Hardt 11, Vandoeuvres-Genève).
- (1981), Le Sacrifice dans l'Antiquité (Entretiens Hardt, 27 Vandoeuvres-Genève).
- (1990), Hérodote et les peuples non-Grecs (Entretiens Hardt, 35; Vandoeuvres-Genève).
FONTAINE, P. F. M. (1986-7), The Light and the Dark: A Cultural History of Dualism, 2 Bde. (Leiden).
FORNARA, C. W. (1971), Herodotus: An Interpretative Essay (Oxford).
- (1983), The Nature of History in Ancient Greece and Rome (Berkeley, Calif.).
FORTENBAUGH, W. W. (1977), ›Aristotle on Slaves and Women‹, in: Barnes, Schofield u. Sorabji (1977): 135-9.
FOUCAULT, M. (1985/87), The History of Sexuality, II. The Use of Pleasure (New York) (zuerst französ., Paris, 1984); deutsch: Der Gebrauch der Lüste, Frankfurt/M. 1986.
FRIEDL, E. (1986), ›The Position of Women: Appearance and Reality‹ (zuerst 1967), in: Dubisch (1986): 42-52.
VON FRITZ, K. (1936), ›Herodotus and the Growth of Greek Historiography‹, TAPA 67: 315-40.
FROIDEFOND, C. (1971), Le Mirage égyptien dans la littérature grecque d'Homère à Aristote (Paris).
GALLO, L. (1984), ›La donna greca e la marginalità‹, QUCC 18: 1-51.
GARDNER, J. F. (1989), ›Aristophanes and Male Anxiety - The Defence of the oikos‹, G&R 36: 51-62.
GARLAN, Y. (1988), Slavery in Ancient Greece (Ithaca, NY) (zuerst französ.: Les esclaves en Grèce ancienne, Paris, 1982).

- (1989a), Guerre et économie en Grèce ancienne (Paris).
- (1989b), ›A propos des esclaves dans l'Economique de Xenophon‹ in: Melanges P. Lévêque, II. 237-43 (Besancon).
GARLAND, R. (1992), Introducing New Gods: The Politics of Athenian Religion (London).
GARNSEY, P. (1997) Ideas of Slavery from Aristotle to Augustine (Cambridge).
GEARHART, S. (1984), The Open Boundary of History and Fiction: A Critical Approach to the French Enlightenment (Princeton, NJ).
GEERTZ, C. (1973a), The Interpretation of Cultures: Selected Essays (New York).
- (1973b), ›Religion as a Cultural System‹ (zuerst 1966), in: Geertz (1973a): 87-125; deutsch: Religion als kulturelles System, in: ders., Dichte Beschreibung. Beiträge zum Verstehen kultureller Systeme, Frankfurt/M. 1983 (5. Aufl. 1997).
- (1982), Local Knowledge: Further Essays in Interpretative Anthropology (New York).
- (1985), ›Waddling In‹, TLS (7 June): 623-4.
- (1987), »›From the Native's Point of View«: On the Nature of Anthropological Understanding‹ (zuerst 1974), in: Gibbons (1987): 133-47.
- (1988), Works and Lives: The Anthropologist as Author (Oxford); deutsch: Die künstlichen Wilden – Anthropologen als Schriftsteller, München 1990.
GEHRKE, H.-J. (1985) Stasis. Untersuchungen zu den inneren Kriegen in den griechischen Staaten des 5. u. 4. Jahrhunderts (München).
- (1987) Die Griechen und die Rache. Ein Versuch in historischer Psychologie, in: Saeculum 38: 121-49.
- (1994) Mythos, Geschichte, Politik – antik und modern, in: Saeculum 45: 239-64.
- (1994) (Hg.) Rechtskodifizierung und soziale Normen im interkulturellen Vergleich (Tübingen).
GELLNER, E. (1983), Nations and Nationalism (Oxford); deutsch: Nationalismus und Moderne, Berlin 1991.
- (1985a) Relativism and the Social Sciences (Cambridge).
- (1985b), ›What is Structuralisme?‹ (zuerst 1982), in: Gellner (1985a): 128-57.
GEORGES, P. (1994), Barbarian Asia and the Greek Experience. From the Archaic Period to the Age of Xenophon (Baltimore u. London).
GERA, D. L. (1993), Xenophon's Cyropaedia (Oxford).
GERNET, L. (1968), Anthropologie de la Grèce antique, hg. v. J.-P. Vernant (Paris).
- u. BOULANGER, A. (1932), Le Génie grec dans la religion (Paris) (ND 1970).
GIBBONS, M. T. (1987) (Hg.), Interpreting Politics (Oxford).
GILL, C. u. WISEMAN, T. P. (1993) (Hgg.), Lies and Fiction in the Ancient World (Exeter).
GIRAUDEAU, M. (1984), Les Notions juridiques et sociales chez Hérodote: Etudes sur le vocabulaire (Paris).
GLAZER, N. u. MOYNIHAN, D. P. (1975) (Hgg.), Ethnicity: Theory and Experience (Cambridge, Mass.).
GNOLI, G. u. VERNANT, J.-P. (1982) (Hgg.), La Mort, les morts dans les societes anciennes (Cambridge).
GOLDEN, M. (1984), ›Slavery and Homosexuality at Athens‹, Phoenix 38: 308-24.
- (1985), ›»Pais« »Child« and »Slave«‹, AC 65: 91-104.
- (1992), ›The uses of cross-cultural comparison in ancient social history‹, ECM/CV n. s. 11: 309-31.

GOLDHILL, S. (1986), Reading Greek Tragedy (Cambridge) (verb. ND 1988).
– (1990), ›The Great Dionysia and Civic Ideology‹, in: Winkler u. Zeitlin (1990): 97-129.
GOMME, A. W. (1954), The Greek Attitude to Poetry and History (Berkeley, Calif.).
GOODY, J. u. WATT, I. (1968), ›The Consequences of Literacy‹ (zuerst 1962/3) in: Goody (Hg.), Literacy in Traditional Societies 27-68 (Cambridge); deutsch: Literalität in traditionalen Gesellschaften, Frankfurt/M. 1980.
GORDON, R. L. (1981) (Hg.), Myth, Religion and Society: Structuralist Essays by M. Detienne, L. Gernet, J.-P. Vernant u. P. Vidal-Naquet (Cambridge).
GOULD, J. P. A. (1980), ›Law, Custom and Myth: Aspects of the Social Position of Women in Classical Athens‹, JHS 100: 38-59.
– (1985), ›On Making Sense of Greek Religion‹, in: Easterling u. Muir (1985): 1-33.
– (1989), Herodotus (London).
GRAY, V. J. (1989), The Character of Xenophon's ›Hellenica‹ (London).
GREEN, P. (1972), The Shadow of the Parthenon (London).
GREEN, T. (1989), ›Black Athena and Classical Historiography‹, in: Peradotto u. Levine (1989): 55-65.
GRIFFIN, J. (1986), The Mirror of Myth: Classical Themes and Variations (London).
GROTE, G. (1873), ›Grecian Legends and Early History‹, in: Minor Works, hg. v. A. Bain, 73-134 (London).
– (1888), A History of Greece, 10 Bde. (London).
GUTHRIE, W. K. C. (1950), The Greeks and their Gods (London).
HALDANE, J. B. S. (1985), ›God-Makers‹ (zuerst 1932), in: On Being the Right Size and Other Essays, hg. v. J. Maynard Smith, 85-100 (Oxford).
HALL, E. (1989), Inventing the Barbarian: Greek Self-Definition through Tragedy (Oxford).
– (1992), ›When is a Myth not a Myth? Bernal's »Ancient Model«‹, Arethusa 25: 181-200.
HALL, J. M. (1995a), ›How Argive was the »Argive« Heraion? The political and cultic geography of the Argive plain, 900-400 BC‹, AJA 99: 577-613.
– (1995b), ›The role of language in Greek ethnicities‹, PCPhS 41: 83-100.
– (1997) Ethnic Identity in Greek Antiquity (Cambridge).
HALPERIN, D. M., WINKLER, J. J. u. ZEITLIN, F. I. (1990) (Hgg.), Before Sexuality: The Construction of Erotic Experience in the Ancient Greek World (Princeton, NJ).
HANKE, L. (1959), Aristotle and the American Indians: A Study in Race Prejudice in the Modern World (Bloomington, Ill.).
HANSEN, M. H. (1993) (Hg.), The Ancient Greek City-State (Copenhagen).
HANSON, A. E. (1991), ›Continuity and Change: Three Case Studies in Hippocratic Gynecological Therapy and Theory‹, in: Pomeroy (1991): 73-110.
HARDING, P. (1985) (Hg.), From the End of the Peloponnesian War to the Battle of Ipsus (Cambridge).
HARMATTA, J. (1990), Herodotus, Historian of the Cimmerians and the Scythians‹, in: Fondation Hardt (1990): 115-30.
HART, J. (1982), Herodotus and Greek History (London).
HARTOG, F. (1982), ›La Mort et l'Autre: Les funerailles des rois Scythes‹, in: Gnoli u. Vernant (1982): 143-52.

HARTOG, F. (1986), ›Les Grecs égyptologues‹, Annales (ESC) 41: 953-67.

– (1988), The Mirror of Herodotus: The Representation of the Other in the Writing of History (Berkeley, Calif.) (zuerst französ.: Le miroir d'Hérodote: essai sur la représentation de l'autre, Paris, 1980; überarb. u. erw. Aufl. 1992).

– (1996), Memoire d'Ulysse. Récits sur la frontière en Grèce ancienne (Paris).

HARVEY, F. D. (1984), ›The Wicked Wife of Ischomachos‹, EMC/CV 3: 68-70.

– (1985), ›Women in Thucydides‹, Arethusa 18: 67-90.

– (1988a), ›Herodotus and the Man-Footed Creature‹, in: Archer (1988): 42-52.

– (1988b), ›Painted Ladies: Past, Fiction and Fantasy‹, in: Christiansen u. Melander (1988): 242-54.

HEADLAM, J. W. (1933), Election by Lot at Athens (2. Aufl., Cambridge).

HEINIMANN, F. (1945), Nomos und Physis: Herkunft und Bedeutung einer Antithese im griechischen Denken des 5. Jahrhunderts (Basel); ND Darmstadt 1980.

HEISERMAN, A. J. (1977), The Novel before the Novel (Chicago).

HELGELAND, J. (1986), ›Their World and Ours: Ancient and Modern‹, Helios 13. 1: 3-15.

HENIGE, D. P. (1982), Oral Historiography (London).

HENRY, W. P. (1967), Greek Historical Writing: A Historiographical Essay based on Xenophon's ›Hellenica‹ (Chicago).

HERMAN, G. (1987), Ritualised Friendship and the Greek City (Cambridge).

– (1990), ›Patterns of Name Diffusion within the Greek World and Beyond‹, CQ 40: 349-63.

HERZFELD, M. (1986), ›Within and Without: The Category of »Female« in the Ethnography of Modern Greece‹, in: Dubisch (1986): 215-33.

– (1987), Anthropology through the Looking Glass: Critical Ethnography in the Margins of Europe (Cambridge).

HIGGINS, W. E. (1977), Xenophon the Athenian: The Problem of the Individual and the Society of the Polis (Albany, NY).

HIRSCH, S. W. (1985), The Friendship of the Barbarians: Xenophon and the Persian Empire (Hanover).

HOBSBAWM, E. J. (1992), Nations and Nationalism since 1870, 2. Aufl. (Cambridge).

HOELSCHER, T. (1988) Tradition und Geschichte. Zwei Typen der Vergangenheit am Beispiel der griechischen Kunst, in: Assmann u. Hölscher (1988): 115-49.

HOFFMANN, E. (1989), Lost in Translation: Life in a New Language (New York).

HORNBLOWER, S. (1982), Mausolus (Oxford).

– (1987), Thucydides(London).

– (1992), ›The Religious Dimension to the Peloponnesian War or, What Thucydides Does Not Tell us‹, HSCP 94: 160-97.

– (1994) (Hg.), Greek Historiography (Oxford).

– (1994a), ›Narratology and narrative techniques in Thucydides‹, in: Hornblower (1994): 131-66.

HOROWITZ, M. C. (1979), ›Aristotle and Woman‹, Journal of the History of Biology 9: 183-213.

HORTON, R. u. FINNEGAN, R. (Hgg.) (1973), Modes of Thought: Essays on Thinking in Western and Non-western Societies (London).

HOW, W. W. u. WELLS, J. (1928), A Commentary on Herodotus, 2 Bde. (Oxford).

HOWIE, J. G. (1984), ›Thukydides‹ Einstellung zur Vergangenheit: Zuhörerschaft und Wissenschaft in der »Archäologie«‹, Klio 66: 502-32.

HUNT, L. (1989) (Hg.), The New Cultural History (Berkeley, Calif.).
HUXLEY, G. L. (1972), ›On Aristotle's Historical Methods‹, GRBS 13: 157-69.
- (1973), ›Aristotle as Antiquary‹, GRBS 14: 271-86.
- (1979), On Aristotle and Greek Society (Belfast).
- (1980), ›Aristotle, Las Casas and the American Indians‹, PRIA 80C: 57-68.
IGGERS, G. (1984/5), New Directions in European Historiography, überarb. Aufl. (Middletown, Conn.); zuerst 1975; deutsch: Neue Geschichtswissenschaft, München 1978.
IGNATIEFF, M. (1993), Blood and Belonging: Journeys into the New Nationalism (London).
IMMERWAHR, H. R. (1966), Form and Thought in Herodotus (Cleveland).
IRWIN, T. H. (1989), Classical Thought (Oxford).
JACOBY, F. (1949), Atthis: The Local Chronicles of Ancient Athens (Oxford).
JAMES, S. (1984), The Content of Social Explanation (Cambridge).
JAMESON, M. H. (1977/78), ›Agriculture and Slavery in Classical Athens‹, CJ 73: 122-45.
- (1985) (Hg.), The Greek Historians. Literature and History; Papers Presented to A. E. Raubitschek (Saratoga, Calif.).
- (1994), ›Class in the ancient Greek countryside‹, in: Doukellis, P. N. u. Mendoni, L. G. (Hgg.), Structures rurales et sociétés antiques (Paris), 55-63.
JONES, A. H. M. (1957), ›The Athenian Democracy and its Critics‹ (zuerst 1953), in: ders., Athenian Democracy, 41-72 (Oxford).
JONES, J. W. (1962), On Aristotle and Greek Tragedy (London).
JORDANOVA, L. (1980), ›Natural Facts: A Historical Perspective on Science and Sexuality‹, in: MacCormack u. Strathern (1980): 42-69.
JUST, R. (1973), ›Conceptions of Women in Classical Athens‹, Journal of the Anthropological Society of Oxford 6: 153-70.
- (1985), ›Freedom, Slavery and the Female Psyche‹, in: Cartledge u. Harvey (1985): 169-88.
- (1989), Women in Athenian Law and Life (London).
KABBANI, R. (1996), Europe's Myths of Orient: Devise and Rule (Basingstoke).
KEULS, E. (1985), The Reign of the Phallus: Sexual Politics in Ancient Athens (New York).
- (1986), ›History without Women: Necessity or Illusion?‹, DHA 12: 125-45.
KEYT, D. u. MILLER, F. D. (1991) (Hgg.), A Companion to Aristotle's ›Politics‹ (Oxford).
KIRK, G. S. (1970), Myth: Its Meaning and Functions in Ancient and Other Cultures (Cambridge).
- (1972), ›Greek Mythology: Some New Perspectives‹, JHS 92: 74-85.
- (1974), The Nature of Greek Myths (Harmondsworth); deutsch: Griechische Mythen. Ihre Bedeutung und Funktion, Berlin 1980.
- (1981), ›Some Methodological Pitfalls in the Study of Ancient Greek Sacrifice (in particular)‹, in: Fondation Hardt (1981): 41-80.
- u. RAVEN, J. E., SCHOFIELD, M. (1983) (Hgg.), The Presocratic Philosophers (2. Aufl., Cambridge); deutsch: Die vorsokratischen Philosophen, Stuttgart 1994.
KIRK, I. (1987), ›Images of Amazons: Marriage and Matriarchy‹, in: S. MacDonald (Hg.), Images of Women in Peace and War: Cross-Cultural and Historical Perspectives, 27-39 (London).

KNOX, B. M. W. (1979), ›Myth and Attic Tragedy‹, in: Word and Action: Essays on the Ancient Theater, 3-24 (Baltimore).
– (1990a), Essays Ancient and Modern (Baltimore).
– (1990b), ›The Greek Conquest of Britain‹ (zuerst 1981), in: Knox (1990a): 149-61.
KRAMER, L. S. (1989), ›Literature, Criticism and Historical Imagination: The Literary Challenge of Hayden White and Dominick La Capra‹, in: Hunt (1989): 97-128.
KULLMANN, W. (1991), ›Aristotle as a Natural Scientist‹, Acta Classica 34: 137-50.
LA CAPRA, D. (1983), Rethinking Intellectual History: Texts, Contexts, Language (Ithaca).
LACHENAUD, G. (1978), ›Mythologies, religion et philosophie de l'histoire dans Hérodote‹ (Diss.) (Lille).
LANE FOX, R. (1986), Pagans and Christians in the Mediterranean World from the Second Century AD to the Conversion of Constantine (New York).
LANZA, D. (1979), Lingua e discorso nell'Atene delle professioni (Neapel).
LAQUEUR, T. (1989), Making Sex: Body and Gender from the Greeks to Freud (Cambridge, Mass.); deutsch: Auf den Leib geschrieben: die Inszenierung der Geschlechter von der Antike bis Freud, Frankfurt/M. 1992.
LARSEN, J. A. O. (1962), ›Freedom and its Obstacles in Ancient Greece‹, CP 57: 230-34.
– (1968), Greek Federal States: Their Institutions and History (Oxford).
LASSERRE, F. (1976), ›Hérodote et Protagoras: Le débat sur les constitutions‹, MH 33: 65-84.
LATEINER, D. W. (1989), The Historical Method of Herodotus (Toronto).
LATTIMORE, R. (1939a), ›Herodotus and the Names of Egyptian Gods‹, CP 34: 357-65.
– (1939b), ›The Wise Adviser in Herodotus‹, CP 34: 24-35.
LEACH, E. R. (1967) (Hg.), The Structural Study of Myth and Totemism (London).
– (1969), Genesis as Myth and Other Essays (London).
LEBOW, R. N. u. STRAUSS, B. S. (1991) (Hgg.), Hegemonic Rivalry: From Thucydides to the Nuclear Age (Boulder, Colo.).
LEFKOWITZ, M. (1981), Heroines and Hysteries (London).
– (1986), Women in Greek Myth (London).
LEONTIS, A. (1995), Topographies of Hellenism (Princeton, N. J.).
LEVINAS, E. (1989), A Levinas Reader, hg. v. S. Hand (Oxford).
LEVI-STRAUSS, C. (1964-71), Mythologiques, I-IV (Paris).
– (1976), ›The Story of Asdiwal‹ (zuerst 1958), erw., m. Nachw., in: Structural Anthropology, II. 146-97 (New York) (zuerst französ., Paris, 1973); deutsch: Strukturale Anthropologie II, Frankfurt/M. 1975.
LEVY, ED. (1980), ›Cité et citoyen dans la Politique d'Aristote‹, Ktema 5: 228-39.
– (1983) (Hg.), La Femme dans les sociétés anciennes (Strasbourg).
VAN LEYDEN, W. (1949-50), Spatium historicum: The Historical Past as Viewed by Hecataeus, Herodotus and Thucydides‹, DHJ 11: 89-104.
LINFORTH, I. M. (1926), ›Greek Gods and Foreign Gods in Herodotus‹, University of California Publications in Classical Philology 7: 1-25.
– (1928), ›Named and Unnamed Gods in Herodotus‹, University of California Publications in CP 9: 201-43.

LINTOTT, A. W. (1982), Violence, Civil Strife and Revolution in the Classical City (London).

LISSARRAGUE, F. (1992), ›Figures of Women‹, in: Schmitt Pantel (1992): 139-229; deutsch: Frauenbilder, a. o., S. 177-255.

LIVINGSTONE, R. (1921) (Hg.), The Legacy of Greece (Oxford).

LLOYD, A. B. (1990), ›Herodotus on Egyptians and Libyans‹, in: Fondation Hardt (1990): 215-44.

LLOYD, G. E. R. (1966), Polarity and Analogy: Two Types of Argumentation in Early Greek Thought (Cambridge) (ND Bristol 1987).

– (1968), Aristotle: The Growth and Structure of his Thought (Cambridge).

– (1973), ›Right and Left in Greek Philosophy‹ (zuerst 1962), in: Needham (1973): 167-86; auch in: G. E. R. Lloyd (1991a): 27-48.

– (1979), Magic, Reason and Experience: Studies in the Origins and Development of Greek Science (Cambridge).

– (1983), Science, Folklore and Ideology: Studies in the Life Sciences in Ancient Greece (Cambridge).

– (1987), The Revolutions of Wisdom: Studies in the Claims and Practice of Ancient Greek Science (Berkeley, Calif.).

– (1990), Demystifying Mentalities (Cambridge).

– (1991a), Methods and Problems in Greek Science: Selected Papers (Cambridge).

– (1991b), ›Science and Morality in Greco-Roman Antiquity‹ (zuerst 1985), in: G. E. R. Lloyd (1991a): 352-71.

LONG, T. (1986), Barbarians in Greek Comedy (Carbondale, Ill.).

LONIS, R. (1988) (Hg.), L'Etranger dans le monde grec (Besançon).

LORAUX, N. (1980), ›Thucydide n'est pas un college‹, QS 12: 55-81.

– (1981), Les Enfants d'Athéna: Idées athéniennes sur la citoyenneté et la division des sexes (Paris) (neue Ausg., 1984).

– (1982), ›Mourir devant Troie, tombeur pour Athènes‹ in: Vernant u. Gnoli (1982): 27-43.

– (1986a), The Invention of Athens: The Funeral Oration in the Classical City (Cambridge, Mass.) (zuerst franzős.: L'invention d'Athènes: histoire de l'oration funèbre dans la cité classique, Paris, 1981).

– (1986b), ›Thucydide et la sédition dans les mots‹, QS 23: 95-134.

– (1988), Tragic Ways of Killing a Woman (Cambridge, Mass.) (zuerst franzős., Paris, 1985); deutsch: Tragische Weisen, eine Frau zu töten, Frankfurt/M. 1993.

– (1989a), Les Expériences de Tirésias: Le féminin et l'homme grec (Paris).

– (1989b), ›La »Belle Mort« spartiate‹ (zuerst 1977), in: Loraux (1989a): 77-91.

– (1989c) ›Le Naturel Féminin dans l'histoire‹ in: Loraux (1989a): 273-300.

– (1989d) ›Le Lit, la guerre‹ (zuerst 1981), in: Loraux (1989a): 29-53.

– (1991), ›Reflections of the Greek City on Unity and Division‹, in: Molho, Raaflaub u. Emlen (1991): 33-51.

– (1993 [1984]), The Children of Athena. Athenian ideas about citizenship and the division between the sexes (Princeton, N. J.) (Übers. Loraux 1981).

– (1995), The Experiences of Tiresias. The Feminine and the Greek Man (Chicago) (translation of Loraux 1989a).

– (1997) La cité divisée. L'oubli dans la mémoire d'Athènes (Paris).

LORD, C. u. O'CONNOR, D. K. (1991) (Hgg.), Essays on the Aristotelian Foundations of Political Science (Berkeley, Calif.).

LOTZE, D. (1959), Metaxy eleutheron kai doulon: Studien zur Rechtsstellung un-
freier Landbevölkerungen in Griechenland im 4. Jahrhundert v. Chr. (Berlin).
LOUDEN, R. B. u. SCHOLLMEIER, P. (1997) (Hgg.) The Greeks and Us: Essays
in honor of Arthur W. H. Adkins (Chicago).
LOVEJOY, A. O. u. BOAS, G. (1935), Primitivism and Related Ideas in Antiquity
(Baltimore).
MacCORMACK, C. P. u. STRATHERN, M. (1980) (Hgg.), Nature, Culture and
Gender (Cambridge).
MacLEOD, C. W. (1983a), Collected Essays (Oxford).
– (1983b), ›Thucydides on Faction (3. 82-3)‹ (zuerst 1978), in: Macleod (1983a):
123-39.
McNEAL, R. A. (1985), ›How Did Pelasgians Become Hellenes?‹, ICS 10: 11-21.
McNEILL, W. H. (1986), Mythistory and Other Essays (Chicago).
McNIVEN, T. J. (1995), The unheroic penis. Otherness exposed, in: Source. Notes
in the History of Art 15: 10-16.
MANOPOULOS, L. (1991), Stasis-Epanastasis, Neoterismos-Kinesis (Thessaloniki).
MARANDA, P. (1972) (Hg.), Mythology (Harmondsworth).
MARINATOS, N. (1981a), Thucydides and Religion (Königstein).
– (1981b), ›Thucydides and Oracles‹, JHS 101: 138-41.
MASON, P. G. (1984), The City of Men: Ideology, Sexual Politics and Social For-
mation (Gottingen).
– (1990), Deconstructing America: Representations of the Other (London).
MATTHEWS, J. F. (1989), The Roman Empire of Ammianus (London).
MEIER, C. (1988) Die politische Kunst der griechischen Tragödie (München).
MEIER, C. (1990), The Greek Discovery of Politics (Cambridge, Mass.); zuerst
deutsch: Die Entstehung des Politischen bei den Griechen, Frankfurt/M. 1980.
MEIGGS, R. (1972), The Athenian Empire (Oxford).
MEISTER, K. (1990), Die griechische Geschichtsschreibung (Stuttgart).
MELEZE-MODRZEJEWSKI, J. (1975), ›Hommes libres et bêtes dans les droits an-
tiques‹, in: Poliakov (1975): 75-102.
MEYER, B. F. u. SANDERS, E. P. (1982) (Hgg.), Jewish and Christian Self-Defini-
tion, III. Self-Definition in the Graeco-Roman World (London).
MIKALSON, J. D. (1983), Athenian Popular Religion (Chapel Hill, NC).
– (1984), ›Religion and the Plague in Athens 431-423 B. C.‹, Festschr. Sterling
Dow, hg. v. K. J. Rigsby (GRBS Monograph 10), 217-25 (Durham, NC).
– (1991), Honor Thy Gods: Popular Religion in Greek Tragedy (Chapel Hill,
NC).
MOI, T. (1985), Sexual/Textual Politics (London).
– (1989), Feminist Theory and Simone de Beauvoir (Oxford).
MILLENDER, E. G. (im Druck) The Teacher of Hellas. Athenian Democratic Ideo-
logy and the »Barbarization« of Sparta in Fifth-century Greek Thought (Diss.
Pennsylvania).
MILLER, M. C. (1997) Athens and Persia in the Fifth Century B. C. A study in cul-
tural receptivity (Cambridge).
MOLHO, A., RAAFLAUB, K. u. EMLEN, J. (1991) (Hgg.), City States in Classical
Antiquity and Medieval Italy (Stuttgart).
MOLYNEAUX, B. L. (1997) (Hg.) The Cultural Life of Images. Visual representa-
tion in Archaeology (London u. NY).
MOMIGLIANO, A. D. (1966a), Studies in Historiography (London).

- (1966b), ›The Place of Herodotus in the History of Historiography‹ (zuerst 1958), in: Momigliano (1966a): 127-42.
- (1975), Alien Wisdom: The Limits of Hellenization (Cambridge); deutsch: Hochkulturen im Hellenismus – Die Begegnung der Griechen mit Kelten, Juden, Römern und Persern, München 1979.
- (1977), Essays in Ancient and Modern Historiography (Oxford).
- (1978), ›The Historians of the Classical World and their Audience: Some Suggestions‹, ASNP(3) 8: 59-75: deutsch: Die Geschichtsschreiber der Antike und ihr Publikum – einige Bemerkungen, in: ders. (1998).
- (1979), ›Persian Empire and Greek Freedom‹, in: A. Ryan (Hg.), The Idea of Freedom. Festschr. I. Berlin, 139-51 (Oxford).
- (1980), ›The Place of Ancient Historiography in Modern Historiography‹, in: W. Den Boer (Hg.), Les Etudes classiques aux XIXe et XXe siècle. Leur place dans l'histoire des idées, 127-53 (Entretiens Hardt 26, Vandoeuvres-Genève).
- (1981), ›The Rhetoric of History and the History of Rhetoric: On Hayden White's Tropes‹, Comparative Criticism: A Year Book, III, hg. v. E. S. Shaffer, 259-68 (Cambridge).
- (1991), The Classical Foundations of Modern Historiography (Berkeley, Calif.).
- (1998), Ausgewählte Schriften zur Geschichte und Geschichtsschreibung, hg. v. G. Most, Bd. 1 (hg. v. W. Nippel), Stuttgart 1998.

MORGAN, E. S. (1975), American Slavery, American Freedom (New York).

MORRIS, I. (1994) (Hg.), Classical Greece: Ancient histories and modern archaeologies (Cambridge).

MORRIS, S. P. (1992), Daidalos and the Origins of Greek Art (Princeton, NJ).

MOSSE, C. (1967), ›La Conception du citoyen dans la Politique d'Aristote‹, Eirene 6: 17-21.
- (1985), ›»Aste kai politis«: La dénomination de la femme athénienne dans les plaidoyers demosthéniens‹, Ktema 10: 77-9.
- (1986) (Hg.), La Grèce ancienne (Paris).

MOST, G. W. (1989), ›The Stranger's Stratagem: Self-Disclosure and Self-Sufficiency in Greek Culture‹, JHS 109: 114-33.

MULGAN, R. R. (1977), Aristotle's Political Theory: An Introduction for Students of Political Theory (Oxford).

MUELLER, C. W. (1967), ›Protagoras über die Götter‹, Hermes 95: 140-59.

MUNSON, R. V. (1988), ›Artemisia in Herodotus‹, CA 7: 91-106.

MURNAGHAN, S. (1988), ›How a Woman can be more like a Man: The Dialogue between Ischomachus and his Wife in Xenophon's Oeconomicus: Helios 15: 9-18.

MURRAY, G. (1921), ›The Value of Greece to the Future of the World‹, in: Livingstone (1921): 1-23.

MURRAY, O., (1987), ›Herodotus and Oral History‹, in: Sancisi-Weerdenburg u. Kuhrt (1987): II, 93-115.
- (1988), ›The Ionian Revolt‹ in: CAH(2) IV: 461-90.

MYRES, J. L. (1953), Herodotus: The Father of History (Oxford).

NEEDHAM, R. (1973) (Hg.), Right and Left: Essays on Dual Symbolic Classification (Chicago).
- (1987), Counterpoints (Berkeley, Calif.).

NICKEL, R. (1979), Xenophon (Darmstadt).

NILSSON, M. P. (1940), Greek Popular Religion (New York).

- (1948), Greek Piety (Oxford).
- (1951), Cults, Myths, Oracles and Politics in Ancient Greece (Lund) (repr. Göteborg, 1986).
NIPPEL, W. (1990), Griechen, Barbaren und ›Wilde‹. Alte Geschichte und Sozialanthropologie (Frankfurt/M.).
- (1996) La costruzione dell' »Altro«, in: Settis 1996: 165-96.
NOCK, A. D. (1972a), Essays on Religion and the Ancient World, hg. v. Z. Stewart, 2 Bde. (Oxford).
- (1972b), ›The Cult of Heroes‹ (zuerst 1944), in: Nock (1972a): II, 575-602.
- (1972c), ›Religious Attitudes of the Ancient Greeks‹ (zuerst. 1942), in: Nock (1972a): II, 534-50.
NORTH, H. F. (1977), ›The Mare, the Vixen and the Bee: Sophrosyne as the Virtue of Women in Antiquity‹, ICS 2: 35-49.
NUSSBAUM, G. B. (1978), ›Plato and Xenophon - Political Theory and Political Experiment‹, LCM 3: 279-84.
OBER, J. u. HEDRICK, C. W. (1996) (Hgg.), Demokratia. A Conversation on Democracies, Ancient and Modern (Princeton, NJ).
OLLIER, F. (1933-43), Le Mirage spartiate: Etude sur l'idéalisation de Sparte dans l'Antiquité grecque, 2 Bde. (Paris).
OOST, S. I. (1975), ›Thucydides and the Irrational: Sundry Passages‹, CP 70: 186-96.
- (1977), ›Xenophon's Attitude toward Women‹, CW 71: 225-36.
ORTNER, S. (1974), ›Is Female to Male as Nature is to Culture?‹, in: Rosaldo u. Lamphere (1974): 67-87.
OSTWALD, M. (1982), Autonomia: Its Genesis and Early History (Chico, Calif.).
- (1986), From Popular Sovereignty to the Sovereignty of the Law: Law, Society and Politics in Fifth-Century Athens (Berkeley, Calif.).
OWEN, G. E. L. (1986), ›»Tithenai ta phainomena«‹ (zuerst 1961), in: ders., Logic, Science and Dialectics, hg. v. M. Nussbaum, 239-51 (London).
PAGDEN, A. (1986), The Fall of Natural Man: The American Indian and the Origins of Comparative Ethnography (2. Aufl., Cambridge).
PARKE, H. W. (1932), ›The tithe of Apollo and the Harmost at Decelea, 413 to 404 BC.‹, JHS 52: 42-6.
PARKER, R. (1983), Miasma: Pollution and Purification in Early Greek Religion (Oxford).
- (1989), ›Spartan Religion‹ in: A. Powell (Hg.), Classical Sparta: Techniques behind her Success, 142-72 (London).
PARRY, A. (1981), Logos and Ergon in Thucydides (New York) (Diss. Harvard 1957).
PATTERSON, C. B. (1981), Perikles Citizenship Law of 451-450 BC (New York).
- (1986), ›»Hai Attikai«: The Other Athenians‹, Helios 13/2: 49-68.
PATTERSON, O. (1982), Slavery and Social Death: A Comparative Study (Cambridge, Mass.).
- (1991), Freedom in the Making of Western Culture (London).
PEARSON, L. (1939), Early Ionian Historians (Oxford).
PEČIRKA, J. (1967), ›A Note on Aristotle's Definition of Citizenship‹, Eirene 6: 23-26.
PEMBROKE, S. G. (1965), ›Last of the Matriarchs: A Study in the Inscriptions of Lycia‹, Journal of the Economic and Social History of the Orient 8: 217-47.

- (1967), ›Women in Charge: The Function of Alternatives in Early Greek Tradition and the Ancient Idea of Matriarchy‹, JWCI 30: 1-35.
PERADOTTO, J. u. LEVINE, M. M. (1989) (Hgg.), The Challenge of »Black Athena« (Arethusa Special Issue) (Buffalo).
- u. SULLIVAN, J. P. (1984) (Hgg.), Women in the Ancient World. The Arethusa Papers (Buffalo).
PERLMAN, S. (1976), ›Panhellenism, the Polis and Imperialism‹, Historia 25: 1-30.
POCOCK, J. G. A. (1985), Virtue, Commerce, and History: Essays on Political Thought and History, chiefly in the Eighteenth Century (Cambridge).
POLIAKOV, L. (1975) (Hg.), Hommes et bêtes: Entretiens sur le racisme (Paris).
POMEROY, S. B. (1975/6), Goddesses, Whores, Wives and Slaves: Women in Classical Antiquity (New York u. London); deutsch: Frauenleben im klassischen Altertum, Stuttgart 1985.
- (1991) (Hg.), Women's History and Ancient History (Chapel Hill, NC).
- (1994), Xenophon, Oeconomicus: A Social and Historical Commentary (Oxford).
POWELL, A. u. HODKINSON, S. J. (1994) (Hgg.), The Shadow of Sparta (Cardiff u. London).
PRICE, S. R. F. (1984), Rituals and Power. The Roman Imperial Cult in Asia Minor (Cambridge).
PRITCHETT, W. K. (1991), The Greek State at War, V (Berkeley, Calif.).
RAAFLAUB, K. (1983), ›Democracy, Oligarchy and the Concept of the Free Citizen in Late Fifth-Century Athens‹, Political Theory 11: 517-44.
- (1985), Die Entdeckung der Freiheit: Zur historischen Semantik und Gesellschaftsgeschichte eines politischen Grundbegriffes der Griechen (München).
- (1987), ›Herodotus, Political Thought and the Meaning of History‹ Arethusa 20: 221-48.
- (1993) (Hg.) Anfänge des politischen Denkens in der Antike (München).
RADKE, G. (1936), Die Bedeutung der weissen und schwarzen Farbe im Kult und Brauch der Griechen (Berlin) (Diss.).
RAHE, P. A. (1984), ›The Primacy of Politics in Classical Greece‹, AHR 89: 265-93.
RANKE-HEINEMANN, U. (1990/91), Eunuchs for the Kingdom of Heaven: The Catholic Church and Sexuality (New York); zuerst deutsch: Eunuchen für das Himmelreich: Katholische Kirche und Sexualität, Hamburg 1988.
RAPHAEL, F. (1997) The Necessity of Anti-Semitism (Manchester).
RAWSON, E. (1969), The Spartan Tradition in European Thought (Oxford) (ND 1991).
REDFIELD, J. M. (1977/8), The Women of Sparta, CJ 73: 146-61.
- (1985), ›Herodotus the Tourist‹, CP 80: 97-118.
REEDER, E. D. (1995) (Hg.), Pandora. Women in Classical Greece (Baltimore u. Princeton, N. J.).
RHODES, P. J. (1986), The Greek City-States. A Source Book (London).
RIDLEY, R. T. (1981), ›Exegesis and Audience in Thucydides‹, Hermes 109: 23-46.
ROBERTS, J. T. (1994) Athens on Trial. The Anti-democratic Tradition in Western Thought (Princeton).
ROHDE, E. (1974), Psyche. Seelencult und Unsterblichkeitsglaube der Griechen (Darmstadt, ND der 2. Aufl. 1898).
DE ROMILLY, J. (1989), La Grèce antique à la découverte de la liberté (Paris).

- (1992), The Great Sophists in Periclean Athens (Oxford) (zuerst französ.: Les grand sophistes dans l'Athènes de Périclès, Paris, 1988).
ROSALDO, M. Z. u. LAMPHERE, L. (1974) (Hgg.), Woman, Culture and Society (Stanford).
ROSELLINI, M. u. SAID, S. (1978), ›Usages des femmes et autres nomoi chez les »sauvages« d'Hérodote‹, ASNP(3) 8: 949-1005.
ROSIVACH, V. J. (1987), ›Autochthony and the Athenians‹, CQ 37: 294-306.
ROUSSELLE, A. (1980), ›Observation féminine et idéologie masculine: Le corps de la femme d'après les médecins grecs‹, Annales (ESC) 35: 1089-1115.
RUDHARDT, J. (1958), Notions fondamentales de la pensée religieuse et actes constitutifs du culte dans la Grèce ancienne (Genève).
- (1966), ›Considérations sur le polythéisme‹, Revue Théologique et Philologique 99: 353-64.
- (1981a), Du mythe, de la religion grecque et de la compréhension d'autrui (Genève).
- (1981b), ›Sur la possibilité de comprendre une religion étrangère‹ (zuerst 1964), in: Rudhardt (1981a): 13-32.
SAID, E. (1978), Orientalism (London); deutsch: Orientalismus, Frankfurt/M. 1981.
- (1985), ›Orientalism Reconsidered‹, in: Barker (1985): I, 14-27.
- (1995), Orientalism, neue Ausg. mit Nachwort (Harmondsworth).
SAIDS, S. (1983), ›Féminin, femme et femelle dans les grands traites biologiques d'Aristote‹, in: Lévy (1983): 93-123.
Ste. CROIX, G. E. M. De (19545), ›The Character of the Athenian Empire‹, Historia 3: 1-41.
- (1970), ›Some Observations on the Property Rights of Athenian Women‹, CR 20: 273-8.
- (1972a), The Origins of the Peloponnesian War (London).
- (1972b), ›The Religion of the Roman World‹, Didaskalos 4: 61-74.
- (1975a), ›Aristotle on History and Poetry (Poetics 9, 1451a36-b11)‹, in: B. Levick (Hg.), The Ancient Historian and his Materials (Festschr. C. E. Stevens), 45-58 (Farnborough).
- (1975b) ›Early Christian Attitudes to Property and Slavery‹, Studies in Church History 12: 1-38.
- (1977), ›Herodotus‹, G&R 24: 130-48.
- (1981), The Class Struggle in the Ancient Greek World. From the Archaic Age to the Arab Conquests (London) (verb. ND 1983).
SAMUEL, R. u. THOMPSON, P. (1990) (Hgg.), Myths We Live By (London).
SANCISI-WEERDENBURG, H. (1983), Exit Atossa: Images of Women in Greek Historiography on Persia‹, in: Cameron u. Kuhrt (1983): 20-33.
- u. KUHRT, A. (1987) (Hgg.), Achaemenid History, 3 Bde. (Leiden).
SANDAY, P. G. u. GOODENOUGH, R. G. (1990) (Hgg.), Beyond the Second Sex: New Directions in the Anthropology of Gender (Philadelphia).
SAWYER, R. (1986), Slavery in the Twentieth Century (London).
SCHAPS, D. (1977), ›The Woman Least Mentioned: Etiquette and Women's Names‹, CQ 27: 323-30.
- (1982), ›The Women of Greece in Wartime‹, CP 77: 193-213.
SCHLAIFER, R. (1968) ›Greek Theories of Slavery from Homer to Aristotle‹ (zuerst 1936), in: Finley (1968): 93-132.

SCHMITT PANTEL, P. (1992) (Hg.), A History of Women in the West, I. From Ancient Goddesses to Christian Saints (Cambridge, Mass.). (zuerst italien., Rom, 1990); deutsch: Duby, G. u. Perrot, M. (Hg.), Die Geschichte der Frauen, Bd. 1, hg. v. P. Schmitt Pantel: Antike, Frankfurt/M. 1993.

SCHNAPP, A. (1988), ›Why Did the Greeks Need Images?‹, in: Christiansen u. Melander (1988): 568-74.

SCHOFIELD, M. S. (1990), ›Ideology and Philosophy in Aristotle's Theory of Slavery‹ in: G. Patzig (Hg.), Aristoteles' »Politik«. Akten des XI. Symposium Aristotelicum, 1-27 (Göttingen).

SCHOFIELD, M. u. SORABJI, R. (1977) (Hgg.), Articles on Aristotle, II. Ethics and Politics (London).

SCOTT, J. WALLACH (1988), Gender and the Politics of History (New York).

SEGAL, C. P. (1982), ›Afterword: J.-P. Vernant and the Study of Ancient Greece‹, Arethusa 15: 221-34.

– (1986), ›Greek Tragedy: Writing, Truth and the Representation of the Self‹, in: ders., Interpreting Greek Tragedy: Myth, Poetry, Text, 75-109 (Ithaca, NY).

– (1995), ›Spectator and Listener‹, in: Vernant (1995): 184-217.

SIEMS, A. K. (1988) (Hg.), Sexualität und Erotik in der Antike (Darmstadt).

SETTIS, S. (1996) (Hg.) I Greci I. Noi e I Greci (Turin).

SISSA, G. (1990), ›Maidenhood without Maidenhead: The Female Body in Ancient Greece‹ (zuerst 1984/87), in: Halperin, Winkler u. Zeitlin (1990): 339-64.

– (1992), ›The Sexual Philosophies of Plato and Aristotle‹, in: Schmitt Pantel (1992): 46-81.

SKINNER, Q. R. D. (1997) Liberty before Liberalism (Cambridge).

SMITH, N. D. (1991), ›Aristotle's Theory of Natural Slavery‹ (zuerst 1983), verb. Nachdr. in: Keyt u. Miller (1991): 142-55.

SNOWDEN, F. M., jun. (1970), Blacks in Antiquity: Ethiopians in Greco-Roman Experience (Cambridge, Mass.).

– (1983) Before Color Prejudice (Cambridge, Mass.).

SORDI, M. (1950/1), ›I caratteri dell' opera storiografica di Senofonte nelle Elleniche‹, Athenaeum 28-9: 3-53, 273-348.

SOURVINOU-INWOOD, C. (1988), Studies in Girls' Transitions: Aspects of the ›Arkteia‹ and Age Representation in Attic Iconography (Athens).

– (1989), ›Assumptions and the Creation of Meaning: Reading Sophocles' Antigone‹, JHS 109: 134-48.

SPARKES, B. A. (1997) Some Greek images of Others, in: Molyneaux 1997: 130-58.

STAHL, H. -P. (1966), Thukydides: Die Stellung des Menschen im geschichtlichen Prozess (München).

– (1987) Aristokraten und Tyrannen im archaischen Athen. Untersuchungen zur Überlieferung, zur Sozialstruktur und zur Entstehung des Staates (Stuttgart).

– (1997) Antike und moderne Demokratie. Probleme und Zukunftsperspektiven der westlichen Demokratie im Spiegel des griechischen Bürgerstaates, in: Eder u. Hölkeskamp 1997: 227-45.

STALLEY, R. F. (1995) (Hg.), Aristotle Politics (übers. E. Barker) (Oxford).

STAMPP, K. M. (1956), The Peculiar Institution: Slavery in the Ante-Bellum South (New York).

STARR, C. G. (1968), The Awakening of the Greek Historical Spirit (New York).

STEDMAN JONES, G. (1972), History: The Poverty of Empiricism, in: R. Blackburn (Hg.), Ideology in Social Science: Readings in Critical Social Theory, 96-115 (London).

STEIN-HÖLKESKAMP, E. (1989) Adelskultur und Polisgesellschaft. Studien zum griechischen Adel in archaischer und klassischer Zeit (Stuttgart).

STEINER, D. T. (1994), The Tyrant's Writ: Myths and Images of Writing in Ancient Greece (Princeton, NJ).

STEINER, G. (1984), Antigones (Oxford); deutsch: Die Antigonen, München 1988.

STEWART, A. (1997) Art, Desire, and the Body in Ancient Greece (Cambridge).

STOCKS, J. L. (1936), ›Skhole‹, CQ 30: 177-87.

SYME, R. (1962), ›Thucydides‹, PBA 48: 39-56.

TAAFFE, L. K. (1993), Aristophanes and Women (London u. New York).

TAPLIN, 0. (1989), Greek Fire (London).

TARN, W. W. u. GRIFFITH, G. T. (1952), Hellenistic Civilisation (3. Aufl., London), deutsch: Die Kultur der hellenistischen Welt, Darmstadt 1966.

TATUM, J. (1989), Xenophon's Imperial Fiction (Princeton, NJ).

TAYLOR, M. W. (1981), The Tyrant Slayers: The Heroic Image in Fifth-Century BC Athenian Art (New York) (Diss. Harvard 1975).

THOM, M. (1995), Republics, Nations and Tribes (London).

THOMAS, C. G. (1988) (Hg.), Paths from Ancient Greece (Leiden).

THOMAS, R. (1989), Oral Tradition and Written Record in Classical Athens (Cambridge).

– (1992), Literacy and Orality in Ancient Greece (Cambridge).

THOMMEN, L. (1996a) Lakedaimonion Politeia. Die Entstehung der spartanischen Verfassung (Stuttgart).

– (1996b) Nacktheit und Zivilisationsprozess in Griechenland, in: Historische Anthropologie, Kultur, Gesellschaft, Alltag 4. 3: 438-58.

THOMPSON, N. S. (1996) Herodotus and the Origins of the Political Community. Arions Leap (New Haven).

THOMSON, J. A. K. (1935), The Art of the Logos (London).

TONKIN, E., McDONALD, M. u. CHAPMAN, M. (1989) (Hgg.), History and Ethnicity (London).

TOSH, J. (1991), The Pursuit of History (2. Aufl., London).

TOURRAIX, A. (1976), ›La Femme et le pouvoir chez Hérodote‹, DHA 2: 369-86.

TOYNBEE, A. J. (1969), Some Problems of Greek History (Oxford).

TUPLIN, C. J. (1985), ›Imperial Tyranny: Some Reflections on a Classical Greek Political Metaphor‹, in: Cartledge u. Harvey (1985): 348-75.

TYRRELL, W. B. (1984), Amazons: A Study of Athenian Mythmaking (Baltimore).

ULF, C. (1996) Wege zur Genese griechischer Identität. Die Bedeutung der früharchaischen Zeit (Berlin).

– (1997) Überlegungen zur Funktion überregionaler Feste in der frühgriechischen Staatenwelt, in: Eder u. Hölkeskamp 1997: 37-62.

VANSINA, J. (1973), Oral Tradition: A Study in Historical Methodology, 2. Aufl. (Harmondsworth).

– (1985), Oral Tradition as History (London).

VEESER, H. ARAM (1989) (Hg.), The New Historicism (London).

VERDENIUS, W. J. (1960), ›Traditional and Personal Elements in Aristotle's Religion‹, Phronesis 5: 56-70.

VERNANT, J.-P. (1980a) Myth and Society in Ancient Greece (London) (zuerst französ., Paris, 1974); deutsch: Mythos und Gesellschaft im alten Griechenland, Frankfurt/M. 1987.
- (1980b), ›Between the Beasts and the Gods‹ (zuerst 1972), in: Vernant (1980a): 130-67; deutsch: Zwischen Tieren und Göttern, a. o., 132-169.
- (1980c), ›Marriage‹ (zuerst 1973), in: Vernant (1980a): 45-70; deutsch: Die Heirat, a. o., 51-72.
- (1980d), ›The Reason of Myth‹ (zuerst 1974), in: Vernant (1980a): 186-242; deutsch: Der Mythos, a. o., 188-208.
- (1983a), Myth and Thought among the Greeks (London) (zuerst französ.: Mythe et pensée chez les Grecs. Etudes de psychologie historique, Paris 1965).
- (1983b), ›From Myth to Reason: The Formation of Positivist Thought in Archaic Greece‹ (zuerst 1957: Du mythe à la raison. La formation de la pensée positive dans la Grèce archaique), in: Vernant (1983a): 343-74.
- (1983c), ›Some Psychological Aspects of Work in Ancient Greece‹ (zuerst 1953: Aspects psychologiques du travail dans la Grèce ancienne), in: Vernant (1983a): 271-8.
- (1983d), ›Space and Political Organization in Ancient Greece‹ (zuerst französ.: L'organization de l'espace, 1965), in: Vernant (1983a): 212-34.
- (1991a), Mortals and Immortals: Collected Essays, hg. v. F. I. Zeitlin (Princeton, NJ).
- (1991b), ›The Birth of Images‹, in: Vernant (1991a): 164-85; (zuerst französ. ›Naissance d'images‹ (1975), in: Religions, histoires, raisons, Paris 1979).
- (1991c), ›A General Theory of Sacrifice and the Slaying of the Victims in the Greek »thusia«‹, in: Vernant (1991a): 290-302 (zuerst französ. in Fondation Hardt 1981).
- (1991d), ›Greek Religion, Ancient Religions‹, in: Vernant (1991a): 269-89 (zuerst französ. ›Religion grecque, religions antiques‹ (1975), in: Religions, histoires, raisons, Paris 1979.
- (1995) (Hg.), The Greeks (Chicago) (zuerst italien., Rom 1991); deutsch: Der Mensch der griechischen Antike, Frankfurt/M. 1993.
- u. DETIENNE, M. (1978), Cunning Intelligence in Greek Culture and Society (Hassocks) (zuerst französ.: Les ruses de l'intelligence: la métis des Grecs, Paris, 1974).
- u. VIDAL-NAQUET, P. (1988), Myth and Tragedy in Ancient Greece, 2 Bde. (in 1) (Cambridge, Mass.) (zuerst französ.: Mythe et tragédie en Grèce ancienne, Paris, 1972-86).
VERSNEL, H. S. (1987), ›Wife and Helpmate: Women of Ancient Athens in Anthropological Perspective‹, in: J. Blok u. P. Mason (Hgg.), Sexual Asymmetry: Studies in Ancient Society, 59-86 (Leiden).
VEYNE, P. (1984), Writing History: Essay on Epistemology (Manchester) (zuerst französ., Paris 1971); deutsch: Geschichtsschreibung – und was sie nicht ist, Frankfurt/M. 1990.
- (1988), Did the Greeks Believe in their Myths? An Essay on the Constitutive Imagination (Chicago) (zuerst französ., Paris 1983); deutsch: Glaubten die Griechen an ihre Mythen?, Frankfurt/M. 1987.
VIDAL-NAQUET, P. (1975), ›Bêtes, hommes et dieux chez les Grecs‹, in: Poliakov(1975): 129-42.
- (1986a), The Black Hunter: Forms of Thought and Forms of Society in the Greek World (Cambridge, Mass.) (zuerst französ., Paris, 1981); deutsch: Der schwarze

Jäger. Denkformen und Gesellschaftsformen in der griechischen Antike, Frankfurt/M. 1989.

- (1986b), ›Epaminondas the Pythagorean, or the Tactical Problem of Right and Left‹ (zus. mit P. Lévêque u. zuerst 1960), in: Vidal-Naquet (1986a): 61-82; deutsch: Der Pythagoreer Epaminondas oder das taktische Problem des rechten und des linken Flügels, a. o., 69-78.

- (1986c), ›Greek Rationality and the City‹ (zuerst 1967), in: Vidal-Naquet (1986a): 249-62; deutsch: Der Rationalismus der Griechen und die *polis*, a. o., 201-215.

- (1986d), ›Reflections on Greek Historical Writing about Slavery‹ (zuerst 1973), in: Vidal-Naquet (1986a): 168-88; deutsch: Überlegungen zur griechischen Geschichtsschreibung der Sklaverei, a. o., 163-181.

- (1986e), ›Slavery and the Rule of Women in Tradition, Myth, and Utopia‹ (zuerst französ. 1970; überarb. 1979), in: Vidal-Naquet (1986a): 205-23; deutsch: Sklaverei und Frauenherrschaft in Überlieferung, Mythos und Utopie, a. o., 182-200.

VLASTOS, G. (1968), ›Slavery in Plato's Thought‹ (zuerst 1940), erg. in: Finley (1968): 133-49.

VOGT, J. (1974), Ancient Slavery and the Ideal of Man (Oxford) (zuerst deutsch, Wiesbaden, 1972).

WALBANK, F. W. (1985a), Selected Papers on Greek and Roman History and Historiography (Cambridge).

- (1985b), ›The Problem of Greek Nationality‹ (zuerst 1951), in: Walbank (1985a): 1-19.

WALCOT, P. (1973), ›The Funeral Speech: A Study of Values‹, G&R 20: 111-21.

- (1985), ›Greek Attitudes towards Women: The Mythological Evidence‹, G&R 31: 37-47.

WALLACE, R. W. (1994), ›Private lives and public enemies: freedom of thought in Classical Athens‹, in: Boegehold u. Scafuro (1994):127-55.

WARDMAN, A. E. (1960), ›Myth in Greek Historiography‹, Historia 9: 403-13.

WALSER, G. (1984) Hellas und Iran. Studien zu den griechisch-persischen Beziehungen vor Alexander (Darmstadt).

WALTER, U. (1993) An der Polis teilhaben. Bürgerstaat und Zugehörigkeit im Archaischen Griechenland (Stuttgart).

WASSERMANN, F. M. (1947), ›Thucydides and the Disintegration of the polis‹, TAPA 78: 18-36.

WATERFIELD, R. u. CARTLEDGE, P. (1997) (Hgg.) Xenophon. Hiero the Tyrant and other Treatises (London).

WATERS, K. H. (1985), Herodotus the Historian: His Problems, Methods and Originality (London).

WEIL, R. (1960), Aristote et l'histoire: Essai sur la ›Politique‹ (Paris).

- (1976), ›Artémise, ou le monde à l'envers‹, in: Recueil A. Plassart, 215-24 (Paris).

WEIL, S. (1986), ›The Iliad or the poem of force‹ (zuerst französ., 1940-1), auch in: Simone Weil: An Anthology, hg. v. S. Miles, 182-215 (London).

WEILER, I. (1968), ›The Greek and Non-Greek World in the Archaic Period‹, GRBS 9: 21-9.

- (1974) Von »Wesen«, »Geist« und »Eigenart« der Völker der Alten Welt. Eine Anthologie altertumswissenschaftlicher Typisierungskunst, in: Kritische und ver-

gleichende Studien zur Alten Geschichte und Universalgeschichte, in: Innsbrucker Beiträge zur Kulturwissenschaft 18: 243-91.
- (1996) Rez. Cartledge, The Greeks (1. Aufl.), in: Gnomon 68: 385-89.
WELWEI, K.-W. (1974-77), Unfreie im antiken Kriegsdienst, 2 Bde. (Mainz).
- (1990) Die Staatswerdung Athens – Mythos und Geschichte, in: Binder u. Effe (1990): 162-87.
WEST, M. L. (1997) The East Face of Helicon. West Asian elements in Greek poetry and myth (Oxford).
WESTERMANN, W. L. (1968a), Athenaeus and the Slaves of Athens (zuerst 1941), in: Finley (1968): 73-92.
- (1968b), ›Slavery and the Elements of Freedom‹ (zuerst 1943), in: Finley (1968): 17-32.
WHITE, H. (1973), Metahistory: The Historical Imagination in Nineteenth-Century Europe (Baltimore); deutsch: Metahistory: die historische Einbildungskraft im 19. Jahrhundert, Frankfurt/M. 1991.
- (1978), ›The Historical Text as Literary Artifact‹, in: Canary u. Kozicki (1978): 41-72.
- (1989), The Content Or the Form: Narrative Discourse and Historical Representation (Baltimore); deutsch: Die Bedeutung der Form: Erzählstrukturen in der Geschichtsschreibung, Frankfurt/M. 1990.
WHITEHEAD, D. (1975), ›Aristotle the Metic‹, PCPS 21: 94-9.
- (1977), The Ideology of the Athenian Metic (Cambridge).
— (1980), ›Thucydides: Fact-Grubber or Philosopher?‹, G&R 27: 158-65.
- (1984), ›Immigrant Communities in the Classical Polis: Some Principles for a Synoptic Treatment‹, AC 53: 47-59.
- (1986), ›The Ideology of the Athenian Metic: Some Pendants and a Reappraisal‹, PCPS 32: 145-58.
- (1991), ›Norms of Citizenship in Ancient Greece‹, in: Molho, Raaflaub u. Emlen (1991): 135-54.
WIEDEMANN, T. (1983), ›Thucydides, Women and the Limits of Rational Analysis‹, G&R 30: 163-70.
- (1987), Slavery (G&R New Surveys in the Classics 19; Oxford).
WIESEN, D. (1980), ›Herodotus and the Modern Debate over Rave and Slavery‹, AncW 3: 3-14.
WILDE, O. (1909), The Rise of Historical Criticism‹ (1879), in: Essays and Lectures, 1-108 (London).
- (1954), ›The Decay of Lying: An Observation‹ (1889), auch in: ›De Profundis‹ and Other Writings, hg. v. H. Pearson, 55-87 (Harmondsworth).
WILSON, P. J. (1991), ›Demosthenes 21 (Against Meidias): Democratic Abuse‹, PCPS 37: 164-95.
WINCH, P. B. (1987), ›Understanding a Primitive Society‹ (zuerst 1964), in: Gibbons (1987): 32-63.
WINKLER, J. J. (1990), The Constraints of Desire: The Anthropology of Sex and Gender in Ancient Greece (London); deutsch: Der gefesselte Eros: Sexualität und Geschlechterverhältnis im antiken Griechenland, Marburg 1994.
- u. ZEITLIN, F. I. (1990) (Hgg.), Nothing to Do with Dionysos? Athenian Drama in its Social Context (Princeton, NJ).
WOOD, E. M. (1988), Peasant-Citizen and Slave: The Foundations of Athenian Democracy (London).

WOODMAN, A. J. (1988), Rhetoric in Classical Historiography (London).

ZAICEV, A. (1993) Das griechische Wunder. Die Entstehung der griechischen Zivilisation (Konstanz).

ZEITLIN, F. I. (1984), ›The Dynamics of Misogyny: Myth and Myth-making in the »Oresteia«‹ (zuerst 1978), in: Peradotto u. Sullivan (1984): 159-94.

– (1986a), ›Configuration of Rape in Greek Myth‹, in: S. Tomaselli u. R. Porter (Hgg.), Rape, 122-51 (London).

– (1986b), ›Thebes: Theater of Self and Society in Athenian Drama‹, in: J. P. Burian (Hg.), Greek Tragedy and Political Theory, 101-41 (Berkeley, Calif.).

– (1989), ›Mysteries of Identity and Designs of the Self in Euripides‹ Ion: PCPS 35: 144-97.

– (1990), ›Playing the Other: Theater, Theatricality and the Feminine in Greek Drama‹ (zuerst 1985), in: Winkler u. Zeitlin (1990): 63-96.

– (1996), Playing the Other. Gender and Society in Classical Greek Literature (Chicago).

Register der Namen und Begriffe

Agamemnon 44, 79
Agesilaos II. (spartanischer König) 43, 44, 46-48, 98, 99, 123, 159
Agesipolis II. (spartanischer König) 156 f.
agora (städtisches Zentrum, Markt) 59, 87-89, 124
Ägypten, Ägypter 17, 31, 37, 39, 55-58, 59, 100, 130, 139, 146 f., 149
Aischylos 6, 41, 75, 79, 124
  Orestie 21, 70, 72, 106, 167 f.
  Perser 39, 80, 168
Akarnanien 51
Alexander I. (makedonischer König) 145
Alexander III., d. Gr. (makedonischer König) 43, 49, 102, 120, 122
Alkaios (v. Lesbos) 38, 88, 101
Alkibiades 68, 94, 138
Alkidamas (Sophist) 50, 122
Alkmaion (v. Athen) 24, 38 f.
Alkmeoniden 23-24, 27-28, 91
Alphabet s. Schriftlichkeit
Altäre s. Opfer
Alterität s. Andere
Amazonen 29, **75 f.**, 80
Ammon 147
Amphipolis 126
Analverkehr 129
Anaxandridas II. (spartanischer König) 77
Andere, anders, Andersheit 2-4, 5 f., 17, 41, 45, 54 f., 73, 81, 150, **163-65**
Antalkidas (v. Sparta), Frieden des 50
Anthropologie, (strukturalistische) 6, 16, 63

Anthropologisierung 5 f., 17
Anthropomorphismus **152-58**
Antiphon (Sophist = athenischer Oligarch?) 42
Apollon 70, 78, 156 f.
Arginusen, Schlacht 125
Argos 121, 133 f., 156 f., 159 f.
Aristokratie, Aristokraten 71, 137, 168
  s. auch: Alkmeoniden
Aristophanes 71, 168
  Acharner 69
  Ekklesiazusen 71
  Frösche 125, 165
  Lysistrata 71, 80, 164
  Thesmophoriazusen 54
  Wolken 16
Aristophanes (v. Byzanz) 121
Aristoteles (v. Stageira) 10 f., 14 f., 34, 42 f., 130
  über Frauen 13, 17, **64-67**
  über die Götter **153-55**
  über das Hellenische 10, 39-41
  über Geschichtsschreibung 68
  Methode 11, 15, 42 f.,83, 102, 106, 114, 119, 153
  Nikomachische Ethik 102, 103
  Politik 100, **102-07**, 114
  über (›natürliche‹) Sklaverei 15, 17, 40, **113-20**
  über Sparta 77
Arkadien 44, 52, 156
Arme, in griechischen Städten 43, 106, 138, 169
Artaxerxes II. (persischer König) 45 f.
Artemis 162
Artemisia (Königin v. Halikarnassos) 75, **79 f.**, 84 f.

Asien 39 f., 50, 83, 161
Äsop 129-30
Aspasia (v. Miletos) 69, 109
Atheismus 148, 153, 166
  s. auch: Diagoras
Athen 31, 70, 71
Athener, Athen 10, 20, 22, 23 f.,
  28, 31 f., 69 f., 89, 121, 124-26,
  126 f., 145 f., 157 f.
  athenische Demokratie 22, 32,
  92 f., 100, 110, 137 f., **169 f.**;
  s. auch: Autochthonie
  Athen als Großmacht 124, 144
Äthiopier 148
Athleten s. Olympische Spiele
Ätolien 51
Attika 25 f., 122, 126 f.
Augustin 143
Autochthonie, athenische 25 f., 70,
  105

Barbaren, barbarisch 12, 14, 15,
  30, **36-42**, 85, 94, 118, 119, 121,
  128, **129-31**, 135, 136, 145
Bauern 104, 132, 139
Bernal, M. 37, 146 f.
Bestattung 58, 72 f., **149-51**
Bibel 28, 61, 62, 112, 156
Bloch, M. 87
Böotien 52, 122, 131
Boreas 157 f.
Boudikka 79
Brauron, Brauronia 25 f.
Brot als Nahrungsmittel 44
Bürger(status), Bürgerschaft (*polites,
  politeia*) 4, 13, 25, 26, 41, 59,
  60, 70, 72 f., **86-110**, 111 f., 118,
  125, **136-40**, 151
Bürgerkrieg *s. stasis*
Bush, ehem. US-Präsident 1

Chaironeia, Schlacht 100, 137
Chalkis 91
Chios 122, 126
Chor, im Drama 166
Christentum 62, **142-44**, 159,
  165
Cicero 19
Constant, B. 5

Dareios I. (persischer König) 58, 59 f.,
  90 f., 134
de Beauvoir, S. 2 f., 62
Degler, C. 36 f.
Dekeleia 127
Delphi, Delphisches Orakel 25, 78,
  130, 156 f.
Demaratos (ehemaliger spartanischer
  König) 60, 78, 93 f., 134
Demeter 44, 158
Demokratie, antike 7, 69, 90, 99, 104,
  106, 123, 125 f., 136 f.
  moderne 7, 64
  s. auch: athenische Demokratie
Demosthenes (Redner) 109, 169
Despotismus s. Tyrannis
Diagoras (v. Melos) »der Atheist« 148
dike s. Recht
Dionysien, Städtische oder Große 39,
  71, 165, 168
Dionysios I. (Tyrann v. Syrakus) 124
Dionysos 71, 158, **165 f.**
Divination 157; *s. auch:* Orakel
Dorisch 38
Drama 5, 6, 71-3, **164-69**
Durkheim, E. 5

Eide 159
Elephanten 66
Eleusinische Mysterien 44, 108, 130,
  158, 166
Eleusis 44, 158
Elias, N. 1
Elis 89
Ephialtes (v. Athen) 106
Epilepsie 162
epische Dichtung s. Homer
epitaphios, Grabrede 28, 68, 69, 97,
  108-10, 137
Erbe, griechisches 4, 6 f., 112 f., **163-
  70**
Erdbeben 156 f., 158
Erinnyen, Eumeniden 167
erotische Leidenschaft 81
Erziehung (*paideia*) 11, 99 f., 105
Ethnizität 1 f., 25 f., 36 f., 146
Ethnozentrismus 45, 50, 54, 70, 147
  s. auch: Hellas
Etrusker 90

Euboia 91
Eunuchen 65, 128, 131
Euphron (Tyrann v. Sikyon) 124
Eupolis (v. Athen) 168
Euripides 19, 41, 46, 50
  Bacchen 164
  Medea 72, 164, 167
Europa 2, 39 f., 53, 161

Familie *s. oikos*
Febvre, L. 91
Feminismus, moderner 62, 67, 164
Feste, religiöse 144, 159, 165, 166
  s. auch: Brauronia, Dionysien,
  Lenäen
Finley, M.I. 22
Fleisch *s.* Opfer
Flotte 124 f., 127
Frauen 3, 7, 12 f., 15, 26 f., **61-85**,
  103 f., 110, **136**, 170
  und Krieg 68 f.
  s. auch: gender
Freiheit 5, 40, 48, 60, 92-94, 105,
  111-141, 164, 169 f.
  s. auch: Sklaverei
Fremde, Außenseiter, Gastfreunde
  (*xenoi*) 26, 47 f., **86-110**
  s. auch: xenia
Freundschaft 103, 108, 118, 154
  s. auch: xenia
Fustel de Coulanges, N.D. 5

Geertz, C. 144 f.
Gerichtshöfe 41, 87
Gernet, L. 5
Geschichtsschreibung, Geschichte 3 f.,
  10, 11 f., 13, 17 f., **19-35**, 36 f., 63 f.,
  87, 97-99, 158-62, 170
  und Ideologie 36 f.
Geschlechterdifferenz, *gender* 12 f.,
  25 f., 62, 64-67, 80, 83, 129
  s. auch: Männer; Frauen
Geschlechtsverkehr 74 f.
Gesetz (*nomos*) 59 f., 89, 93 f., 96,
  134, 138, 140, 162
  ungeschriebene Gesetze 135
Getreide 25, 44
Gibbon, E. 6, 48, 144, 159
Gleichheit 62, 90, 92, 103 f., 164

Gold 24, 45, 145
Gorgias (v. Leontinoi) 109
Gortyn (Kreta) 74
Götter 4, 13, 15 f., 28, 73, 96, 143,
  145 f., 153, 158 f.
  s. auch: Anthropomorphismus;
  Religion
griechische Sprache 3, 17, 26, 37, 45,
  145 f.
Griechische, das *s.* Hellas, Hellenismus
Grote, G. 23
Grundbesitz 105
  s. auch: Landwirtschaft; Bauern;
  Arme; Reiche
Guicciardini, F. 19, 87
Gyges (lydischer König) 80 f.

Hades (Unterwelt) 72, 166
Halikarnassos 29, 37 f., 59, 79
Handwerker (*banausoi, cheirotechnai*)
  104, 120, 127, 132, 138 f., **139 f.**
Hardy, Th. 88
Hartog, F. 54-56, 149-152
Hauswirtschaft (*oikonomia*) 82 f., 115 f.
  s. auch: oikos
Heirat, Ehe:
  bei den Barbaren 46, 74, 81
  bei den Griechen 24, 26, 53, 70,
  73, 74, 76-78, 83, 153, 162;
  s. auch: Frauen
Hekataios (v. Milet) 25, 29 f., 31, 56
Helena v. Troja 69, 75
Hellas (griechische Dame) 84, 88
Hellas, Hellenismus, hellenisch, das
  Griechische 3, 39, 49 f., 110, 119,
  129, 140 f., 147
  s. Pan-Hellenismus
Hellespont 33
Heloten (von Lakonien und Messenien)
  120-24, 130, 131 f.
Herakles 22, 31
Hermen, Verstümmelung 130
Herodot 4, 7, 11, 18, 19, 21 f., 27,
  37, 59
  über Barbaren 53, 54-60, 91
  über Frauen 57, 64, **73-76**
  über die Götter 30, 135, **145-52**
  über das Hellenische 3, 129, 145,
  151

über Sklaverei **128-35**
über Sparta 77 f., 149-51
Heroenkult, Heroen 29, 32, 124, 145, 153
Herolde 108, 134 f.
Hesiod 30, 62, 147
  Theogonie 154
  Werke und Tage 154
Hippias (Tyrann v. Athen) 92
Hippokrates (v. Kos), Hippokratische Schule 40, 46, 65 f., 162
Historiker v. Oxyrhynchus 34, 96
Historiographie *s.* Geschichtsschreibung
Hobbes, Th. 52, 87, 95
Homer 14, 24, 29, 31, 37, 38, 76, 95, 119, 123, 147
  Ilias 14, 79
  Odyssee 80
Homosexualität 129
Hopliten 110, 132
  s. auch: Krieg
Hume, D. 126
hybris 73

Identität 1, 7, 12, 25, 55, 71, 163 f.
Ideologie 37, 39 f., 64, 65, 67, 70 f., 88 f., 103, 108, 110, 113 f., 119 f., 132 f., 135, 138, 140, 146
Imperialismus, Großmachtpolitik 40, 59, 124, **140 f.**
Inder 58, 145, 148, 149
Inschriften 130
Ionien 90
Ionisch 38
Isokrates 43, 50, 88, 100, 103

Jason (Tyrann v. Pherai) 155
Juden, Judentum 2, 12, 45, 50, 62, 143, 156

Kallias-Frieden 50
Kallikratidas (v. Sparta) 44
Kambyses (persischer König) 60, 78
Karien, Karer 37, 49
Kavafis, C. P. 36
Kerkyra (Korfu) 69, 107 f., 125 f., 137
Kimon (v. Athen) 70
Kinadon (v. Sparta) 122 f.

Kinder 26, 52 f., 87, 103, 129, 136
Klassizismus 163 f.
Kleisthenes 24, 28, 32, 91, 92
Kleomenes I. (spartanischer König) 71, 78, 92
Kleon (v. Athen) 140
Klima, und Nationalcharakter 39, 57
Klytämestra 75, 79
Kolonialismus, antiker 39 f.
  moderner 6, 113, 120
Komödie 5, 55, 71 f., 76, 165 f., 168 f.
Komparatismus 9 f., 58
Könige, Königsherrschaft, Monarchie 60, 77 f., 99 f., 104, 117, 149 f.
Konvention, Sitte, Kultur, (*nomos*) 3, 12, 15, 42, 62, 66, 89, 93 f., 96, 116, 118, 135
Kopfsteuer 105
Korinth 140, 159 f.
  Korinthischer Bund 102, 107, 137
Kos 40, 46, 131
Kratinos 69, 168
Kreta 29, 38, 102
Krieg 68 f., 75 f., 87, 94 f., 118, 139
  s. auch: Männer, Flotte
Kritias (v. Athen) 108, 123
Kroisos (lydischer König) 24, 31, 34, 39, 85, 109, 160
Kroisos (v. Athen) 39
Ktesias (v. Knidos) 34, 46, 78
Kunaxa, Schlacht 45 f., 101
Kunst *s.* Statuen; Vasenmalerei
Kyniker 50
kyrios (Herr und Meister) 70
Kyros d. J. 45, 101
Kyros II., d. Gr. (persischer König) 49, 59 f., 75, 84, 99 f.
  s. auch: Xenophon, *Kyrupädie*
Kyzikos 47

Lafitau, J.-F. 6
Lakonien 121, 126
Lampsakos 33
Landwirtschaft 118, 120, 131-32, 138, 139
  s. auch: Bauern
Laureion 124, 127

Leben in der Unterwelt 166
  s. auch: Hades
Lemnos 24-26, 136
Lenäen 71, 166
Leonidas I. (spartanischer König) 131
Lesbos 38, 88, 128
Leuktra, Schlacht v. 99, 122, 155, 159
Levi, C. 142
Lévi-Strauss, Cl. 6, 16, 34
Levinas, E. 2 f.
Libyen 75
links (Hand, Seite) 14 f., 65
Literarizität *s.* Schriftlichkeit
Lloyd, G. E. R. 9
Lokris 51
Losverfahren 168
Lukian 149
Lydien 24, 37, 80-81, 132
Lykeion 10, 120
Lykien 73 f.
Lykurg (v. Sparta) 93
Lysander (v. Sparta) 125
Lysias 75, 109
Lysimache (athenische Priesterin) 71

Macaulay, T. B. 19, 44, 87
Makedonien, Makedonen 10, 43, 53, 101, 135, 137
Malinowski, B. 24
Mania 79, 84
Männer, männlich, Männlichkeit 4, 13, 15, 52, **61-64**, 65, 66 f., 112, 117, 120, **136**, 151, 157
Mantineia 141
Marathon, Schlacht von 24, 29, 125
Marx, K. 86-88
Materialismus 87 f.
Mathematik 129
Maussollos (Satrap v. Karien) 49
Medea 72, 164, 167
Meder, Medien 45, 128, 133, 151
»medisieren« 45, 60, 80, 95, 125, 131, 158
Melos 96, 129, 140, 148, 162
Memphis (Ägypten) 56
Menander 169
Menschen, Sterbliche **142-62**

Mentalität, geistige Welt der Griechen 3, 9-10, 12, 13, 17 f., 28, 35, 113, 119, 146, 164
  s. auch: Aristoteles, Methode; Ideologie
Messenien 122, 126
metis (Klugheit) 24, 26, 80, 81
Metöken (ortsansässige Fremde) 10, 105, 110, 130
Milet 29, 69, 142, 168
Miltiades 25
Minos 29, 34
Moi, T. 61
Moral, moralisch, moralisieren 98 f., 144, 160, 167
Mündlichkeit 11, 21, **22-3**, 32, 92
Muße (*schole*) 119, 132, 138
Mykalessos 52
Mysterien 44, 144
Mythos, Mythologie 4, 11, 13, 16, **19-35**, 51, 95, 136, 137, 153, 157 f., 167
Mytilene 88

Nacktheit 81
Nationalismus *s.* Ethnozentrismus
Nationalität *s.* Hellas
Natur (*physis*) 3, 13, 42, 62, 66, 102 f., 162
Naukratis 130
Nikias (v. Athen) 94, 157

Oedipus 5, 72, 78
oikos (Familie, Haushalt) 67, 68, 69, 74, 83 f., 103 f., 115, 127
Oligarchen, Oligarchie 42, 91, 96, 104, 106, 108, 123, 137, 138, 141
Olympia 156
Olympische Spiele 1, 43
Opfer, Tieropfer 6, 134, 146, 151 f., 154, 156-58
Orakel 149, 156 f., 160
Orientalismus 14, 39
Orpheus, Orphiker 152
Ostrakismus 94 f.

Pan-Hellenismus 39, **42-45**
  s. auch: Hellas, Hellenismus
Pandora-Mythos 84

Panionios (v. Chios) 128
Pantheia (Persische Dame) 84 f.
Paris (Sohn des Priamos) 24, 69
Parthenon 21, 50
Parysatis (Persische Königin-Mutter) 46
Patriarchalismus 61, 112
Patterson, O. 112 f.
Paulus, Apostel 136
Pausanias (v. Sparta) 131
Peisistratiden, Peisistratos (Tyrannen v. Athen) 31, 60, 92, 168
Pelasger 25 f.
Peloponnesischer Bund 91, 99, 141
Peloponnesischer Krieg 28, 33, 50 f., 68, 110, 124, 140, 161, 166
Penelope 24
Penestai (v. Thessalien) 121, 123
Perikles 24, 26, 28, 68-70, 73, 96, 109 f., 136 f., 140, 157, 161
Perserkriege 14, 22, 39, 45 f., 51, 59, 89, 131, 141, 157, 160
Persien, Perser, Persisches Reich 31, 34, 37, 39, 43 f., 49, 50 f., **59 f.**, 78, 81 f., 90, 92, 124, 128, 135, 149, 151
Person, im Drama 63
Pest, in Athen 69, 157, 161
Pharnabazos (persischer Satrap) 46-48
Pherekrates 136
Pheretima (Königin v. Kyrene) 157
Philip II. (makedonischer König) 43, 100, 107, 137
Philosophie *s.* politische Theorie
Phleius 99
Phönizier 17, 31, 37, 90, 146
Phrynichos (Tragiker) 168
Pindar (v. Theben) 58
Piräus 25
Plataiai, Schlacht von 28, 132
Platon 10, 34, 64, 147, 153 f., 169
  Gesetze 102, 153 f.
  Staat 34, 100
  über Sklaverei 115, 129, 130
Plutarch 59, 77
Polarität, Polarisierung, binäre Opposition 2, 4, 6, **12-16**, 35, 55, 57, 60, 62, 65, 67, 72 f., 81, 83, 92, 96, 106, 115, 117, 120, 133, 144, 149, 150, 151

polis 4, 10, 47, 67, 77 f., 80, 83, 86, 90, 101, 102, 105, 115, 118, 151, 154, 163, 165
Politik 3, 7, 72, 86-89, 90, 98, 106, 143, **167-70**
politische Theorie 59 f., 86, **89-91**, 100
Pollux (Lexikograph) 121 f.
Polybios 34
Polykrates (Tyrann v. Samos) 29, 31, 34
Polytheismus 142 f.
Pontius Pilatus 48
Poseidon 156 f.
Priesterinnen, Priester 143, 151, 153, 156
Prometheus 22, 154 f.
proskynesis 135
Prostitution 69, 130, 132
Protagoras (v. Abdera) 58 f., 90 f., 148, 153, 166
Psychologie 42, 66, 67, 104, **114-118**
Ptah 56
Pythagoras, Pythagoreer 14 f., 129, 152

Ranke, L. v. 19, 87, 97
Rationalität, Vernunft (*logos, nous*) 30, 96, 108, 117, 148
Recht, Gerechtigkeit (*dike*) 59, 74, 96, 116, 167
  s. auch: Gerichtshöfe
rechts (Hand, Seite) 15, 65
Rede, öffentliche 28, 41, 87
  s. auch: epitaphios
Redefreiheit (*isegoria*) 92 f., 137
Reiche, in griechischen Städten 106, 132, 138, 141
Religion 2, 3, 6, 23 f., 27 f., 32, 62, 71, 108, 134, 142-62, **164-67**
  s. auch: Götter
Revolution *s. stasis*
Rhodopis 130, 132
Rituale 144, 150, 154 f., 167, 169
Rom 34, 42, 113, 125, 143, 144, 165
Rubens 75

Salamis, Schlacht von 45, 79, 158, 161, 168

Samos 29, 129 f.
Sappho 130
Sardis 34, 134
Satyrspiel 165
Schrift, Schriftlichkeit 11 f., 23, 33,
    57 f., 95
Schuldknechtschaft 137
Schwarzes Meer 44, 101
Selbstmord 72, 85
Semonides (v. Amorgos) 62
Shelley 163-65, 170
Sikinnos 131
Sikyon 121, 124
Silber 44, 45, 124
Simonides (v. Keos) 86, 105, 142
Sizilien 94
Sklaverei 5, 7, 13, 15, 26, 41, 42 f.,
    54, 60, 69, 73 f., 93 f., 104, 105,
    109, 110, **111-41**
    s. auch: Freiheit
Skulptur *s.* Statuen
Skythien, Skythen 53-55, 59, 75, 78,
    128, 133, 149 f.
Skythische Bogenschützen (in Athen)
    54
Sokrates 16, 138, 139, 155
Söldner (*xenoi*) 43, 52, **101 f.**
Solon 85, 109, 137, 160
Sophistik, Sophisten 15 f., 42, 58, 82,
    94, 96, 122, 166
Sophokles 72 f.
    Antigone 72 f., 164, 167
Sparta, Spartaner 27 f., 32, 47, 50,
    68, **77 f.**, 89, 91, 96 f., 109, 121 f.,
    124 f., 126, 133-35, 139f-41, 159 f.
Stadtstaat *s. polis*
Stageira 103
stasis (Bürgerkrieg) 69, 94 f., **105-08**,
    123, 137, 159
Statuen 32, 39, 145, 152, 169
Stedman Jones, G. 36 f.
Stoiker 42
Susa 58, 134
Syme, Sir R. 19
Syrakus 124

Tapferkeit (*andreia*) 52, 66 f., 68, 79,
    107, 109
    s. auch: Männer

Tegea 28
Tempel 145, 152, 153
Thales (v. Milet) 29, 142
Theater *s.* Drama
Theben 72, 122, 124, 155, 159
Themistokles 45, 161, 168
Theopomp (v. Chios) 122, 126
Theramenes (v. Athen) 108, 123, 126
Thermopylen, Schlacht 131
Theseus 34
Thespiai 131
Thespis (v. Athen) 167
Thessalien 121, 123
Thourioi (Süditalien) 59
Thrakien, Thraker 52 f., 126, 129 f.,
    148
Thrasyboulos (v. Athen) 108
Thukydides (Sohn des Oloros) 7, 11,
    18 f., 22 f., 27 f., 52-55, 87
    »Archäologie« 33 f., 51
    über athenische Demokratie 109 f.
    über Barbaren **51-54**, 68
    über Frauen **67-71**
    über Geschichtsschreibung 32 f.,
    94-97
    über die Götter 27 f., 96, 157
    über Sklaven 125-27, 140
Tiere 74, 128, 148, 152
    s. auch: Opfer
Tiryns 134
Tod *s.* Bestattung; Selbstmord
Tomyris (Königin der Massageten) 75,
    84
Töpferei *s.* Vasenmalerei
Torone 129
Tragödie 5, 63, 72 f., 76, 150, 164-69
Träume 160, 161
Triremen *s.* Flotte
Trojanischer Krieg 22, 29
Tyrannenmörder (athenische Heroen)
    32, 92, 137
Tyrannis, Tyrannen, Despotismus 32,
    59 f., 89, 91, 92, 99 f., 137, 140
Tyrtaios (v. Sparta) 87

Urinieren 57

Vasenmalerei 17, 76, 131
Vergewaltigung 26

Vernant, J.-P. 5, 16, 30, 152
Verursachung 30, 59 f., **158-62**
Voltaire 159

Weil, S. 114
Wettbewerb (*agon*), agonal 14, 24, 63, 95, 106
White, H. 20
Wilberforce, W. 112
Wilde, O. 19
Wissenschaft, griechische 9 f., 30, 64 f.
Wolle 76

xenia, *xenos* (Gastfreundschaft, Gast-freund) 39, 47 f., 49, 53, 131
Xenophanes (v. Kolophon) 147 f.

Xenophon 11, 34, 138
   Anabasis 43 f., 48, 83 f., 101
   über Barbaren **44-49**, 85, 99
   über Frauen 49, 82-85
   über Geschichtsschreibung 97-99
   über die Götter **155-57**
   Hellenika 44, 98 f.
   Kyrupädie 48 f., **99 f.**, 128
   Oikonomikos 82 f., 101
   über Sparta 77
Xerxes (persischer König) 32, 43, 60 f., 78, 79 f., 81 f., 91, 93 f., 100, 134 f., 145, 161

Zalmoxis 129
Zeus 147, 154 f., 156 f.

49.80   4/98